高等职业教育"十四五"规划旅游大类精品教材
专家指导委员会、编委会

专家指导委员会

总顾问　王昆欣

顾　问　文广轩　李　丽　魏　凯　李　欢

编委会

编　委（排名不分先后）

李　俊	陈佳平	李　淼	程杰晟	舒伯阳	王　楠	白　露
杨　琼	许昌斌	陈　怡	朱　晔	李亚男	许　萍	贾玉芳
温　燕	胡扬帆	李玉华	王新平	韩国华	刘正华	赖素贞
曾　咪	焦云宏	庞　馨	聂晓茜	黄　昕	张俊刚	王　虹
刘雁琪	宋斐红	陈　瑶	李智贤	谢　璐	郭　峻	边喜英
丁　洁	李建民	李德美	李海英	张　晶	程　彬	林　东
崔筱力	李晓雯	张清影	黄宇方	李　心	周富广	曾鸿燕
高　媛	李　好	乔海燕	索　虹	刘翠萍		

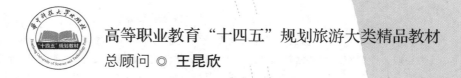

高等职业教育"十四五"规划旅游大类精品教材

总顾问 ◎ 王昆欣

旅游大数据分析与应用

Tourism Big Data Analysis and Application

主　编 ◎ 朱　晔　李亚男
副主编 ◎ 张俊刚　鲁红春　孙　亮　郭　祎
　　　　王　鹏　陈　亮

华中科技大学出版社
http://press.hust.edu.cn
中国·武汉

内 容 提 要

本书对接"1+X"旅游大数据分析职业技能等级标准,以项目为纽带、任务为载体、工作过程为导向,设置旅游大数据基础、旅游大数据操作流程、旅游大数据场景应用3个模块,设计了7个项目、19个学习任务和15个实训任务,项目内容包括认知旅游大数据、认知旅游大数据伦理和治理、旅游数据采集与预处理、旅游数据分析与可视化、基于大数据的旅游管理、基于大数据的旅游服务、基于大数据的旅游营销,基本包含了培养具备旅游大数据思维和大数据应用能力技术技能人才所需要的相关理论知识和实践技能,具有较强的实操性。

本书作为培养旅游大数据分析与应用人才的重要教学载体,适用于高职高专、高职本科和应用型本科院校智慧旅游技术应用、智慧景区开发与管理、酒店管理与数字化运营等旅游大类专业及大数据分析与应用相关专业的教学,同时还可作为旅游行业从业人员的培训用书。

图书在版编目(CIP)数据

旅游大数据分析与应用/朱晔,李亚男主编. -- 武汉:华中科技大学出版社,2024.8(2025.1重印). --(高等职业教育"十四五"规划旅游大类精品教材). -- ISBN 978-7-5772-0978-4

Ⅰ. F59-39

中国国家版本馆CIP数据核字第2024G9513Q号

旅游大数据分析与应用　　　　　　　　　　　　　　　　　　　　　朱　晔　李亚男　主编
Lüyou Dashuju Fenxi yu Yingyong

总　策　划:李　欢
策划编辑:王　乾
责任编辑:张　琳
封面设计:原色设计
责任校对:刘小雨
责任监印:周治超
出版发行:华中科技大学出版社(中国·武汉)　　电话:(027)81321913
　　　　　武汉市东湖新技术开发区华工科技园　　邮编:430223
录　　排:孙雅丽
印　　刷:武汉科源印刷设计有限公司
开　　本:787mm×1092mm　1/16
印　　张:17.5
字　　数:378千字
版　　次:2025年1月第1版第2次印刷
定　　价:49.80元

本书若有印装质量问题,请向出版社营销中心调换
全国免费服务热线:400-6679-118　　竭诚为您服务
版权所有　侵权必究

总序

习近平总书记在党的二十大报告中深刻指出,要"统筹职业教育、高等教育、继续教育协同创新,推进职普融通、产教融合、科教融汇,优化职业教育类型定位""实施科教兴国战略,强化现代化建设人才支撑""要坚持教育优先发展、科技自立自强、人才引领驱动""开辟发展新领域新赛道,不断塑造发展新动能新优势""坚持以文塑旅、以旅彰文,推进文化和旅游深度融合发展",这为职业教育发展提供了根本指引,也有力地提振了旅游职业教育发展的信念。

2021年,教育部立足增强职业教育适应性,体现职业教育人才培养定位,发布了《职业教育专业目录(2021年)》,2022年,又发布了新版《职业教育专业简介》,全面更新了职业面向、拓展了能力要求、优化了课程体系。因此,出版一套以旅游职业教育立德树人为导向、融入党的二十大精神、匹配核心课程和职业能力进阶要求的高水准教材成为我国旅游职业教育和人才培养的迫切需要。

基于此,在全国有关旅游职业院校的大力支持和指导下,教育部直属大学出版社——华中科技大学出版社,在党的二十大精神的指引下,主动创新出版理念、改进方式方法,会聚一大批国内高水平旅游院校的国家教学名师、全国旅游职业教育教学指导委员会委员、全国餐饮职业教育教学指导委员会委员、资深教授及中青年旅游学科带头人,编撰出版"高等职业教育'十四五'规划旅游大类精品教材"。本套教材具有以下特点:

一、全面融入党的二十大精神,落实立德树人根本任务

党的二十大报告中强调:"坚持和加强党的全面领导。"坚持党的领导是中国特色职业教育最本质的特征,是新时代中国特色社会主义教育事业高质量发展的根本保证。因此,本套教材在编写过程中注重提高政治站位,全面贯彻党的教育方针,"润物细无声"地融入中华优秀传统文化和现代化发展新成就,将正确的政治方向和价值导向作为本套教材的顶层设计

并贯彻到具体项目任务和教学资源中,不仅培养学生的专业素养,还注重引导学生坚定理想信念、厚植爱国情怀、加强品德修养,以期落实"立德树人"这一教育的根本任务。

二、基于新版专业简介和专业标准编写,权威性与时代适应性兼具

教育部2022年发布新版《职业教育专业简介》后,华中科技大学出版社特邀我担任总顾问,同时邀请了全国近百所职业院校知名教授、学科带头人和一线骨干教师,以及旅游行业专家成立编委会,对标新版专业简介,面向专业数字化转型要求,对教材书目进行科学全面的梳理。例如,邀请职业教育国家级专业教学资源库建设单位课程负责人担任主编,编写《景区服务与管理》《中国传统建筑文化》及《旅游商品创意》(活页式)、《旅游概论》《旅游规划实务》等教材为教育部授予的职业教育国家在线精品课程的配套教材;《旅游大数据分析与应用》等教材则获批省级规划教材。经过各位编委的努力,最终形成本套"高等职业教育'十四五'规划旅游大类精品教材"。

三、完整的配套教学资源,打造立体化互动教材

华中科技大学出版社为本套教材建设了内容全面的线上课程资源服务平台:在横向资源配套上,提供全系列教学计划书、教学课件、习题库、案例库、参考答案、教学视频等配套教学资源;在纵向资源开发上,构建了覆盖课程开发、习题管理、学生评论、班级管理等集开发、使用、管理、评价于一体的教学生态链,打造了线上线下、课内课外的新形态立体化互动教材。

本套教材既可以作为职业教育旅游大类相关专业教学用书,也可以作为职业本科旅游类专业教育的参考用书,同时,可以作为工具书供从事旅游类相关工作的企事业单位人员借鉴与参考。

在旅游职业教育发展的新时代,主编出版一套高质量的规划教材是一项重要的教学质量工程,更是一份重要的责任。本套教材在组织策划及编写出版过程中,得到了全国广大院校旅游教育教学专家教授、企业精英,以及华中科技大学出版社的大力支持,在此一并致谢!

衷心希望本套教材能够为全国职业院校的旅游学界、业界和对旅游知识充满渴望的社会大众带来真正的精神和知识营养,为我国旅游教育教材建设贡献力量。也希望并诚挚邀请更多旅游院校的学者加入我们的编者和读者队伍,为进一步促进旅游职业教育发展贡献力量。

王昆欣

世界旅游联盟(WTA)研究院首席研究员

高等职业教育"十四五"规划旅游大类精品教材总顾问

前言

在党的二十大报告中,习近平总书记站在党和国家事业发展全局的高度,对办好人民满意的教育作出重要部署,强调要推进教育数字化,建设全民终身学习的学习型社会、学习型大国。《"十四五"国家信息化规划》提出实施全民数字素养与技能提升行动。2022—2024年的全国教育工作会议先后强调实施教育数字化战略行动,纵深推进教育数字化战略行动,要不断开辟教育数字化新赛道。《"十四五"文化和旅游发展规划》指出,深化"互联网+旅游",加快推进以数字化、网络化、智能化为特征的智慧旅游发展。随着大数据、云计算、区块链等新技术与旅游产业的融合,旅游产业数字化升级转型,大数据在旅游行业的应用越来越普遍,并且成了一种发展趋势。相关数据表明,采用大数据进行经营与管理可以更好地满足客户的需要,可以有效提升旅游企业在战略决策上的精准度和效率,实现提质增效。

教育部新版《职业教育专业简介》中充分体现了新发展理念,迎合了产业转型升级的需要,特别是加入了"数字化"的相关内容和成果,为职业教育的专业升级指明了方向。在教育部新目录专业教学标准的研制和评审过程中,旅游大数据分析与应用课程是业界对院校课程设置中呼声极高的课程之一。智慧旅游技术应用专业的调研数据表明,旅游企业对于具备信息技术能力的人才需求越来越大,比如旅游大数据分析师,需要熟练掌握云计算、大数据分析、人工智能等专业知识和综合技能。为了更好地满足旅游企业对数字化人才的需要,我们按照"十四五"规划教材的要求编写了《旅游大数据分析与应用》一书,以期本书能够成为培养旅游大数据分析和应用人才的必要教学载体。

全书共7个项目、19个学习任务和15个实训任务,对接"1+X"旅游大数据分析职业技能等级标准,内容包括认知旅游大数据、认知旅游大数据伦理和治理、旅游数据采集与预处理、旅游数据分析与可视化、基于大数据的旅游管理、基于大数据的旅游服务、基于大数据的旅游营销,基本包含了培养具备旅游大数据思维和大数据应用能力技术技能人才所需要的相关理论知识和实践技能,具有较强的实操性。

本教材校企双元特色明显,体现"岗课赛证"融通理念,契合产教融合共同体"五金"新基建要求,特色与创新主要体现在以下几个方面:

1. 融入思政,立德树人,德技并修

习近平总书记在全国高校思想政治工作会议上强调,要用好课堂教学这个主渠道,各类课程都要与思想政治理论课同向同行,形成协同效应。立德树人是新时代职业教育的根本任务,以推动明大德、守公德、严私德,提高学生道德水准和文明素养为目标。本教材的每个项目、每个任务都注重素质目标的培养,注重使学生适应岗位需求的工作流程、方法和技术,注重学生分析问题、解决问题的能力培养,增强职业认同感,培养团队协作、信息安全、务实创新等意识。

2. 行业引领,产教融合,实用性强

本教材编写过程中,坚持行业引导、企业参与、校企深度合作的新形态一体化教材建设理念。在国内各区域多家旅游科技公司、旅游协会的指导与支持下,以职业能力需求、岗位工作标准引领教学。基于旅游大数据工作过程设计教材逻辑脉络,以理论原理为基础,以流程方法为手段,以场景应用为目的,选取岗位最实用的工作内容作为教学任务,强化技术技能实训,使学生职业能力与企业岗位需求实现有效对接,充分体现了为旅游行业培养具备大数据综合素养和能力的高素质技能型人才的目标要求。

3. 对接标准,任务驱动,形态新颖

教材编写团队在充分调研了国内高职院校、企业旅游大数据部门工作任务、岗位设置、岗位职责的基础上,结合旅游大数据数字化人才培养规律,使教材与"1+X"证书、旅游专业人才培养目标、专业特点、职业标准对接,采用模块化、项目化的形式,以任务驱动,学训并用,理实一体。本教材图文并茂,数字资源丰富,满足"所用即所学、所学即所用"的人才成长目标。

本教材由陕西职业技术学院朱晔教授、郑州旅游职业学院李亚男博士担任主编,海鳗(北京)数据技术有限公司创始人兼CEO张俊刚、金棕榈(上海)教育科技有限公司总经理陈亮、陕西职业技术学院鲁红春副教授、太原旅游职业学院孙亮副教授、广州番禺职业技术学院郭祎博士、郑州旅游职业学院王鹏博士担任副主编编写。编写团队由具备高等教育、旅游大数据教育培训、旅游行业数字化运营、大数据技术研发与管理等背景的专兼结合、校企兼具、产教融合的"双师"组成,均具备丰富的行业经验和教学经验。具体分工如下:鲁红春负责项目一的编写,郭祎负责项目二的编写,李亚男和陈亮负责项目三、项目四的编写,朱晔和张俊刚负责项目五学习任务的编写和实训任务及案例分析的编写及技术指导,王鹏负责项目六的编写,孙亮负责项目七的编写。朱晔设计和编写大纲体例、内容提要、前言,以及完成全书统稿、校稿工作。

本教材的编写得到了海鳗(北京)数据技术有限公司、金棕榈(上海)教育科技有限公司、广州市问途信息技术有限公司、上海照梵软件有限公司,广州市昱德信息科技有限公司、山西华通广告传媒有限公司、华中科技大学出版社、陕西省旅游协会、陕西省旅游住宿业协会等合作行业企业的大力支持、配合和帮助,同时也感谢海鳗(北京)数据技术有限公司教育产品总监阿孜古丽·阿布都外力、算法工程师杨铜,广州市问途信息技术有限公司市场总监毛娟、山西华通广告传媒有限公司文旅营销总经理武锋斌、太原旅游职业学院贾雪梅教授、广州番禺职业技术学院郭盛晖教授为本教材顺利编写提供了丰富的参考意见。衷心感谢陕西职业技术学院、郑州旅游职业学院、太原旅游职业学院、广州番禺职业技术学院和华中科技大学出版社有关领导、专家和编辑为本教材的撰写和出版提供了坚定的支持和有力的保障。

本教材不仅可作为高职高专、高职本科和应用型本科院校智慧旅游技术应用、智慧景区开发与管理、酒店管理与数字化运营等旅游大类专业及大数据分析与应用相关专业师生用书,也可作为旅游行业从业人员培训参考用书。

限于编者的水平,难免存在不足和疏漏之处,敬请专家和广大读者不吝赐教,同时本教材参考和引用了相关文献著作、教材和网络资料,编者尽量加了引注说明,如有疏漏,敬请谅解,在此谨向所有相关作者与单位表示诚挚的感谢。

编者
2024 年 5 月于古城西安

目录

模块一　旅游大数据基础

项目一　认知旅游大数据 /003

学习任务一　学习旅游大数据 /005
学习任务二　学习常用数据分析软件 /008
学习任务三　学习常用旅游数据分析方法 /013
实训任务一　利用Excel移动平均法预测旅游人数发展趋势 /020
实训任务二　利用SPSS软件进行旅游收入影响因素分析 /023

项目二　认知旅游大数据伦理和治理 /029

学习任务四　认知旅游数据伦理 /031
学习任务五　认知旅游大数据隐私与安全 /036

模块二　旅游大数据操作流程

项目三　旅游数据采集与预处理 /043

学习任务六　旅游数据采集标注、预处理与存储 /046
实训任务三　旅游产品数据的采集与预处理 /067

项目四　旅游数据分析与可视化　/077

学习任务七　旅游数据的处理与分析　/079

学习任务八　旅游数据的可视化　/086

学习任务九　旅游数据的统计与预测　/092

实训任务四　Python 数据实现可视化基本操作　/095

模块三　旅游大数据场景应用

项目五　基于大数据的旅游管理　/109

学习任务十　旅游管理部门大数据应用　/111

学习任务十一　旅游景区大数据应用　/125

学习任务十二　旅游酒店大数据应用　/133

学习任务十三　旅行社大数据应用　/144

实训任务五　基于微博数据的旅游网络舆情分析　/157

实训任务六　基于大数据的景区客流分析与预警　/162

项目六　基于大数据的旅游服务　/166

学习任务十四　基于大数据的游前服务　/169

学习任务十五　基于大数据和 AI 的游中服务　/172

学习任务十六　基于口碑大数据的游后反馈服务　/177

实训任务七　基于 UGC 数据的旅游目的地形象感知　/179

实训任务八　基于网络评论数据的游客满意度评价　/205

项目七　基于大数据的旅游营销　　/211

学习任务十七　大数据背景下的旅游营销概述　　/213
学习任务十八　大数据在旅游营销中的应用　　/220
学习任务十九　基于大数据的旅游需求预测　　/229
实训任务九　利用关联分析法对旅游产品进行关联分析　　/234
实训任务十　基于游客行为特征的游客画像构建　　/240
实训任务十一　基于大数据的旅游产品价格策略设计　　/244
实训任务十二　利用RFM模型进行客户价值分析　　/247
实训任务十三　基于大数据的旅游客流统计　　/251
实训任务十四　基于大数据的旅游市场趋势预测　　/253
实训任务十五　基于大数据的旅游活动效果预测　　/256

参考文献　　/261

模块一 旅游大数据基础

项目一
认知旅游大数据

 项目描述

　　本项目详细介绍了大数据在旅游中的应用,能够及时准确地预测未来一段时间内的客流量,尤其是在旅游高峰时节,管理人员结合当地的承载能力,做出预案和决策,提前制定有效的防范措施,合理分散和引导客流,进而避免拥堵事件的发生,提高经济效益、安全性和服务质量。

 项目目标

知识目标

1.了解旅游大数据的分类;
2.了解旅游数据的数据来源;
3.了解常用旅游数据分析方法。

能力目标

1.能够熟练使用Excel工具进行旅游人数发展趋势预测;
2.能够熟练使用SPSS软件进行旅游收入影响因素分析。

素养目标

1.培养旅游从业者的安全责任意识;
2.培养旅游从业者的高质量服务意识;
3.培养科技创新思维,提升数据治理意识。

思维导图

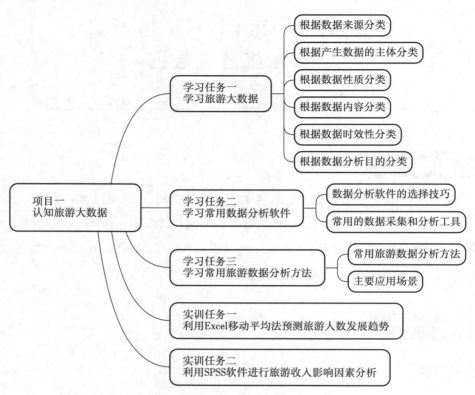

项目引入

2023年上半年国内旅游数据情况

根据国内旅游抽样调查统计结果,2023年上半年,国内旅游总人次23.84亿,比上年同期增加9.29亿,同比增长63.9%。其中,城镇居民国内旅游人次18.59亿,同比增长70.4%;农村居民国内旅游人次5.25亿,同比增长44.2%。

分季度看:2023年第一季度,国内旅游总人次12.16亿,同比增长46.5%。2023年第二季度,国内旅游总人次11.68亿,同比增长86.9%。

2023年上半年,国内旅游收入(旅游总花费)2.30万亿元,比上年增加1.12万亿元,增长95.9%。其中,城镇居民出游花费1.98万亿元,同比增长108.9%;农村居民出游花费0.32万亿元,同比增长41.5%。

(资料来源:文化和旅游部官网)

学习任务一　学习旅游大数据

  任务描述

出行旅游已经成为人们生活中不可或缺的一部分,让人们放松身心的同时,体验不同的文化美食和风景,完整的旅游过程都离不开旅游数据的支持,无论是旅游目的地、交通出行、入住酒店、旅游活动安排还是美食的选择,游客都会提前查询旅游数据,并对旅游行程安排进行合理规划。

 **任务目标**

完成本任务后,可以了解旅游数据的分类、数据统计分析在旅游工作中取得的成效,熟悉内部数据和外部数据、数据来源渠道,掌握内部数据及外部数据的主要作用。

当今的旅游业正处于数字化和智能化变革的浪潮之中。随着互联网技术与大数据应用的不断发展,越来越多的旅游企业开始意识到大数据分析的重要性。旅游大数据是指通过对旅游行业相关数据进行采集、处理、分析和挖掘,获取有价值的信息和洞察力的一种数据资源。

旅游大数据根据不同的分类方式有不同的类型,以下是一些常见的分类方式及其对应的旅游大数据类型。

一、根据数据来源分类

1. 内部数据

内部数据是指旅游企业或组织自己所拥有的数据,如预订记录数据、客户偏好数据、经营数据等。这些数据主要用于企业内部的运营管理和业务分析。

内部数据是监管机构和涉旅企业内部的信息管理系统中运行的数据,一般留存于机构内部,不对外共享,具体包括门票闸机系统的游客出入园数据、酒店入住数据、视频监控系统数据、OA办公系统数据、三维GIS数据、应急处理系统数据、旅行社监管数据、导游监管数据等。这些数据的特点是数据准确,每单位的数据量不算大,价值密度高。

2. 外部数据

外部数据是指来自外部渠道或合作伙伴的数据,比如社交媒体数据、公共数据、舆情数据等。这些数据主要用于市场分析、竞争分析、趋势分析等。

外部数据非监管机构和涉旅企业内部数据,但是和旅游产业发展运行息息相关。外部数据来源广泛、数据量巨大、价值密度低,但是整体价值非常高。在外部数据中,获取技术路线可行并且具备较高应用价值的,包括互联网内容数据、手机运营商数据、消费数据、搜索数据、投诉数据、资源数据等。

内部数据和外部数据是旅游大数据的重要组成部分,对这些数据进行数据分析具有重要作用,数据分析需要基于旅游行业专用分析模型,在旅游宣传营销、运行监测、产业促进以及公共服务方面进行价值输出。海鳗云深耕文旅行业多年,构建了规范、全面的行业数据指标体系,具有强大的数据处理技术和算力算法,具体包括品牌影响力指数模型、游客满意度模型、投诉指标体系、游客画像指标体系等。

旅游大数据资源接入是旅游行业监管服务体系建设的基石,是监管指挥体系长效高质量运营的前提。

二、根据产生数据的主体分类

1. 用户产生的数据

这类数据主要来自用户在旅游过程中产生的各种行为和记录,包括搜索、预订、评论、分享等,如在线旅游平台上用户的浏览记录、预订记录、评价记录等。

2. 供应商产生的数据

这类数据主要来自旅游供应商和服务提供商的各种行为和记录,包括产品信息、价格、库存等,如酒店、景点、航空公司、租车公司等提供的各种数据。

3. 第三方数据

这类数据主要来自社交媒体、天气预报、地图导航、金融、人口统计学等第三方数据源,如用户在社交媒体上的发帖、点赞、评论等行为,以及天气预报数据对于旅游行程的影响等。

三、根据数据性质分类

1. 结构化数据

这类数据按照一定的结构存储,易于处理和分析。旅游行业的结构化数据主要来自各种系统和软件生成的数据,如订单记录、客户信息、交易记录等。

2. 半结构化数据

这类数据介于结构化数据和非结构化数据之间,部分有结构,部分无结构。旅游行业的半结构化数据主要来自用户生成内容(UGC)平台,如点评等。

3. 非结构化数据

这类数据是指没有特定的结构和格式,难以直接用计算机语言进行处理和分析的数据。旅游业的非结构化数据主要包括用户在社交媒体上发表的评论、图片、视频等内容。

项目一 认知旅游大数据

四、根据数据内容分类

1. 旅游客户信息数据

旅游客户信息数据包括旅游者的基本信息、旅游偏好和需求等数据,具体指消费者行为分析所涉及的用户预订、评价、搜索、浏览等数据,以及基于这些数据进行的用户画像、偏好模型构建等。

2. 旅游产品信息数据

旅游产品信息数据包括旅游线路、旅游团、自由行等产品的相关信息,如价格、行程安排、活动安排等数据,具体指目的地管理分析所涉及的目的地旅游资源分布、人流量分析、旅游产业链分析等。

3. 交通出行数据

交通出行数据包括各种交通工具的运营情况,如航班、列车、汽车、轮船等的时刻表、票价、座位预订等信息,具体指供应链管理分析所涉及的酒店供应链、航空公司供应链、旅游交通供应链等。

4. 景点门票数据

景点门票数据包括景区门票价格、开放时间、游客数量、游客满意度等信息,具体指目的地管理分析所涉及的旅游资源分布、人流量分析、旅游产业链分析等。

5. 住宿数据

住宿数据包括酒店的房间价格、入住率、评价等信息,具体指供应链管理分析所涉及的酒店供应链。

6. 餐饮数据

餐饮数据包括餐厅的位置、菜品种类、价格、评价等信息,具体指目的地管理分析所涉及的餐饮资源分布、人流量分析等。

7. OTA在线预订数据

OTA在线预订数据主要是产品的销量、价格等相关数据,线上预订的区域分布数据,以及游客的年龄、性别、职业、消费能力等游客画像。

8. 平台数据

平台数据不仅是指同程艺龙、美团、携程等旅游平台产生的数据,还包括抖音、快手等新媒体平台产生的数据。

五、根据数据时效性分类

1. 实时数据

这类数据可以实时获取、分析和处理,并及时向用户提供反馈,如景区游客数量统计、酒店入住情况、航班动态等。

2. 历史数据

这类数据是指较早的数据,用于对过去的趋势、模式等进行分析和预测,如历史天气数据、历史酒店入住率、历史航班延误情况等。

六、根据数据分析目的分类

1. 消费者行为分析数据

这类数据主要用于了解旅游消费者的消费行为、旅游偏好和需求等,如用户预订、评价、搜索、浏览等数据的分析,以及基于这些数据进行的用户画像、偏好模型构建等。

2. 目的地管理分析数据

这类数据主要用于了解目的地的运营情况、产品开发、景区管理等方面,如基于旅游大数据分析的目的地旅游资源分布、人流量分析、旅游产业链分析等。

3. 供应链管理分析数据

这类数据主要用于了解旅游产业中各个环节的供应链关系和效率,如酒店供应链、航空公司供应链、旅游交通供应链等。

4. 营销策略分析数据

这类数据主要用于了解旅游市场的竞争情况、营销效果等以优化营销策略,如基于旅游大数据分析的市场热度、竞争对手分析、定价策略优化等。

总的来说,旅游大数据的类型很多,包括人口统计数据、交通运输数据、酒店住宿数据、景区游客数据、景点资源数据、网络评论数据以及气象数据等。这些数据种类各异,从不同方面反映了旅游市场的情况和消费者需求。通过对这些数据进行深入分析,可以帮助旅游企业和政府部门更好地了解市场现状和未来趋势,优化服务,提高竞争力。但需要注意的是,旅游大数据不仅仅是单个数据的简单叠加,更需要通过更高级别的技术手段,如人工智能、机器学习等,将大量的数据转化为有价值的信息和知识,以支撑决策和创新。

学习任务二　学习常用数据分析软件

任务描述

随着大数据的迅猛发展,数据分析和数据可视化已成为越来越多的旅游公司和个人掌握的关键技能。其核心是通过数据分析软件从数据集中提取有用的信息,并进行相关分析,达到可视化数据结果。

任务目标

通过本任务的学习,可以了解常用的数据分析软件,熟悉不同数据分析软件的应用场景,熟悉软件的功能,掌握数据分析软件的选择技巧。

一、数据分析软件的选择技巧

结合需求和预算选择合适的数据分析软件,提高工作效率和数据分析质量。选择数据分析软件主要考虑以下五个因素。

(一)功能和应用场景

根据功能和应用场景,以统计分析、回归分析、面板数据分析为目的,可以选择SPSS、Stata等专业的统计软件;以大规模数据处理和数据挖掘为目的,可以选择SAS、R等处理工具;以数据可视化为目的,可以选择Tableau、Power BI等软件。

(二)用户经验和学习成本

数据分析软件的学习成本和使用难度因软件而异。无经验的用户可以选择Excel、Power BI等易于学习和操作的软件;有一定经验的用户可以选择R、Python等较为复杂但功能更强大的软件。

(三)数据源和数据连接

根据连接数量的不同,数据源可分为单个数据源和多个数据源两种。从单个数据源中提取数据,可以选择Excel、SQL Server、Oracle软件等;从多个数据源中提取数据,可以选择Power BI、Tableau等支持多个数据源的软件。

(四)成本和授权

根据成本和授权方式,数据分析软件可以分为收费软件和免费软件。收费软件包括SAS、SPSS等需要付费授权的商业软件;免费软件包括R、Python等开源软件。

(五)社区资源和技术支持

庞大的社区资源、完善的技术支持和培训服务对于数据分析用户非常重要。如果遇到问题,可以在社区中搜索解决方案,也可以通过支持服务获得帮助。

二、常用的数据采集和分析工具

(一)数据采集工具

常用的网站网页、各行业的免费数据采集工具非常多,下面以八爪鱼采集器和火车头采集器为例进行介绍。

1. 八爪鱼采集器

八爪鱼采集器是基于运营商在网实名制真实数据,集网页数据采集、移动互联网数据及API服务等服务于一体的数据服务平台。它最大的特色就是无须掌握网络爬虫技术,就能轻松完成采集。

2. 火车头采集器

火车头采集器是目前使用人数较多的互联网数据采集软件。它凭借灵活的配置与强大的性能领先国内同类产品，并赢得众多用户的一致认可。但是现在各大平台都设置了严格的反爬，很难获取有价值的数据。

（二）统计分析工具

统计软件是数据分析的有力工具，其使用关键是针对不同的数据选择合理的统计方法。使用统计软件重点是要掌握蕴含的统计方法。目前，国内外的统计分析软件众多，其中，Excel和SPSS较易于被旅游从业者掌握和使用。

1. Excel

Excel是微软公司的电子表格软件，常用于数据分析和可视化，是一款通用的数据分析工具，具有强大的数据处理和图表绘制功能。Excel的数据分析工具包括排序、筛选、透视表、图表和统计函数等，适用面广。

2. SPSS

SPSS是IBM公司的一款专业统计分析软件，提供了大量的统计分析和数据挖掘功能，主要用于社会科学和商业领域的数据分析。SPSS可以进行描述性统计、假设检验、因子分析、聚类分析等常用统计，同时也支持数据可视化和报表生成等功能。

（三）编程语言分析工具

1. R

R是一种自由、开源的编程语言和数据分析工具，提供了大量的数据分析库和工具，可以用于数据清理、统计分析和机器学习等。R具有强大的数据可视化和统计分析能力，可以执行各种机器学习和数据挖掘任务。雷达图是一种有效的数据可视化工具，能够展示多个变量的相对大小和关系。在R语言中，可以使用一些库来创建雷达图，如图1-1所示。

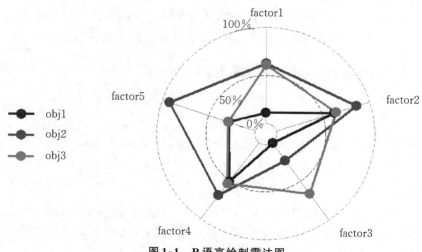

图1-1　R语言绘制雷达图

2. Python

Python 是一种易于学习、高效、多用途的编程语言,被广泛应用于数据分析和数据科学。Python 的数据分析库包括 Pandas、NumPy、SciPy 和 Matplotlib 等。这些库可以帮助用户进行数据清洗、分析和可视化。

Python 的使用和分发是完全免费的。就像其他的开源软件(如 Tcl、Perl、Linux 和 Apache)一样。用户可以从 Internet 上免费获得 Python 的源代码,可以不受限制地复制,或将其嵌入用户的系统或者随产品一起发布。

同 C++、Java 和 C#等其他语言相比,Python 只需简单地键入程序并运行就可以了,不需要编译和链接等中间步骤。Python 可立即执行程序,形成一种交互式编程体验,具有不同情况下快速调整的能力,在修改代码后能立即看到程序改变后的效果。

Python 提供了简洁的语法和强大的内置工具,具有开发周期短、程序可移植、可以以多种方式轻易地与其他语言编写的组件"粘接"在一起混合使用、功能强大等特点,因此 Python 被称为"可执行的伪代码"。Python 程序比采用其他流行语言编写的程序更为简单、小巧,也更灵活,Python 编程对大多数用户来讲也非常简单。

3. Power BI

Power BI 是微软公司的商业智能软件,可以帮助用户制作交互式报表。Power BI 具有丰富的数据可视化组件和报表模板,可以从多个数据源中提取数据,包括 Excel、SQL Server、Oracle 等,Power BI 操作界面如图 1-2 所示。Power BI 还支持云端部署和共享,方便团队协作和数据交流。

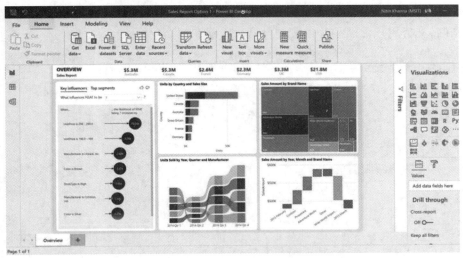

图 1-2　Power BI 操作界面

(四)集成平台分析工具

1. 海鳗云

海鳗云专注于文旅大数据平台转型整合及深度价值挖掘。海鳗云基于全量外部数据(互联网内容数据、手机GPS位置数据、银联清算数据、搜索数据等)对旅游目的地运营的各类场景提供大数据解决方案,为政府监督部门、景区及涉旅企业、旅游院校等提供数据驱动的新旅游生态下的行业监管、投资咨询、产品规划、管理提升、服务优化、智能营销等。

海鳗云深耕文旅产业数字化,构建了标准化的基础产品系统和面向场景的行业解决方案;海鳗云面向产业客户的主要产品包括舆情与实时客流监测、客流趋势与分布分析、涉旅消费分析、游客行为与消费画像等。海鳗云旅游大数据平台导航界面如图1-3所示。

图1-3 海鳗云旅游大数据平台导航界面

随着旅游产业大数据需求的日益增长和解决方案的不断深化,旅游行业对具备数据思维的旅游专业人才提出了更多更高的要求。海鳗云推出了旅游大数据教学实训平台产品,实训平台操作界面如图1-4所示,能够帮助旅游院校的老师和学生构建数字能力基础,支持用户无须编程也可进行算法实践和数据分析。

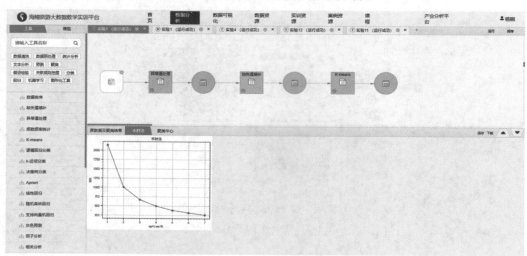

图1-4 海鳗云旅游大数据实训平台操作界面

2. 帆软

帆软是中国大数据BI和分析平台专业提供商,聚焦商业智能和数据分析,是国内大数据分析和商业智能领域中具有专业水准,且组织规模大、服务范围广、企业客户数量多的厂商。帆软旗下主要产品包括帆软商业智能(FineBI)、帆软报表(FineReport)、移动数据分析平台(FineMobile)和大屏数据可视化。

(1) FineBI。

FineBI旨在帮助业务部门用户了解和利用数据,凭借大数据引擎,自动建模,用户只需在仪表板中进行简单的拖曳操作,便能制作出数据可视化信息,可以进行数据钻取、联动和过滤操作,自由地对业务经营过程中产生的数据进行分析和探索,做出经营决策调整。

(2) FineReport。

FineReport是企业级Web报表工具,能轻松地实现报表的多样展示、交互分析、数据录入、权限管理、定时调度、打印输出、门户管理和移动应用、大屏展示等。借助FineReport的无码理念,实施商可以构建数据分析、网络直报等应用系统。

(3) FineMobile。

FineMobile为帆软产品(FineReport/FineBI)提供移动端的数据分析和展示方案,采用HTML5和原生App两种解析方式,具有良好的交互体验、多重安全防护,以及能够媲美PC端的功能,如支持移动端数据录入,数据查询,数据联动、钻取,支持移动端扫码输入、批注分享、拍照上传等。

(4) 大屏数据可视化。

帆软也为企业提供智慧数字大屏解决方案,通过帆软的数据分析产品,用户可以构建"管理驾驶舱",可以将企业的数据管理信息投放在如交易大厅、管控中心、生产车间、展览中心等地的LED/LCD大屏上,可以实现完美的自适应效果。对于大屏展示的信息,支持监控刷新、钻取联动、动态交互,还提供接近50种图表类型和延伸的100多种图表样式,以及各类可视化特效,支持DIY各种大屏样式。

学习任务三　学习常用旅游数据分析方法

 任务描述

文旅项目投资大、周期长,项目客流量预测的质量直接关系到财务测算结果的准确性,同时也与政府方缺口补贴、社会资本预期收益等核心边界条件息息相关,客流预测的精度将直接影响项目运作的成败。

 任务目标

完成本任务后,可以熟悉旅游大数据常用的分析方法,掌握不同的数据分析方法对应的应用场景,如应用于游客画像、游客满意度调查、舆情监测、客流统计、旅游推荐,以及旅游管理模式、旅游流时空行为、游客情感体验和旅游舆情分析等领域。

一、常用旅游数据分析方法

大数据为旅游发展和旅游研究带来了巨大的机遇。随着数字技术、网络技术的飞速发展,大数据种类和规模的不断扩大,旅游大数据应用于游客画像、游客满意度调查、舆情监测、客流统计、旅游推荐等场景中,而关于旅游大数据理论的探讨则主要集中在大数据下旅游管理模式、旅游流时空行为、游客情感体验和旅游舆情分析等领域的研究上。

无论是产业应用还是理论研究,都需要面对大数据数量、速度、多样性等不断增长的复杂性,并从海量、不完全的、有噪声的、模糊的、随机的大型数据库中发现隐含在其中有价值的、有用的信息和知识。大数据的分析主要基于人工智能、机器学习、模式学习、统计学等。

旅游大数据常用的分析方法有以下几类。

(一)分类分析

分类分析是找出数据库中的一组数据对象的共同特点并按照分类模式将其划分为不同的类,其目的是通过分类模型,将数据库中的数据项映射到某个给定的类别中。可以应用到涉及应用分类、趋势预测中,如OTA根据用户在一段时间内的购买、评价等情况划分成不同的类,根据情况向用户推荐关联类的旅游线路、目的地或酒店,从而增加销量。

1. 逻辑回归

逻辑回归算法可用于二元及多元分类问题,是分类算法的经典算法。对于二分类问题,算法输出一个二元Logistic回归模型。对于多分类问题是修改Logistic回归的损失函数,这种方法称为Softmax回归,即逻辑回归的多分类版本。

2. K近邻算法

K近邻算法,即给定一个训练数据集,对新的输入实例,在训练数据集中找到与该实例最邻近的K个实例,这K个实例的多数属于某个类,就把该输入实例分类到这个类中。

(二)回归分析

回归分析反映了数据库中数据的属性值的特性,通过函数表达数据映射的关系来发现属性值之间的依赖关系。它可以应用到对数据序列的预测及相关关系的研究中。在旅游市场营销中,回归分析可以被应用到各个方面,如游客消费意愿、旅游消费及营销策划等。

分类和回归分析被称为有监督学习,一是有标识;二是通过模仿做出已有数据的正确分类,从而能够对新的数据做出比较准确的分类。

(三)聚类分析

聚类分析是针对客户特征进行客户群划分。由此,可以对不同客户群采取差异化的促销方式,K-Means是一种聚类算法,其中K表示类别数,Means表示均值,是一种通过均值对数据点进行聚类的算法。K-Means算法通过预先设定的K值及每个类别的初始质心对相似的数据点进行划分,并通过划分后的均值迭代优化获得最优的聚类结果。聚类分析适用于解决特征维度为数值型的聚类问题,在市场细分、客户分类、智能营销和数据运营等领域有着广泛的应用。参数说明:仅可处理无空值的数字列。

(四)关联规则分析

关联规则是隐藏在数据项之间的关联或相互关系,即可以根据一个数据项的出现推导出其他数据项的出现。关联规则的挖掘过程主要包括两个阶段:第一阶段为从海量原始数据中找出所有的高频项目组;第二阶段为从这些高频项目组中发现关联规则。

关联规则分析最常见的是在商业领域,商家可以使用此方法去鉴别购物中心每个商品的角色。比如著名的沃尔玛"啤酒与尿布"案例,理论上,啤酒与尿布这两种商品是毫无关联的,但是实际情况却是买尿布的多为男性,而男性在买尿布的同时有30%~40%的概率会同时选择自己心仪的啤酒。在金融行业企业中关联规则用以预测客户的需求,各银行在自己的ATM机上通过捆绑客户可能感兴趣的信息供客户了解并获取相应信息来改善自身的营销。如分析发现购买面包的顾客中有很大比例的人会同时购买牛奶,由此我们可以将牛奶与面包放在同一个地方。

(五)统计分析

1. 描述性统计

描述性统计是一种统计方法,用于总结和描述数据的特征、分布和相关性等信息。与推论统计不同,描述性统计不需要对数据进行假设检验或推断性推理,而只是对数据集中的变量进行汇总和展示,以便更好地了解数据的结构和特征。描述性统计通常包括以下内容:①集中趋势:如平均数、中位数、众数等,用于表示数据集的中心位置;②离散程度:如方差、四分位数等,用于描述数据的离散程度。

2. 单因素方差分析

单因素方差分析是一种常用的统计分析方法,用于三个或三个以上样本之间的差异性比较。在单因素方差分析中,我们假设所有的样本来自同一个总体,但由于某种因素(如处理方式、时间、地点等因素)的不同而导致了样本之间的差异。通过比较各组之间的均值和方差等指标,可以判断这些差异是否显著。在单因素方差分析中,F值和p值都是用来判断各组之间是否存在显著性差异的指标。具体来说,F值是由组间方差和组内方差计算得到的统计量。如果各组之间的均值差异较大,那么F值就会比较大;反之,如果各组之间的均值差异较小,那么F值就会比较小。F值越大,说明各组之间的差异性越显著。而p值则是用来表示F值对应的显著性水平,即在原假设成立的情况下,观察到当前的F值或更极端情况的概率。通常情况下,我们将p值与预先设定的显著性水平进行比较,如果p值小于显著性水平,就可以拒绝原假设,认为各组之间存在显著性差异;否则,不能拒绝原假设,认为各组之间不存在显著性差异。综上所述,F值和p值都是单因素方差分析中重要的统计指标,用于判断各组之间是否存在显著性差异。

(六)深度学习

深度学习作为一种先进的人工智能技术,因其自身自行处理、分布存储和高度容错等特性非常适合处理非线性的以及那些以模糊、不完整、不严密的知识或数据为特征的问题,它的这一特点十分适合解决数据挖掘的问题。

深度学习的特点和优越性,主要表现在以下三个方面。

1. 具有自学习功能

例如,在进行图像识别时,先把许多不同的图像样板和对应的应识别的结果输入人工神经网络,网络就会通过自学习功能,慢慢学会识别类似的图像。自学习功能对于预测有特别重要的意义。人工神经网络计算机将为人类提供经济预测、市场预测、效益预测,其应用前景是很远大的。

2. 具有联想存储功能

人工神经网络的反馈网络可以实现这种联想。

3. 具有高速寻找优化解的能力

寻找一个复杂问题的优化解,往往需要很大的计算量,利用一个针对某问题而设计的反馈型人工神经网络,发挥计算机的高速运算能力,可能很快找到优化解。最近十多年来,人工神经网络的研究工作不断深入,已经取得了很大的进展,其在模式识别、智能机器人、自动控制、预测估计、生物、医学、经济等领域已成功地解决了许多现代计算机难以解决的实际问题,表现出了良好的智能特性。

以上是最常见的大数据分析方法,业务场景不同,对数据分析的需求也会有所变化。有的业务类型只需用到其中一种分析方法就能得出结论,而有的业务需求则需要用到多种分析模型求解,方可挖掘出大数据的最大价值。

二、主要应用场景

(一)大数据在旅游服务中的应用

坚持"游客至上"理念,根据大数据的实时监测与反馈,对游客进行精准画像,精准服务游客,聚焦游客食、住、行、游、购、娱等方面的各类需求,提供标准化、智慧化、特色化服务,不断提升游客满意度和获得感。

1. 基于大数据的游前服务

基于大数据的旅游服务就是以游客为中心,依托智能旅游的技术基础和先进的智能化手段,将大数据的科技信息成果注入为游客服务中,实现人与大数据信息和旅游资源的有效整合。在游客出发之前,能够满足游客对信息的需求,通过对用户原创内容的分析,为他们规划行程、提供决策服务,帮助他们更好地决策。在旅途中将大数据与AI相结合,可以为游客提供智慧旅游体验服务,让他们感受到智慧旅游带来的便利,提升游客满意度。还可以为他们提供导览以及大数据辅助决策服务,游客借助便携式智能终端设备就可以随时获取信息、进行决策。在旅游结束后,让游客乐于分享自己的旅游经历,发表自己的真实意见和看法,与其他人进行沟通交流,通过互动共享和口碑媒介进行游后反馈。

2. 基于大数据和AI的游中服务

近年来,随着互动终端的普及和进步,智慧旅游服务的技术手段也越来越多样化,它们可以提供一系列食、住、行、游、购、娱等方面贴心的旅游服务,提升游客在旅游过程中的体验满意度,让旅游过程变得更加有意义。在旅行的过程中,游客有着对订购信息、订购产品以及目的地详细信息的及时查询需求,同时还期望获得有效的导览服务。而基于大数据的旅游过程体验服务,一方面可以帮助游客随时查询到所需要的信息,另一方面,可以提供智能导览服务,节省游客的时间,辅助游客进行决策。

在旅游途中,可以借助大数据和AI技术将旅游目的地的信息进行抓取和排名,对游客进行个性化的分析,进而将最相关的景点信息和个性化推荐介绍给游客。当游客参观完一个目的地之后,根据游客所处的地点、时间、预算等提出下一个景点的建议,通过更加智能化的旅游语音助手,为游客提供语音问答、翻译、预订服务,而且专业的翻译软件可以为出国游客提供更多的便利。如今已经有产品能够满足游客上述需求,清楚地展现大数据和AI技术如何在旅游途中为游客提供服务,以及智慧旅游如何显著提升游客的体验满意度。

3. 基于口碑大数据的游后反馈服务

基于大数据的旅游服务在为游客提供"全程式"旅游服务的同时,也为游客在旅行过后分享自己的旅游经历提供了多样化的途径。旅行过后,游客可以在旅游网站等互动平台上通过图片、视频、游记等形式分享体验并与其他用户进行交流,同时向网站运行的主体提供反馈,以便它们改进自己的服务质量。这些旅游记录不仅是旅游者切身的感受,也为后来者提供了参考和借鉴,以图片、游记、视频等形式存在的评论也就形成了游客对目的地的综合评价和口碑,具有强大的说服力。一般来说,游客既是信息的传播者也是信息的接收者,他们既可以发表评价也可以在网站上浏览查看相关信息,这些信息有时候会影响他们的决策,进而会影响整条供应链。而且,这些评价和看法都是不带商业色彩的用户原创内容,是基于游客内心的感受和自我体验得出的真实想法,其可信度有时候甚至超越了广告。

另外,基于口碑大数据的游后反馈机制,能够有效联动运营商和游客,优化流程,降本增效,使运营商的营销更加有针对性,通过游客的反馈来改善自己的服务,满足他们的个性化需求,提高游客的旅游体验满意度。而且,这些评价网站能够根据游客的评价和分享的信息进行有效整合,为其策划相关产品和服务提供参考。

（二）大数据在旅游管理中的应用

大数据在智慧旅游中的应用最直接的体现是在管理方面起到的作用。通过数据分析,能准确预算游客数量、有效改变传统的旅游监管被动局面,实现现代科学技术管理。借助信息技术,旅游行政管理部门、旅游景区、酒店、旅行社等旅游企业能够第一时间获得游客准确的信息。数据分析系统的使用使得旅游管理部门、旅游企业能够实现有针对性的过程管理和实时管理,有效提高管理部门及旅游企业决策能力、洞察力,实现低成本、高利润、高产出。目前,许多旅游管理部门、旅游企业和当地公安、交通、工商等重要部门形成联动的信息共享和协作,充分利用旅游信息数据,实现了高效的旅游预报管理与预警机制,确保了信息的时效性,针对天气变化、安全隐患、时间安排等可能影响旅游体验的因素,相关部门能够迅速响应,提前向游客发送提醒信息,引导游客做出合理调整,有效保护游客,增强了旅游活动的安全性。

1. 旅游大数据在旅游管理部门的应用

旅游大数据在旅游管理部门的应用可以帮助管理部门更好地规划、管理和推进旅游业发展,具体的应用场景如下。

（1）旅游目的地规划和管理。

旅游管理部门通过分析大量的旅游数据,包括游客数量、游客特征、游客需求等,可以了解旅游目的地的热门程度、游客流动情况等信息。管理部门可以根据这些数据制定目的地规划和管理策略,合理利用旅游资源,提升服务质量,优化旅游环境。

（2）旅游市场调研和预测。

旅游管理部门通过分析旅游市场的大数据,包括旅游消费、旅游品牌需求、旅游预订情况等,可以了解市场的需求和趋势。管理部门可以根据这些数据预测市场发展趋势,制定相应的旅游政策和推广策略,吸引更多游客。

（3）旅游市场调研和预测。

旅游管理部门通过分析旅游数据,包括游客投诉、事故事件、安全指标等,可以识别旅游目的地的安全风险,及早预警和应对潜在的安全问题。管理部门可以借助大数据技术,建立安全风险监测系统,加强旅游目的地的安全管理和应急响应。如文化和旅游部通过全国文化和旅游市场网上举报投诉处理系统,借助大数据及相关信息,有效开展风险监控、应急响应和安全管理,提升旅游安全和风险管理效率。

（4）旅游产品和服务优化。

旅游管理部门通过分析游客的反馈和评价数据,包括旅游景区的满意度、游客体验等,可以了解游客对旅游产品和服务的需求和评价。旅游管理部门可以根据这些数据改进旅游产品和服务,提高游客的满意度和忠诚度。

（5）旅游数据共享和协同。

大数据技术可以帮助管理部门与其他旅游相关部门实现数据的共享和协同。通过整合和分析不同部门的旅游数据,可以提高资源利用效率、优化旅游产业链的各个环节,推动旅游业的协同发展。

总之,大数据在旅游管理部门的应用可以提供数据支持和决策参考,帮助管理部门更好地规划和推进旅游业发展,提高管理效率和服务质量。

2. 旅游大数据在旅游景点景区管理运营中的应用

旅游景点景区借助云计算、GIS、移动通信、人工智能等多个领域的技术,融合视频处理、图像处理、模式识别、运动轨迹判别等统计分析算法,通过对接景区门禁票务数据、视频监控数据、电子商务数据,分析景区客流量信息、车辆识别信息、Wi-Fi探针信息、客源地信息、热力图信息,对游客的年龄层次、来源省份和地市构成比例、在景区的停留时间、各景点客流量等信息进行周期性统计和挖掘,并与历史数据进行对比分析,为旅游景点景区的科学管理和面向客源地的精准营销提供数据支撑。

大数据在旅游景点景区的应用可以促进运营效益的提升,改善游客体验,提高安全性,提升市场竞争力。

3. 旅游大数据在酒店管理运营中的应用

在旅游酒店管理运营过程中,无论是管理、服务、产品、渠道、价格还是游客,每一项都与市场数据息息相关,以下两个方面是旅游酒店市场营销工作中的重中之重:一是通过获取数据并加以统计分析来充分了解市场信息,掌握竞争者的商情和动态,知晓旅游酒店在竞争群中所处的市场地位,来达到"知彼知己,百战不殆"的目的;二是旅游酒店通过积累和挖掘游客档案数据,有助于分析游客的消费行为和价值取向,便于更好地为游客服务和发展忠诚顾客,形成旅游酒店稳定的会员客户。

4. 旅游大数据在旅行社管理运营中的应用

旅行社是一个信息密集型行业,每天处理大量的客户信息、交易数据、市场趋势以及其他相关信息。随着互联网和移动应用的普及,旅行社需要更加高效地管理和分析这些数据,以提供更好的服务,优化业务流程,增强竞争力。大数据已经成为旅行社行业市场营销中的不可或缺的因素。通过充分利用大数据分析,旅行社可以提高客户体验、降低成本、提高竞争力,并在竞争激烈的市场中取得成功。随着技术的不断发展,大数据在旅行社行业中的应用前景将更加广阔,为行业带来更多的机遇和挑战。

(三) 大数据在旅游营销中的应用

大数据在旅游营销预测中发挥着重要的作用。通过收集和分析大量的旅游行业数据,包括游客行为、消费习惯、旅游目的地热度等,营销团队可以更准确地预测市场趋势和需求,从而制定更有效的营销策略。

1. 基于大数据的旅游市场分析

游客画像是对旅游目的地或景区的潜在游客进行细致刻画的一种方法,通过收集和分析游客的行为、兴趣、需求和偏好等多维度信息,为旅游营销策略提供有针对性的依据。构建游客画像的目的在于更好地了解目标市场,提高营销活动的有效性,从而实现景区的品牌推广和经济效益最大化。

2. 构建游客画像的意义

(1) 精准营销。

通过对游客画像的分析,可以帮助景区或旅游目的地更精准地锁定目标客群,制定有针对性的营销策略,提高营销活动的投入产出比。

(2) 个性化服务。

了解游客的需求和偏好,可以为游客提供更加个性化的旅游产品和服务,提高游客满意度,从而增强景区的竞争力。

(3) 品牌塑造。

通过对游客画像的深入了解,可以帮助景区塑造更符合目标市场需求的品牌形象,提升品牌知名度和美誉度。

(4) 产品创新。

基于游客画像的分析,可以发现市场潜在的需求和机会,为旅游产品的创新和优化提供有益的参考。

(5) 数据驱动决策。

游客画像可以为景区的运营和管理提供数据支持,帮助景区做出更加明智的决策。

实训任务一
利用 Excel 移动平均法预测旅游人数发展趋势

实训预习

移动平均法是一种简单的预测方法,根据最近3个时期或6个时期的平均量作为下一时期的预测值。在下一个期末,去掉第1个时期的数据,加上最近这一期的数据,求出新的平均值作为预测。这种预测总是基于某些时期实际数据的平均值。

实训目的

利用移动平均法,通过已经产生的旅游出行人数数据,预测未来旅游人数的变化,为决策者提供依据。

实训要求

截至2023年7月,从2020年第一季度到2023年第二季度,每个季度的旅游人次统计如图1-5所示,根据移动平均法预测2023年第三季度、第四季度及2024年4个季度的旅游人次。

	A	B	C	D	E	F
1	季度	2020年	2021年	2022年	2023年	2024年
2	第一季度（Q1）	2.95	10.24	8.3	12.16	
3	第二季度（Q2）	6.37	8.47	6.25	11.68	
4	第三季度（Q3）	10.01	8.18	6.39		
5	第四季度（Q4）	9.46	5.57	4.36		

图 1-5　2020—2023年各季度国内旅游人数情况（单位/亿人次）

实训方法

移动平均法。

操作步骤

用图1-5中的数据做3个季度的移动平均，预测2023年第一季度旅游人次，此时使用2020年、2021年和2022年第一季度的旅游数据，预测2023年第三季度旅游人次，计算步骤如下。

将鼠标定位在E4单元格，单击fx，弹出"插入函数"对话框，在"选择函数（N）"中选定"AVERAGE"，即选中平均值函数，如图1-6所示。

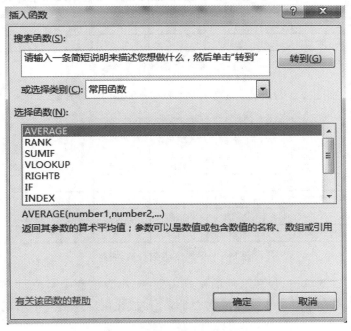

图 1-6　插入平均值函数

单击"确定"按钮，弹出"函数参数"对话框，在Number1后面的框中，输入或者框选B4:D4，即选中B4，C4和D4这三个单元格的数据。如图1-7和图1-8所示。

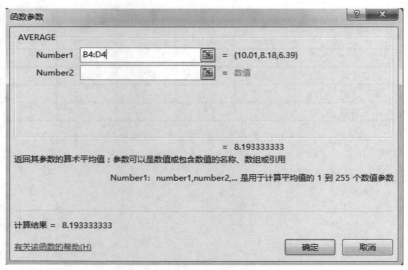

图1-7 平均值函数参数设置

	A	B	C	D	E	F
1	季度	2020年	2021年	2022年	2023年	2024年
2	第一季度（Q1）	2.95	10.24	8.3	12.16	
3	第二季度（Q2）	6.37	8.47	6.25	11.68	
4	第三季度（Q3）	10.01	8.18	6.39	:E(B4:D4)	
5	第四季度（Q4）	9.46	5.57	4.36		

图1-8 平均值函数计算界面

单击"确定"按钮，自动进行计算，并将结果放在E4单元格中，如图1-9所示。

	A	B	C	D	E	F
1	季度	2020年	2021年	2022年	2023年	2024年
2	第一季度（Q1）	2.95	10.24	8.3	12.16	
3	第二季度（Q2）	6.37	8.47	6.25	11.68	
4	第三季度（Q3）	10.01	8.18	6.39	8.19333333	
5	第四季度（Q4）	9.46	5.57	4.36		

图1-9 平均值函数计算结果

选中E列，右键单击，设置E列的格式为数字，小数位数为两位，将鼠标放在E4单元格的右下方，鼠标由空心十字变成实心十字后，按住鼠标左键向下填充，完成E5单元格的计算。

将鼠标放在F2单元格，完成F2单元格的计算，并根据上述的计算方法，用平均函数AVERAGE()完成2024年余下3个季度的旅游人数的预算，结果保留两位小数。

预测2024年4个季度旅游人次的公式和结果如下（图1-10）。

第一季度：AVERAGE(C2:E2) = 10.23
第二季度：AVERAGE(C3:E3) = 8.80
第三季度：AVERAGE(C4:E4) = 7.59
第四季度：AVERAGE(C5:E5) = 5.46

季度	2020年	2021年	2022年	2023年	2024年
第一季度（Q1）	2.95	10.24	8.3	12.16	10.23
第二季度（Q2）	6.37	8.47	6.25	11.68	8.80
第三季度（Q3）	10.01	8.18	6.39	8.19	7.59
第四季度（Q4）	9.46	5.57	4.36	6.46	5.46

图1-10　预测结果

实训任务二
利用SPSS软件进行旅游收入影响因素分析

实训预习

旅游业的发展不仅对增加就业和扩大内需起到重要的推动作用，而且对优化产业结构、增加国家外汇收入、促进国际收支平衡，以及加强国家、地区间的文化交流具有深远影响。旅游业的发展水平与旅游收入息息相关。旅游人数、游客收入水平、旅游价格水平、旅游距离、旅游时间、旅游景区性质、游客类型等均是影响旅游收入的因素。

实训目的

通过SPSS软件对影响我国旅游收入的因素进行研究分析，一方面力求为增加旅游收入的方法研究指出明确的方向，另一方面通过模型分析重要影响因素提出对增加旅游收入的一些建议。

实训要求

影响旅游产业发展的因素有很多，根据图1-11中的数据，采用K均值聚类分析法，完成数据的导入及分析工作。要求以国内旅游收入、城镇居民可支配收入、农村居民可支配收入、国内旅游人数、旅行社数量为变量，以年度为个案标准依据，完成各项数据分析。

旅游大数据分析与应用

A	B	C	D	E	F
国内旅游收入、旅游人数及旅行社统计明细					
年度	国内旅游收入(万亿)	城镇居民可支配收入(元)	农村居民可支配收入(元)	国内旅游人数(亿)	旅行社数量
2010	1.26	19109	5919	21.03	22784
2011	1.93	21810	6977	26.41	23690
2012	2.27	24565	7917	29.57	24944
2013	2.63	26955	8896	32.62	26054
2014	3.03	28844	10489	36.11	26650
2015	4	31195	11422	41	27621
2016	3.94	33616	12363	44.4	27939
2017	4.57	36396	13432	50.01	27409
2018	5.13	39251	14617	55.4	38943
2019	6.63	42359	16021	60.06	38943
2020	1.8	43834	17131	17.2	40682
2021	2.2	47412	18931	18.5	42432
2022	2.04	49283	20133	25.3	45162

图1-11 国内旅游收入、旅游人数及旅行社统计明细

实训方法

K均值聚类分析法。

实训步骤

导入数据,选择分析菜单栏中的分类,如图1-12至图1-21所示。

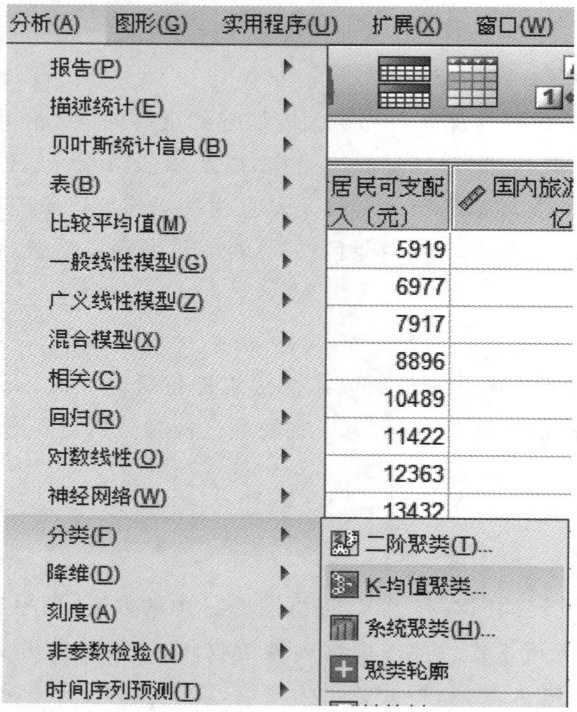

图1-12 选择"K-均值聚类分析"选项

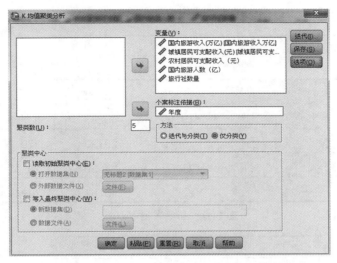

图1-13 "K-值聚类分析"选择变量

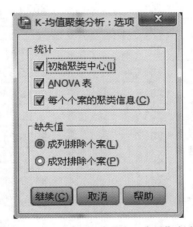

图1-14 "K-均值聚类分析:选项"对话框

	年度	国内旅游收入万亿	城镇居民可支配收入元	农村居民可支配收入（元）	国内旅游人数（亿）	旅行社数量	变量
1	2010	1.26	19109	5919	21.03	22784	
2	2011	1.93	21810	6977	26.41	23690	
3	2012	2.27	24565	7917	29.57	24944	
4	2013	2.63	26955	8896	32.62	26054	
5	2014	3.03	28844	10489	36.11	26650	
6	2015	4.00	31195	11422	41.00	27621	
7	2016	3.94	33616	12363	44.40	27939	
8	2017	4.57	36396	13432	50.01	27409	
9	2018	5.13	39251	14617	55.40	38943	
10	2019	6.63	42359	16021	60.06	38943	
11	2020	1.80	43834	17131	17.20	40682	
12	2021	2.20	47412	18931	18.50	42432	
13	2022	2.04	49283	20133	25.30	45162	

图1-15 "K-均值聚类分析"表格

	聚类			
	1	2	3	4
国内旅游收入/万亿	1.26	2.04	2.27	4.57
城镇居民可支配收入/元	19109	49283	24565	36396
农村居民可支配收入/元	5919	20133	7917	13432
国内旅游人数/亿	21.03	25.30	29.57	50.01
旅行社数量	22784	45162	24944	27409

图1-16 初始聚类中心表

个案号	年度	聚类	距离
1	2010	1	.000
2	2011	1	3039.018
3	2012	3	.000
4	2013	3	2811.165
5	2014	3	5275.936
6	2015	5	2616.841
7	2016	5	.000
8	2017	5	3025.243
9	2018	4	.000
10	2019	4	3410.411
11	2020	4	5509.054
12	2021	2	3521.135
13	2022	2	.000

图1-17 聚类成员表

	聚类				
	1	2	3	4	5
国内旅游收入/万亿	1.60	2.12	2.64	4.52	4.17
城镇居民可支配收入/元	20460	48348	26788	41815	33736
农村居民可支配收入/元	6448	19532	9101	15923	12406
国内旅游人数/亿	23.72	21.90	32.77	44.22	45.14
旅行社数量	23237	43797	25883	39523	27656

图1-18 最终聚类中心表

聚类	1	2	3	4	5
1		37035.729	7354.331	28478.802	15207.938
2	37035.729		29908.999	8600.769	22908.775
3	7354.331	29908.999		21410.154	7895.514
4	28478.802	8600.769	21410.154		14780.113
5	15207.938	22908.775	7895.514	14780.113	

图 1-19 最终聚类中心之间的距离表

	聚类		误差		F	显著性
	均方	自由度	均方	自由度		
国内旅游收入/万亿	4.116	4	1.624	8	2.534	.122
城镇居民可支配收入/元	279328905.5	4	4885981.042	8	57.169	.000
农村居民可支配收入/元	60440075.47	4	1231224.167	8	49.089	.000
国内旅游人数/亿	293.854	4	150.799	8	1.949	.196
旅行社数量	192494364.2	4	974315.250	8	197.569	.000

注：由于已选择聚类以使不同聚类中个案之间的差异最大化，因此 F 检验只应该用于描述目的。实测显著性水平并未因此进行修正，所以无法解释为针对"聚类平均值相等"这一假设的检验。

图 1-20 单因素方差分析表

聚类	1	2.000
	2	2.000
	3	3.000
	4	3.000
	5	3.000
有效		13.000
缺失		.000

图 1-21 个案数目表

慎思笃行

中华人民共和国文化和旅游部2022年文化和旅游发展统计公报（节选）

《中华人民共和国文化和旅游部2022年文化和旅游发展统计公报》中指出，2022年，在以习近平同志为核心的党中央坚强领导下，全国文化和旅游系统深入学习贯彻习近平新时代中国特色社会主义思想，坚决贯彻落实党中央、国务院决策部署，紧扣迎接宣传贯彻二十大工作主线，坚持稳中求进、守正创新，围绕推进文化自信自强、建设社会主义文化强国，以满足人民精神文化需求和增强人民精神力量为着力点，推动文化和旅游各领域工作取得积极进展。出台《文化和旅游部关于建立健全"十四五"规划实施机制的意见》,制定"十四五"规划年度执行计划,推进年度重点任务和重大工程项目。统筹推进疫情防控和行业恢复发展,在更广范围、更深层次、更高水平上推动文化和旅游深度融合发展,激发新动能、形成新优势。坚持文化铸魂、文化赋能,以社会主义核心价值观为引领,推出一批优秀文艺作品,努力为人民群众提供更加丰富、更高质量的文化和旅游产品。推进实施国家文化数字化战略,推动文化和旅游数字化发展,促进文化和旅游新型业态与消费模式加快发展。加强文物和非物质文化遗产保护利用,中华文明探源工程取得突破,革命文物保护利用工程(2018—2022年)圆满收官,非遗系统性保护水平不断提升,非遗在全社会的影响进一步扩大。协调推动长江、长城、长征、黄河、大运河国家文化公园建设。积极助力北京冬奥会、冬残奥会成功举办,深度拓展对外和对港澳台工作,不断提高国家文化软实力、增强中华文化影响力。

案例分析

项目小结

本项目主要介绍了基于大数据的旅游营销的相关知识,包括大数据在旅游营销中的应用场景、数据分析方法选择及营销策略制定等内容。在旅游行业,大数据技术的应用可以帮助企业提高竞争力,实现更精准的营销活动。利用大数据,企业可以进行用户画像分析、旅游产品价格优化、营销效果评估和景点规划等多方面的数据挖掘工作,从而提高营销效果和客户满意度。

项目训练

一、知识训练

扫描边栏二维码答题。

二、能力训练

2022年,全国各类文物机构共举办陈列展览32357个,比上年减少了848个。其中,基本陈列17399个,减少了198个;临时展览14958个,减少了650个。在Excel表格中用公式计算出2021年全国各类文物机构共举办陈列展览的数量、基本陈列展览的数量和临时展览的数量分别是多少?

知识训练

在线答题

项目二
认知旅游大数据伦理和治理

 项目描述

本项目详细介绍了旅游大数据伦理、旅游大数据的素养以及旅游大数据的隐私安全,帮助学生树立正确的数据观,加强数据伦理和隐私安全意识,更好地适应数字化时代的旅游行业发展,为未来的职业生涯打下良好的基础。

 项目目标

知识目标

1. 了解旅游大数据的相关伦理问题;
2. 了解旅游大数据应用需要具备的相关素养;
3. 了解旅游大数据隐私与安全问题。

能力目标

1. 具备理解旅游大数据的价值和伦理的能力;
2. 具备提高旅游大数据素养的能力;
3. 具备树立正确的数据观、遵守数据伦理和隐私安全规范的能力。

素养目标

1. 增强学生的数据素养;
2. 培养学生的数据伦理和隐私安全意识;
3. 帮助学生树立正确的数据观。

思维导图

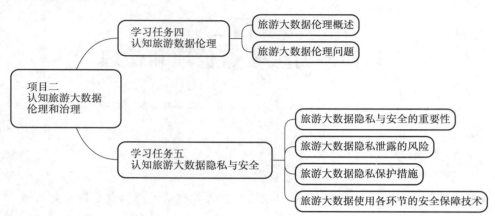

项目引入

大数据伦理困境

浙江省绍兴市柯桥区法院就一起涉及"大数据杀熟"的侵权纠纷案作出一审判决,原告胡女士胜诉。这一案件引发人们对大数据伦理问题的关注,特别是在信息时代中,涉及隐私、公平交易和道德责任等方面的纷争。

该案起因于胡女士通过某App预订酒店住宿,然而她在离店时发现实际支付的价格远高于酒店挂牌价。胡女士认为这是采用"大数据杀熟"等手段导致的价格欺诈,因此将该App告上法庭。法院判决指出,该App在交易过程中没有如实报告交易信息,同时还采集了非必要信息,存在虚假宣传和欺诈行为。

"大数据杀熟"是指企业利用大数据技术,通过分析用户信息实施个性化定价,从而对价格不敏感的用户进行歧视性定价,从中获得更高利润。这种行为引发了关于隐私保护、公平交易和商业伦理的讨论。虽然目前法律对于"大数据杀熟"并没有明确界定,但这一案件为这一问题的处理提供了参考。

专业人士指出,虽然难以从维护整体社会利益的角度完全解决"大数据杀熟"问题,但在现有法律框架下,仍可对此类案件做出公平的判决。通过案例分析发现,商家的欺诈行为导致消费者财产损失,侵犯了其知情权和公平交易权,构成明确的欺诈行为。

然而,"大数据杀熟"问题不仅仅局限于法律层面,还涉及社会信任和商业伦理。这种行为可能破坏消费者对企业的信任,降低大众对互联网经济和企业家群体的信心。同时,商家为了追求短期利润,可能忽视产品和服务的改进和创新,导致市场资源浪费,阻碍了市场经济的健康发展。

(资料来源:http://sh.people.com.cn/n2/2021/0720/c176739—34828947.html)

学习任务四 认知旅游数据伦理

任务描述

随着大数据技术的快速发展和广泛应用,数据收集、存储、处理和使用已经成为旅游行业的常态。然而,如果没有良好的旅游大数据伦理和规范,滥用和不当使用旅游大数据,将会引起严重的隐私、安全和道德问题。为此,本任务旨在使学生了解旅游大数据伦理的定义和原则,以及掌握在旅游大数据采集、存储、使用、取舍中可能涉及的相关伦理问题。通过本任务的学习,学生将对旅游大数据伦理有更全面的了解,从而在未来的工作和研究中能够更加负责和谨慎地处理旅游大数据,保障用户隐私和权益,促进数据的合理利用,为旅游行业的可持续发展贡献力量。

任务目标

了解旅游大数据伦理的定义和原则;掌握旅游大数据采集、存储、使用、取舍中的相关伦理问题,保护旅游大数据隐私,保证数据的公正性,促进数据的合理利用,维护数据使用者和数据主体之间的平衡关系。

一、旅游大数据伦理概述

(一)旅游大数据伦理的定义

旅游大数据伦理是指在旅游行业中,在旅游大数据收集、存储、处理、传输和使用等过程中所涉及的道德和伦理原则的遵循和规范。旅游大数据伦理旨在确保在旅游大数据的运用过程中遵循公正、透明、安全、隐私保护等原则,保护数据主体的权益,促进数据的合理利用,同时维护数据使用者与数据主体之间的平衡关系。该伦理框架对于推动旅游行业的可持续发展、维护数据伦理和社会价值具有重要意义。

(二)旅游大数据伦理的原则

旅游大数据伦理的原则主要包括以下七个方面。

1. 隐私保护原则

确保旅游大数据的收集和处理过程中,个人敏感信息和隐私得到妥善保护。数据使用者应尊重数据主体的隐私权,不得未经合法授权擅自获取、使用或传播个人数据。

2. 公正性原则

在旅游大数据的应用过程中，要保持数据的客观性和公正性，不得对数据进行歪曲、篡改或误导性的处理。数据应该以客观的态度呈现，避免利用数据来误导决策。

3. 安全性原则

对于旅游大数据的存储、传输和处理，必须采取合理的安全措施，确保数据不会遭到非法访问、篡改或泄露。数据使用者应该采取适当的措施来保护数据的安全性和完整性。

4. 知情同意原则

在收集旅游大数据时，必须事先告知数据主体数据收集的目的和使用方式，并得到其明确的同意。数据主体应该知晓自己的数据将会被用于何种目的，并有权选择是否同意数据被使用。

5. 透明度原则

旅游大数据的使用方应确保数据采集和使用过程的透明公示，让数据主体了解其数据被使用的情况。数据使用者应向数据主体提供充分的信息，确保数据处理的透明度。

6. 数据权益尊重原则

保护数据使用者和数据主体的权益，不得滥用数据或将其用于违法、不道德的活动。数据使用者应尊重数据主体的权利，不得歧视或侵犯他人的权益。

7. 公共利益原则

在旅游大数据的应用过程中，应考虑公共利益，遵守相关法律法规和政策，确保数据的合理利用，符合社会利益和伦理要求。

遵循这些旅游大数据伦理原则，可以确保旅游数据的合法性、公正性、安全性和隐私保护，保护数据主体的权益，促进旅游行业的可持续发展。

慎思笃行

国家出台多项规定，保障旅游者个人信息安全

近年来，在线旅游服务成为消费者投诉重灾区，存在大数据杀熟、信息泄露等问题，个人信息无法在处理过程中受到充分保护。

《中华人民共和国个人信息保护法》第五十四条规定：个人信息处理者应当定期对其处理个人信息遵守法律、行政法规的情况进行合规审计。在此规定下，在线旅游平台的算法以及其内部的日常运营活动被列为监管对象，在线旅游平台的信息处理迎来法律监管、企业自律与第三方共同参与的算法多元治理格局。

在合法合规的基础上，在线旅游经营者（在线旅游平台经营者、平台内经营者、通过自建网站/其他网络服务提供旅游服务的经营者）应当如何保障消费者个人信息？

根据2023年3月27日文化和旅游部发布的《文化和旅游部关于推动在线旅游市场高质量发展的意见》（以下简称《意见》），在线旅游经营者要加强旅游者个人敏感信息保护，防止超出合理经营需要收集旅游者个人信息，采取切实措施避免大数据杀熟、虚假宣传、虚假预订等侵害旅游者权益行为。

《意见》对在线旅游平台经营者列明以下重点要求。

（1）在线旅游平台经营者应强化对平台内经营者资质审核，确保平台信息内容安全。

（2）应完善安全生产管理制度和应急预案，对上架的旅游产品或者服务做好风险监测和安全评估，发生突发事件或旅游安全事故，应立即采取必要措施，并配合有关部门做好救助、调查和善后处置工作。

（3）应加强对未经许可从事旅行社业务经营活动、"不合理低价游"等违法违规产品的监测、发现、判定和处置力度，维护正常的行业秩序，切实保障旅游者合法权益。

2020年10月1日起施行的《在线旅游经营服务管理暂行规定》（以下简称《规定》），同样为在中华人民共和国境内提供在线旅游经营服务者提出了要求。《规定》第四条提出，在线旅游经营者提供在线旅游经营服务，应当遵守社会主义核心价值观的要求，坚守人身财产安全、信息内容安全、网络安全等底线，诚信经营、公平竞争，承担产品和服务质量责任，接受政府和社会的监督。

对于大数据"杀熟"现象，《规定》第十五条指出：在线旅游经营者不得滥用大数据分析等技术手段，基于旅游者消费记录、旅游偏好等设置不公平的交易条件，侵犯旅游者合法权益。

除此之外，围绕个别经营者采取不正当手段获取消费者信息从事个人信息买卖、诈骗、散发小广告等违法活动的现象，《规定》第二十条明确提出：社交网络平台、移动应用商店等信息网络提供者知道或者应当知道他人利用其服务从事违法违规在线旅游经营服务，或者侵害旅游者合法权益的，应当采取删除、屏蔽、断开链接等必要措施。

此外，《规定》第二十三条明确各级文化和旅游主管部门应当定期监督检查，并采取必要措施保护数据信息的安全。

平台经营者把好网络平台的"入门关"，对于真正保护好旅游者的合法权益具有根本意义。

（资料来源：中华人民共和国政府网）

案例分析

二、旅游大数据伦理问题

通过充分认识和解决旅游大数据伦理问题,能够确保旅游大数据的合理、公正、安全、透明和隐私保护,促进旅游行业的可持续发展,为社会创造更多的价值和福祉。旅游大数据伦理问题主要包括以下几个方面。

1. 隐私泄露问题

隐私泄露问题是指在旅游大数据的收集、存储、处理和使用过程中,个人敏感信息和隐私未经授权就泄露给第三方,导致用户隐私权受到侵犯的问题。隐私泄露是旅游大数据应用过程中的常见伦理问题。当旅游机构或数据处理者未经用户同意或超出授权范围收集、使用或传播用户个人敏感信息时,可能会引发严重的隐私泄露问题。

2. 数据安全问题

数据安全问题是指涉及旅游大数据的存储、传输和处理的安全性,以及数据遭到黑客攻击、篡改、泄露或丢失的问题。数据安全是保障旅游大数据应用可信度的基本要求。在数据的存储、传输和处理过程中,必须采取适当的技术和管理措施,确保数据的机密性、完整性和可用性,防范潜在的安全威胁。

3. 数字鸿沟问题

数字鸿沟问题是指在旅游行业中,大数据的利用因技术、资源和信息的不平等分布,导致一些地区、企业或个体无法充分享受和获得旅游大数据所带来的益处的问题。数字鸿沟问题是旅游大数据应用过程中的社会问题,它可能加剧地区、企业和个体之间的差距,造成信息不对称,阻碍了旅游行业整体的可持续发展。

4. 数据独裁问题

数据独裁问题是指在旅游大数据应用中,数据拥有者或使用者对数据控制权的过于集中,导致数据的开放共享和公正使用受到限制的问题。数据独裁问题是旅游大数据应用中的权力问题,当数据由少数控制者垄断或过度控制时,可能导致数据的不公平分配和不透明使用,削弱了数据的社会效益。

5. 数据垄断问题

数据垄断问题是指涉及个别旅游企业或机构对旅游大数据的垄断控制,从而排除其他竞争者参与和数据资源共享的问题。数据垄断问题可能导致竞争环境扭曲,限制了创新和竞争力的提升,阻碍了旅游行业的健康发展。

6. 数据的真实问题

数据的真实问题关键在于旅游大数据的真实性和准确性,即数据的来源是否可靠、采集和处理的过程是否真实可信,是否存在不实或造假的情况。数据的真实问题直接影响旅游决策和应用的有效性。当数据不真实、不准确时,可能导致错误的决策和不良的业务影响。

7. 人的主体地位问题

人的主体地位问题是指关注数据主体（数据的产生者或涉及的个人）在旅游大数据应用中的地位和权益问题，包括知情同意、数据使用权等问题。人的主体地位问题涉及对数据主体权益的尊重和保护，确保在旅游大数据应用中，数据主体的知情权和参与权得到充分保障。

8. 数据使用目的问题

数据使用目的问题涉及数据使用者是否在合理和合法范围内使用数据，是否遵循了事先告知数据主体的使用目的。数据使用目的问题关注数据在使用过程中是否符合预先告知的目的和范围。数据使用者在获取数据时应明确说明数据将用于何种目的，并且在使用时不能超出事先约定的范围。如果数据使用目的不清晰或超出范围，可能会引发数据被滥用或不当使用的风险。

9. 数据权益尊重问题

数据权益尊重问题涉及数据使用者是否尊重数据主体的权益，不得滥用数据或将数据用于违法活动或违背道德的行为之中。数据权益尊重问题强调数据使用者在数据应用中应该遵守道德和法律准则，不得将数据用于危害、侵犯他人权益或违法活动之中。数据使用者应尊重数据主体的知情权和自主权，确保数据的合理使用，保护数据主体的权益。

10. 数据治理问题

数据治理问题涉及数据管理和监管机制，包括数据使用者是否建立了适当的数据管理制度，以确保数据合法、规范地使用。数据治理问题关注数据使用者是否建立了完善的数据管理制度和监管机制，包括数据获取、存储、处理和共享的规范，以确保数据的合法性、安全性和可靠性。数据治理是保障数据合理使用的重要保障措施。

11. 数据公正性问题

涉及数据的真实性和公正性，包括数据是否准确、数据是否被篡改或歪曲，以及数据分析结果是否客观公正。数据公正性问题是指在数据采集、整理和处理过程中，数据应当客观真实地反映事实，不应进行不当修改或偏向性处理。数据使用者应采用科学方法和严谨态度，确保数据的公正性和准确性。

12. 数据透明度问题

数据透明度问题涉及对数据收集和使用过程的透明度，包括是否向用户充分披露数据的收集目的、使用方式和数据使用者的身份。数据透明度问题强调数据使用者应向数据主体提供充分的信息，让数据主体了解自己的数据被使用的情况。透明度有助于建立数据使用者和数据主体之间的信任，提高数据的合理使用率。

13. 数据民主问题

数据民主问题涉及数据使用是否考虑到数据主体的利益和参与，是否保障了数据主体在数据收集和使用中的权利和利益。数据民主问题关注数据使用是否符合数据主体的意愿和需求，是否尊重数据主体的选择权和参与权。数据使用者应该充分考虑数据主体的利益,促进数据的共享和参与。

14. 数据跨界传输问题

数据跨界传输问题涉及数据在跨界传输过程中是否遵循相关法律法规,是否保护数据主体的权益。数据跨界传输问题涉及数据在不同地区或国家之间的传输和共享。数据使用者在进行跨界传输时应遵守相关法律法规,同时确保数据主体的权益和数据安全不受侵害。

教学互动
Jiaoxue Hudong

如何避免旅游大数据伦理问题?

学习任务五　认知旅游大数据隐私与安全

任务描述

随着信息化发展的迅速推进,大数据的应用在很大程度上给人们的日常生活带来了巨大便利。然而,与此同时,大数据本身的安全问题也日益严峻。频繁发生的数据信息泄露事件给人们的生活和隐私安全带来了巨大威胁。在旅游领域,旅游大数据的安全与隐私保护尤为重要。了解旅游大数据隐私泄露的风险及其潜在影响,同时掌握旅游大数据使用各环节的安全保障技术,将有助于大学生加强大数据安全意识,保障旅游大数据的健康发展。

任务目标

本学习任务旨在使学生深入了解旅游大数据隐私泄露的风险,并学习相应的保护措施,以确保旅游大数据的安全。同时,学生将掌握旅游大数据在各环节应用时所需的安全保障技术,包括数据收集、存储、传输、处理和使用等方面的安全措施。通过达成这些目标,学生将加深对旅游大数据安全问题的认知,提高警惕性,从而为旅游业的数字化转型和信息安全做出积极的贡献。

一、旅游大数据隐私与安全的重要性

随着信息时代的发展和数字化转型的推进,大数据已经成为旅游业发展的重要驱动力。旅游企业和政府部门广泛采集游客行为、消费习惯、旅游趋势等大量旅游数据,充分利用这些信息以实现更精准的市场定位,提供个性化服务,为决策过程提供有力支持。然而,旅游大数据的广泛应用也带来了隐私泄露和数据安全等问题,这些问题直接影响着旅游业的可持续发展和用户的信任感。

1. 大数据在旅游业中的广泛应用

大数据技术的广泛应用为旅游业带来了前所未有的机遇。通过对游客行为、旅游资源利用和市场需求等数据的收集和分析,旅游企业可以精准推送个性化的产品和服务,提高用户满意度,实现精细化运营。例如,某在线旅游平台利用用户历史搜索记录和预订行为,为用户推荐定制化的旅游产品,极大地提升了用户黏性和忠诚度。

2. 隐私泄露与数据安全对旅游业的影响

尽管大数据为旅游业带来了巨大商机,但随之而来的隐私泄露与数据安全问题也日益引人关注。一旦旅游大数据遭受安全漏洞或恶意攻击,用户个人信息可能被泄露,进而导致身份盗窃、个人隐私侵犯等问题,这些问题不仅损害了用户信任,还会对企业形象造成严重打击,带来重大损失。例如,某旅游平台遭遇黑客攻击,数百万用户的个人信息被盗取,引发了公众的广泛关注和担忧,该平台声誉受损,用户量急剧下降。

3. 监管与法规对旅游大数据隐私保护的要求

为了充分保障旅游大数据的隐私与安全,近年来监管与法规的力度不断加强。各国政府和旅游行业协会纷纷制定和出台了一系列法规和标准,加强对用户数据的保护和合法使用。例如,欧盟的《通用数据保护条例》(GDPR)规定了对于个人数据的保护措施,旅游企业必须遵守相关规定并获得用户的明示同意。我国也出台了《中华人民共和国网络安全法》等相关法律法规,规范了旅游大数据的收集、存储和使用行为。这些法律法规的出台为旅游业提供了明确的法律依据,同时也促进了旅游企业更加重视数据隐私与安全的保护。

二、旅游大数据隐私泄露的风险

随着旅游业大规模采集和利用旅游大数据,数据泄露的风险不可忽视。数据泄露指未经授权的数据披露或泄露,使得敏感信息暴露在未授权的人员或组织手中。旅游大数据隐私泄露可能带来严重的后果,对个人、企业和整个旅游生态系统造成潜在的影响。

1. 数据泄露的定义与类型

数据泄露是指旅游企业、政府机构或其他相关组织的敏感数据被意外或故意泄露给未授权的第三方。数据泄露可以分为以下几种类型。

(1)人员信息泄露:包括游客的个人身份信息、联系方式、银行卡号等,一旦泄露,可能导致身份盗用、诈骗等风险。

(2)位置信息泄露:包括游客的实时位置、旅行轨迹等信息等,一旦泄露,可能导致安全隐患和个人隐私泄露。

(3)消费行为信息泄露:包括游客的消费习惯、喜好等信息等,一旦泄露,信息可能被用于定向广告或个人数据分析,损害用户权益。

(4) 商业机密泄露：旅游企业的商业机密、营销策略等敏感信息泄露，可能导致竞争劣势和商业损失。

2. 旅游大数据隐私泄露的潜在影响

旅游大数据隐私泄露可能对个人、企业和整个旅游业带来严重影响。

(1) 个人隐私受损：游客的个人隐私信息被泄露，可能导致身份盗用、个人信息被滥用等问题，损害个人权益。

(2) 用户信任下降：用户对旅游企业和服务的信任度下降，导致用户减少使用或选择其他竞争对手。

(3) 企业声誉受损：旅游企业一旦发生数据泄露事件，企业形象和声誉将受到严重影响，客户流失，可能造成严重的经济损失。

(4) 业务损失和竞争劣势：泄露的商业机密和营销策略可能被竞争对手利用，导致企业失去竞争优势。

(5) 法律责任和罚款：一些国家和地区的法律法规规定个人数据的保护义务，一旦违反可能面临巨额罚款和法律责任。

3. 常见导致隐私泄露的因素

旅游大数据隐私泄露的原因复杂多样，常见的导致隐私泄露的因素包括以下几种。

(1) 技术漏洞和脆弱性：旅游企业的数据安全技术可能存在漏洞和脆弱性，被黑客利用进行攻击。

(2) 内部员工疏忽：企业内部员工对数据安全的意识不强，可能造成意外的数据泄露。

(3) 第三方合作伙伴的不当行为：与旅游企业合作的第三方可能未能遵守数据保护规范，导致数据泄露。

(4) 社交工程和网络钓鱼：黑客可能通过社交工程手段获取员工的账号和密码，然后进行数据窃取。

(5) 数据共享和交叉使用：在数据共享过程中，未能确保数据的合法使用和安全性，导致泄露风险增加。

三、旅游大数据隐私保护措施

旅游大数据中包含大量敏感信息和个人数据，如果不加以适当的保护，可能引发严重的隐私泄露和数据安全问题，损害用户权益和企业声誉。为了有效保护旅游大数据的隐私安全，旅游企业需要采取一系列措施，其中包括数据加密技术及其应用、访问控制与权限管理、数据脱敏和匿名化技术，以及数据的安全传输与存储。

1. 数据加密技术及其应用

数据加密是一项重要的隐私保护技术，它通过将原始数据转化为密文，使得只有授权用户才能解密并获取数据的真实内容。在旅游大数据分析与应用中，采用数据加密技术可以有效保护用户的个人隐私和敏感信息。旅游企业可以采用对称加密算法或非对称加密算法,根据不同场景和需求进行选择。对于存储在数据库中的敏感数据,可以使用数据库加密技术,保护数据在存储过程中的安全性。此外,在数据传输过程中,采用传输层加密(TLS/SSL)等技术可以防止数据被窃取和篡改。

2. 访问控制与权限管理

访问控制与权限管理是另一个重要的隐私保护措施。通过访问控制和权限管理,旅游企业可以通过设置访问权限,限制用户对敏感数据的访问,确保只有授权人员可以查看和处理相关数据。企业可以设置不同的用户角色和权限等级,根据用户身份和需求划分数据访问权限。同时,建立审计日志系统可以记录数据访问和操作情况,一旦出现异常情况,可以及时发现和处理。

3. 数据脱敏和匿名化技术

数据脱敏和匿名化技术是一种常用的隐私保护方法。通过数据脱敏,旅游企业可以将敏感信息进行替换、脱敏或删除,以保障用户隐私。脱敏后的数据仍然可以保持数据的分析价值,但无法直接关联到具体用户身份。另外,数据匿名化技术可以将数据与用户身份分离,使得数据无法被追溯到具体个人。这些技术的应用能够有效降低隐私泄露的风险,同时满足数据分析和业务需求。

4. 数据的安全传输与存储

数据的安全传输与存储是保护旅游大数据隐私的重要环节。在数据传输过程中,采用安全的通信协议和加密技术可以防止数据被拦截和篡改。旅游企业应该使用安全的数据传输通道,避免在公共网络上传输敏感数据。在数据存储方面,旅游企业需要选择可靠的数据存储设备和系统,确保数据存储在安全的环境中。定期备份数据、建立灾备系统也是防范数据丢失和泄露的有效手段。

四、旅游大数据使用各环节的安全保障技术

旅游大数据涵盖了大量的用户个人信息和敏感数据,如果在数据采集、存储、传输、处理、分析、共享与合作的过程中不采取适当的安全措施,可能会面临严重的隐私泄露、数据损毁或未授权访问等风险。数据采集环节需要验证数据来源和确保数据传输安全,数据存储和传输环节需要采用加密技术和建立监控机制,数据处理和分析环节需要脱敏和匿名化技术的应用,数据共享与合作环节需要签署保密协议和限制访问权限。只有综合运用这些安全保障技术,旅游企业才能有效保护旅游大数据的安全和隐私,推动旅游业向着更加安全、可靠、智能化的方向发展。

1. 数据采集环节的安全策略

在数据采集环节,旅游企业需要确保从各种数据源采集数据的安全性。首先,企业应该对数据源进行验证和识别,确认数据来源的可信性和合法性。采用数据加密技术,在数据采集和传输过程中对数据进行加密,防止数据在传输过程中被拦截和篡改。另外,建立访问控制和权限管理机制,限制数据采集的权限,确保只有授权的人员可以

进行数据采集。定期对采集的数据进行质量检查和数据清洗，排除不合规的数据，确保采集到的数据质量和准确性。

2. 数据存储和传输的安全防护

数据存储和传输是旅游大数据安全保障的关键环节。旅游企业应该选择安全可靠的数据存储设备和系统，建立数据备份和灾备机制，防止因数据丢失或硬件故障导致的数据损害。对存储在数据库中的敏感数据采用数据库加密技术，确保数据在存储过程中的安全性。采用传输层加密（TLS/SSL）等技术，保障数据在传输过程中的安全。此外，建立监控和报警机制，及时发现并应对安全事件和异常情况。

3. 数据处理和分析的安全要求

在数据处理和分析环节，旅游企业需要保障数据的机密性和完整性。采用数据脱敏和匿名化技术，对敏感信息进行替换、脱敏或删除，以保障用户隐私。建立数据审计和追溯机制，对数据的处理和分析过程进行记录和监控，确保数据处理过程的合法性和安全性。对数据处理和分析的结果进行保密处理，限制结果的访问权限，防止数据泄露。

4. 数据共享与合作中的安全控制

在数据共享与合作环节，旅游企业需要谨慎处理数据共享行为。与合作伙伴进行数据共享时，应签署保密协议，明确数据的使用范围和目的，确保数据只在授权范围内使用。建立数据共享授权机制，限制合作伙伴对数据的访问权限，确保数据安全。另外，对共享的数据进行加密处理，防止数据在传输过程中被窃取。定期对合作伙伴进行数据安全评估和监测，确保他们遵守相关的安全规范和政策。

项目小结

旅游大数据的广泛应用带来了许多机遇，同时也引发了一系列伦理和隐私问题。通过本项目的学习，我们了解了大数据对旅游业的重要性，涉及数据隐私保护、数据安全、数据使用透明度等伦理和治理方面的内容。核心要点包括：旅游大数据的挖掘和应用需要严格遵守数据伦理，保护用户隐私是至关重要的；在使用旅游大数据时，需要进行数据安全管理，防止数据泄露和滥用；数据使用透明度是建立用户信任的关键，企业应公开数据使用政策和目的；大数据应用中应充分尊重用户权益，不得用于歧视性行为或侵犯个人权利；旅游业应建立健全的大数据治理机制，确保数据使用合规与合理性。

项目训练

一、知识训练

请扫描边栏二维码答题。

二、能力训练

1. 请简要说明旅游大数据伦理的重要性，并列举三种旅游大数据隐私保护措施。

2. 作为一名旅游从业人员，如何在日常工作中践行旅游大数据伦理？请结合实际工作场景进行说明。

模块二 旅游大数据操作流程

项目三
旅游数据采集与预处理

项目描述

旅游数据采集与预处理是进行数据挖掘、分析并辅助决策的基础。旅游大数据或数据规模大,或数据结构复杂,或数据产生及变化的速度以秒来计,其采集过程和方法不同于传统的旅游数据采集。旅游大数据也存在所采集的原始数据错误、冗余、缺失、不一致等问题。这样的数据不能直接用于数据分析和挖掘,须进行数据预处理以消除数据存在的问题,提高数据质量。本项目主要介绍旅游大数据的采集来源流程、方法及常用工具,旅游大数据预处理的目的、流程与方法,主要包含数据清洗、数据变换、数据归约、数据集成以及数据标注等。

项目目标

知识目标

1. 了解旅游大数据的来源和类型;
2. 了解旅游大数据的采集方法;
3. 了解旅游大数据预处理的目的;
4. 掌握常用的旅游大数据采集工具;
5. 掌握旅游大数据预处理流程与方法。

能力目标

1. 明确业务分析所需要的数据以及来源、采集方法;
2. 能够按照正确的步骤和流程进行数据采集;
3. 能够正确使用项目的数据采集标准,确保采集数据的标准化与合理性;
4. 能够通过在线调查工具进行在线问卷设计、调研与统计;
5. 能够借助智能工具,正确爬取与旅游业务相关的有效网络数据。

素养目标

1. 培养以旅游者为中心的客户服务意识；
2. 培养学生的思辨和解决问题的能力；
3. 培养终身学习能力，扩充知识范畴。

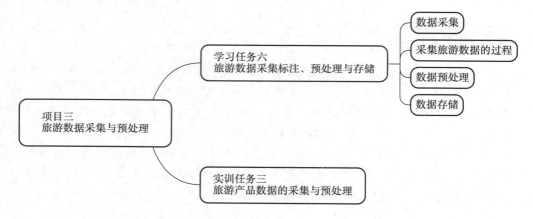

项目引入

大数据工程技术人员：抽丝剥茧让数据"活起来"

早上9点刚过，联通数字科技有限公司的大数据工程技术人员闫龙就一头扎进了数据科学模型的设计与开发工作。他和团队一天要采集、加工330TB的数据量，相当于600多个512GB手机的数据存储量。闫龙的工作，就是通过构建数据科学模型对海量数据"抽丝剥茧"，提取出最有价值的信息，让数据"活起来""用起来"。

数字经济时代，数据正逐渐成为驱动经济社会发展的新生产要素。伴随产业快速发展，社会对大数据相关从业人员的需求日益增长。人社部预计，2025年前大数据人才需求将保持30%～40%的增速，需求总量在2000万人左右。

"五一"假期，闫龙和同事基于票务、交通、人流等实时数据，上线了实时拥堵预测模型和区域承载力模型，应用在一家国家级重点风景名胜区。模型提前1小时预测出人流拥堵情况，并及时分发到指挥中心和数百名景区治理人员手中，帮助景区管理者提前制定并采取分流措施，维持堵点秩序，确保了景区内游客的安全。

所谓大数据工程技术人员,是指从事大数据采集、清洗、分析、治理、挖掘等技术研究,并加以利用、管理、维护和服务的工程技术人员。

2016年,闫龙博士毕业后,就一直从事大数据相关工作。除了进行数据科学模型的设计与开发,闫龙一天还要参加技术研讨会、项目评审会、跨部门协同会等多个会议。从最初接触这个行业到成为业务骨干,闫龙一边磨炼技术,一边见证着大数据行业的飞速发展。

2014年大数据首次写入政府工作报告。2015年8月国务院颁布《促进大数据发展行动纲要》,大数据正式上升为国家发展战略。随后国家出台了一系列大数据政策,覆盖生态环境大数据、农业大数据、城市大数据、医疗大数据、交通旅游服务大数据等多层次下游应用市场,加快实施国家大数据战略。

国家互联网信息办公室发布的《数字中国发展报告(2022年)》显示,数据资源规模快速增长,2022年我国数据产量达8.1ZB,同比增长22.7%,全球占比达10.5%,位居世界第二;我国大数据产业规模达1.57万亿元,同比增长18%。

展望未来,随着大数据、物联网、5G等技术应用的不断发展,大数据人才的需求与日俱增,相关从业人员将迎来更加广阔的发展空间。

这从大数据人才薪资水平中可见一斑。人社部研究显示,大数据人才的薪资处于相对较高水平。薪资在1万元以下,占总人数的34.6%;1万~2万元占比为35.64%;2万以上占比为29.77%。

"实际上,近年来,许多行业和企业向数字化转型,希望利用大数据分析来提供决策支持、提升经营效益,大量既懂大数据技术又懂其他相关行业技术的人才在大数据应用领域发挥着越来越重要的作用。"闫龙说。

"数据已经成为新的生产要素,大数据工程技术人员在我国现阶段及未来发挥的作用将日益凸显。"复旦大学教授、上海市数据科学重点实验室主任肖仰华对《经济参考报》记者表示,人才整体需求保持增长的同时,我国大数据相关从业人员的人才结构仍然存在优化空间,要进一步培育大数据产业与应用深度结合、与实体经济深度融合的复合型人才,以及具备国际视野、掌握前沿技术的高端技术人才。

肖仰华建议,在大数据人才培养过程中,要注重产学研协同培养,搭建大数据产研融合平台,建立产研协同育人体系,培养能够解决大数据应用"最后一公里"关键技术问题的实践型人才。同时进一步完善大数据相关的学科体系,尽快建立涵盖数据治理、数据流通、数据智能等内容的人才培养体系。

(资料来源:http://www.jjckb.cn/2023-06/20/c_1310728680.html)

剖析
▼

学习任务六　旅游数据采集标注、预处理与存储

 任务描述

大模型通过持续收集非结构性数据,最大限度了解旅游者需求只是第一步,为旅游者提供尽可能靠谱的答案才能完成旅游消费决策闭环。例如,当旅游者提问"大理最具设计感的酒店是哪家"时,平台可以给到旅游者一份数百家贴有"设计感"标签的酒店名单。

对于旅游者而言,从上百家酒店中选出一两家符合自己心意的酒店,依然是个耗时颇多的大工程。统计数据显示,在旅游者明确自己住宿需求的前提下,选择一家合适酒店,需要平均浏览14.3家酒店、23.1条点评,最终耗时168.9分钟。

为了更好地解决效率问题,在线旅游企业可以尝试推出"系列榜单",包括口碑榜(目的地、酒店、机票、景点)、热点榜和特价榜(机票、酒店)。

简单来说,榜单的作用就是对答案集锦的二次精编。

还是以"大理最具设计感的酒店是哪家"这个提问为例,榜单的筛选逻辑如下:

首先,榜单从上亿条点评中抓取60万条大理酒店点评,涉及数千酒店;

其次,通过一系列大数据计算,提取出50多个与设计感相关的关键词;

再次,经过线下审查和确认,总共筛选出505家大理具有设计感的酒店;

最后,大数据发现洱海边具有设计感的酒店更火爆,5家酒店最终入选。

这份层层筛选后的榜单,就成为"大理最具设计感的酒店是哪家"这一提问最靠谱的答案。

 任务目标

基于旅游者发布的网络评论数据,通过采集数据预处理,以及数据清洗和存储,为进一步的旅游数据的处理与分析做准备。

一、数据采集

数据采集就是使用某种技术或手段,将数据收集起来并存储在某种设备上,数据采集处于大数据生命周期的第一个环节,之后的数据分析、挖掘都建立在数据采集的基础上。数据采集内容覆盖人们生活的各个方面,包括新闻、论坛、微博、信息系统和软件App等,这些信息可以反映旅游者的足迹、旅游者的情感倾向、旅游者的行为偏好、旅游者满意度等内容,能够为旅游企业运营和决策管理提供科学依据。

（一）数据采集来源

旅游大数据包括行业内数据和行业数据，主要包括旅游服务商的业务及相关数据，与旅游相关的搜索引擎、社交媒体数据，以及其他行业中可能影响或反映旅游业态势的数据等。面对多样的数据来源，从哪里找和怎样找是当前旅游者和数据工作者面临的核心问题。下面将分别介绍各类数据的代表性数据源。

1. 旅游服务商的线上数据

随着互联网时代发展起来的在线旅游代理商（OTA），如携程、去哪儿、途牛等，在业务经营过程中形成、积累了大量数据，其可分析、可用程度已远远超过传统旅行社。这些数据包括旅游要素基础数据、客户资源、评价信息等。例如，现在很多用户会在OTA上比价和预订酒店，那么其搜索的关键词和浏览痕迹就会体现在OTA的记录中，成为数据源；如果用户浏览过这家酒店的页面却跳转了，并未下订单，那么可以通过这个记录分析该用户不下单的原因，当这个用户通过价格、品牌、区域等关键词排序查找酒店信息后，其留下的浏览记录则可以统计出人们是对于价格敏感还是对品牌敏感。

2. 旅游供应商的线上数据

在线旅游蓬勃发展的同时，由于产品同质化严重、上游产品直接供应商直销力度加大、在线旅游企业通过低价促销手段推进移动旅游发展等原因，导致在线旅游企业的实际利润率得不到相应的增长，整个行业营收规模增长速度变慢。因此，越来越多的产品直接供应商在供应链之外开始运营自己的独立品牌直销平台，如航空公司、品牌酒店或酒店集团、景区集团等，由此产生的酒店、机票、社区门票、购物消费等在线交易数据，目前几乎已经能够媲美一部分在线旅游企业。

3. 自有或第三方智慧旅游类系统及平台数据

如今个性化营销理念已经深入人心，在旅游资源百花齐放的态势下，除了大型旅游集团兼并统一的模式，还有不少凭借自身优势独立运营的各式第三方营销、服务平台。例如，景区及旅游企业通过自有软硬件的建设，可以采集、存储自身的游客数据、第三方票务平台数据、监控数据及物联网数据等，通过将企业自身及各平台的数据结合其他运营商数据，可以发挥更大的价值。

4. 搜索引擎类或社交媒体类数据

据了解，百度搜索引擎平均每天的搜索量达到上百亿次，而每次旅游者的搜索请求构成了百度大数据，通过旅游者的搜索请求可以预测旅游市场主要的需求动态。同时，百度地图的国内市场占有率接近70%，远超高德地图，而旅游者每次通过百度地图定位、导航都会被存储、记录。因此，百度地图可以知晓每位旅游者的实际游览轨迹。另外，百度还整合了旗下几十条产品线的数据，包括百度搜索、百度地图等，旅游者在每个百度产品上所产生的数据都会被百度收集，并通过数据挖掘、分析，产生每位旅游者的数据画像。有了这么大的数据采集平台，百度可以随意与更多的数据需求方和投资方进一步合作，提前一步在旅游业大数据应用方面进行深入探索。

阿里巴巴的数据主要是基于旗下品牌产品（如淘宝、天猫、支付宝等）所产生的消费数据。通过用户的购物行为、消费情况，阿里巴巴可以着重判断每位用户的消费能力、收入水平、消费偏好等，处理与购物直接相关的数据范围。而旅游活动基本离不开消费，这就为阿里巴巴旗下的旅游品牌打下了良好的基础。

由于拥有QQ和微信两大王牌产品，腾讯在大数据领域拥有价值较高的社交数据资源等。由于腾讯特殊的社交功能，通过腾讯数据可以知晓每位用户的社会关系、性格禀赋、兴趣爱好等。

此外，新浪存在大量的社交、舆论数据，这些也都是非常有价值的旅游大数据潜在资源。

5. 其他行业相关数据

通信运营商数据的优势在于其渗透率高，作为垄断行业，移动、联通、电信三大运营商数据几乎完全占领市场。用户在打电话、使用网络发送消息或导航时，每时每刻都会产生数据。在旅游业中，运营商可以将数据用于监测游客量及游客移动轨迹。例如，故宫博物院的旅游最佳容量（也称为旅游合理容量或旅游最适容量，保证游客满意程度高，此时旅游环境处于最佳状态）是每天5万人，旅游最大容量（又称为旅游极限容量，是指所能容纳的最大旅游活动量。当旅游活动量达到旅游极限容量时称为饱和，此时旅游环境糟糕）是每天6万人。每到节假日故宫博物院都会迎来客流量高峰，游客量经常超其最大容量2~3倍，这样的旅游环境对旅游资源来说是破坏性的。旅游容量过饱和不仅使旅游资源负荷过载，游客的游览心情也会受到影响。但是，如果将通信运营商的数据进行挖掘分析，可预测甚至实时监测景区人数，在景区容量饱和时禁止游客再进入；或者通过监测对景区实施分流，均匀分散游客，这无论对旅游资源的保护还是旅游活动秩序的维护都是十分有意义的。

（二）数据资源分类

1. 第一方数据

第一方数据可以简单地被理解为企业在自己的平台上收集的属于自己的数据。例如，旅行社ERP系统中记录的旅游产品交易数据；营销活动中收集的客户姓名、手机号码、微信号等；通过网站分析技术收集的访问企业主页和App的行为数据等。

2. 第二方数据

第二方数据可以简单地理解为在外部平台上收集的属于自己的数据，主要包括社交媒体和电商数据两大类。社交媒体提供的AI接口数据包括客户在企业所属社交媒体账号上的行为数据。以微信公众号为例，腾讯提供所有粉丝用户的ID、性别、注册地、发言等各种数据。电商数据主要是客户订单数据，包括电商与客户签订的旅游电子合同上记录的客户联系方式及参加旅游产品的定价与行程等。

3. 第三方数据

第三方数据可以简单地理解为外部数据供应商拥有的数据，企业通过购买、交换、租赁等方式使用。例如，航空GDS数据、OTA的细分市场的行业数据以及通信运营商电子围栏数据等。第三方数据的优势是获取的客户数据类型丰富（只要有供应商提供），只要经费充足，就可以快速收集海量数据。第三方数据的劣势是数据不一定合规，在欧美国家有明确的数据合规规则；但在中国，这些规则相对模糊，企业很容易陷入法律风险。例如，P2P公司购买的一些个人授信数据，绝大多数不是在用户授权后获取的，而是通过各类方式搜集整理得到。这样的数据获取方式本身就游走在法律风险的边缘。

4. 开放数据

以上三种方式获取的客户数据都需要很高的成本，那么是否有廉价的数据源呢？开放数据就是成本最低的选择。互联网上存在大量的数据，这些数据有各种类型，并且会自动更新，配合不同的应用场景有相当高的价值。借助爬虫技术，就可以把互联网上这些可见信息抓取下来。

数据资源分类情况如表3-1所示。

表3-1 数据资源分类情况

类型	数据来源	数据源归属	数据平台	典型来源	常见数据类型
第一方数据	内部	自身	自身	ERP数据	历史交易数据、营销积累数据、售后服务数据、网站分析数据、重点客户业务数据
第二方数据	外部	自身	外部	社交媒体平台、电商平台	社交媒体行为数据、电商交易数据
第三方数据	外部	外部	外部	外部供应商	客户行为数据、客户信用数据、其他数据
开放数据	外部	外部	外部	爬虫数据	互联网上可见数据

（三）数据源具体介绍

下面将从日志、传感器数据、第三方业务数据、旅游相关的开放数据等方面展开具体介绍。

1. 日志

日志记录系统中硬件、软件和系统问题的信息，同时可以监视系统中发生的事件。采集相关日志，一方面可以通过分析用户访问情况，提升系统的性能，从而提高系统承载量，及时发现系统承载瓶颈；另一方面可以方便技术人员进行系统优化。

很多互联网企业都有自己的海量数据采集工具，多用于系统日志采集，如Hadoop的Chukwa、Cloudera的Flume、Facebook的Scribe等，这些工具均采用分布式架构，能满足每秒数百兆字节的日志数据采集和传输需求。

在日志采集过程中，服务运维方需要开放相应权限，以便操作者访问服务集群或主控软件。得益于技术的发展，现如今一般企业对外开放的日志信息都是已经采集好并实时同步输入数据库的结构化数据,操作者仅需访问服务方提供的开放接口即可。

2. 传感器数据

(1) 端上数据。

端上数据是指软件客户端或服务器端在运行时所收集的特定数据。这类数据往往包含用户操作习惯和轨迹,当然,有些涉及用户隐私和法律明令禁止采集的数据很多也是端上数据所包含的内容,如用户浏览信息、点击信息、登录信息、位置信息、操作轨迹等。

通常采用埋点的方式对这类数据进行采集。埋点是端上分析的一种常用的数据采集方法。数据埋点分为初级、中级、高级三种方式。

① 初级:在产品、服务转化关键点植入统计代码,依据其独立 ID 确保数据采集不重复(如"购买"按钮点击率)。

② 中级:植入多段代码,追踪用户在平台每个界面上的系列行为,事件之间相互独立。

③ 高级:联合公司工程、ETL 采集分析用户全量行为,建立用户画像,还原用户行为模型,作为产品分析、优化的基础。

通俗地讲,端上埋点就是在客户端特定代码页中,人为地输入一段记录(发送)代码,记录和发送当前用户的操作动作。

埋点采集一般用于运营方采集自身运维的产品,外部人员往往可以通过运营方提供的开放接口采集格式化的数据。

(2) 物理数据。

物理数据是指物理世界中所产生的数据,这些数据包括用户行为和自然行为,如用户身体数据、运动数据、刷脸数据、位置数据、天气数据等。通常采集这类数据的方式是传感器采集。

如"导游随身气象徽章"可以采集气象信息,通过程序转换为格式化数据后实时传输到专用数据库,并通过手机端的导游 App 软件可视化地展示在页面中。

传感器采集一般用于运营方采集自身运维的产品信息或个人采集自身信息等,外部人员可以通过运营方提供的开放接口采集格式化的数据,或者通过个人授权后采用其他手段获取这些信息。

3. 第三方业务数据

第三方业务数据是指其他企业、政府单位、个人或其他团体所产生的有价值的私有数据。这些数据往往不公开,私密性和针对性较强,价值较高,是理想的获取数据资源的源头。通常这类资源有三种获取渠道。

(1) 第三方数据库获取。

几十年来,国内外已经开发并建设了成千上万个数据库,这些数据库已成为企业、部门乃至个人在生产、工作和日常生活中不可或缺的基础设施。根据不同数据库的情况,外部人员在企业允许的情况下,可通过使用不同的数据库读取工具进行数据采集。

(2) 第三方接口数据采集。

得益于分布式技术的发展，许多第三方运营商在数据整合过程中，有意识地通过自身的技术人员对数据进行整合和处理，形成数据池，即常说的数据仓库。数据仓库可以理解为一个优化的数据库集合，企业会事先定义数据结构和约束，以优化SQL查询速度，数据经过ETL处理，可以充当用户信任的数据源。

这类数据源以构建方标准开放数据接口，外部人员通过专用接口采集数据。

（3）第三方主动提供。

有些企业或个人对数据安全比较重视，禁止一切外部方式访问内部数据信息。如果要得到这类企业或个人的数据源内容，只能依赖于对方主动提供。

一般情况下，运营方往往通过数据文件、数据库备份文件、专用软件等方式向第三方提供一些清洗后的数据内容，如Excel、Word、TXT、CSV、WPS等文件形式的数据信息。

4.旅游相关的开放数据

开放数据是指所有人均能访问的数据信息，如网页数据、特定平台接口数据、公共数据、搜索引擎数据等。这类数据的特点是多而庞杂，很难以人工方式进行处理，需要通过特定的方式实现自动化系统化的收集。一般采用爬虫技术收集此类数据内容。开放数据平台主要包含以下几类。

（1）政府、公益组织、学术社群等群体建设的开放型平台。

这类平台往往由政府、知名院校、研究机构或知名社会团体构建，其提供的数据具有专业性、权威性和高可信度，通常以文章、报告和报表形式呈现，其数据具有半结构型特点。表3-2所示为涉及旅游数据的群体建设开放型平台代表。

表3-2 涉及旅游数据的群体建设开放型平台代表

组织	数据源	网址
政府	国家统计局	https://data.stats.gov.cn/
	北京市公共数据开放平台	https://data.beijing.gov.cn/
	上海市公共数据开放平台	https://data.sh.gov.cn
院校	北京大学开放研究数据平台	https://opendata.pku.edu.cn/
	清华大学中国经济社会数据研究中心	http://www.tcdc.sem.tsinghua.edu.cn
社会组织	世界银行	https://data.worldbank.org
	联合国贸易和发展会议	http://unctadstat.unctad.org/EN/

（2）开发者计划接口平台。

开发者计划接口平台是一些企业面向广大研发人员、兴趣爱好者、合作伙伴而设立的专用接口平台，目的是营销产品、协作开发、技术共享等，多是以盈利为目的，部分数据提供收费服务。因此，该类数据资源具有专业性强、实时性高、数据价值极高、资源稳定等特点，是优秀的数据资源之一。国内比较有名的开发者计划接口平台如表3-3所示。

表 3-3　国内比较有名的开发者计划接口平台（全领域，包含涉旅相关）

平台	数据源	网址
百度	百度数据开放平台	https://open.baidu.com/
高德	高德开放平台	https://lbs.amap.com/

(3)营销类平台。

随着旅游市场的不断发展，一些旅游相关企业率先意识到旅游市场不再局限于自然资源与文化资源，旅游资源的概念在不断地向社会所有对旅游者产生吸引力的事物发展。现代旅游资源已经开始涵盖社会生活的方方面面，生态资源、民俗资源、餐饮资源、商务资源、健身资源、节庆资源、娱乐资源、购物资源、教育资源、科技资源、时尚资源、医疗资源等都已逐步纳入旅游范畴，可以说旅游已经融入民生活动当中。依托分布式技术和互联网的高速发展，旅游营销方式也从传统的产品销售模式真正转向了服务型营销模式，报告推送、兴趣推荐、多平台联合营销、不定期线上活动已经成为主流营销手段，越来越多的旅游消费者将视线转移到了交互式平台上，如短视频营销、社交软件分享、微商分销都已成为新的资源推广战场。大数据时代的到来造就了繁荣的旅游资源市场，但也使这些资源逐步呈现碎片化、分散化、地域化的趋势。旅游经营者发现来自不同分析报告呈现的结果大相径庭，旅游者发现如何选、怎样选成了最为头疼的事。以此为契机，主流在线旅游服务商的资源、评价和价格标准成了重要参考指标，这些大型综合性平台的营销产品、内容和咨询的旅游大数据成为采集的主要数据来源。表 3-4 所示为较有名的旅游大型营销类平台。

表 3-4　较有名的旅游大型营销类平台

平台	数据源	网址
携程旅行	一站式旅行平台	https://www.ctrip.com/
途牛	综合性旅游网站	https://www.tuniu.com/
马蜂窝	旅游社交分享平台	https://www.mafengwo.cn/
猫途鹰	旅游资源开放平台	https://www.tripadvisor.cn/
同程旅行	旅游资源开放平台	http://open.elong.com/
去哪儿旅行	在线旅游搜索平台	https://www.qunar.com/
飞猪旅行	大型电商加盟平台	https://www.fliggy.com/

(4)聚合搜索平台(搜索引擎)。

随着资源市场的不断扩大和数据信息的飞速增长，人们越来越难以在海量的数据中查询到有效信息了，而搜索引擎的发展和大数据技术的支撑，使得人们越来越依赖这些高效、精准的搜索工具来筛选有效信息。1999年，谷歌(Google)成为全球最大的互联网搜索引擎。2000年百度创立并成为全球领先的中文搜索引擎、最大的中文网站。此后20年，大大小小的搜索引擎不断面世，专业型、学术型、比价型等各类用途的搜索引擎在不断被细分，呈现百花齐放的态势。许多互联网企业、资本正是看中搜索引擎这一独一无二的优势和巨大的发展潜力，纷纷布局其中，形成独特的数据资源优势。如今,我们可以利用这些各具特色的搜索引擎,查询分布在整个互联网上的海量数据信息。表3-5所示为较有名的搜索引擎。

表3-5 较有名的搜索引擎(全领域,包含涉旅相关)

平台	数据源	网址
百度	全球领先的中文搜索引擎	https://www.baidu.com/
Google	全球最大的搜索引擎	https://www.google.com/
搜狗-知乎	知乎搜索垂直频道	https://zhihu.sogou.com/
搜狗-微信	针对微信公众平台而设立的专用搜索引擎	https://weixin.sogou.com/
微博搜索	针对微博的搜索引擎	https://s.weibo.com/
KAYAK	将互联网上的机票、酒店、度假等信息进行整合,为用户提供旅游产品价格查询和信息比较服务	https://www.kayak.com/

(5)其他。

除了上述数据源,还能通过一些爱好者和学习者自制的导航平台、论坛、聊天群等收集和整理相关资源。表3-6所示为其他收集和整理相关资源的网站。

表3-6 其他收集和整理相关资源的网站

平台	数据源	网址
TooBigData	短视频资源类搜索引擎	https://toobigdata.com/
思谷搜	一站式聚合搜索工具	https://siguso.com/
鸠摩搜索	文档搜索引擎	https://www.jiumodiary.com/
大数据导航	中文互联网数据资讯聚合平台	http://hao.199it.com/

(四)旅游大数据主要采集方法

依托于分布式存储技术的大力发展和在商务上的实际应用,如今的旅游相关企业已经能将所有涉旅信息存储在互联网上,并大部分实现了实时传输和互动查询。而相关平台商又通过越来越先进的分布式索引架构,实现了碎片旅游产品的聚合。这使得旅游者或商业用户可以通过简单易用的工具,获取更多有效的大数据信息。

当今时代,人们从互联网上获取大数据内容,主要靠以下三种方法。

1.定制和购买

定制和购买是一般企业用户常用的手段和方式。旅游企业、机构可以通过与一些数据服务类企业进行合作,按需定制相关数据资源或直接生成分析报告,用以快速高效地制定企业策略。例如,从银联下属单位购买旅游消费相关数据,从航空票务机构购买航空预订相关数据,从消费点评类App购买餐厅预订或等位数据,从共享单车公司购买景点周边骑行数据,从在线旅游代理商(OTA)那里购买旅游预订数据等。此外,一些中小型旅游企业,采用的是薄利多销的经营策略,往往广告及服务预算直接下放到特定部门,且资金较少,不足以支付高昂的顾问费用。因此,该类用户往往会通过一些互联网上的数据交易平台进行特定数据资源的购买。

2. 通过编程工具自定义采集

说到程序采集，最熟悉的名词应当是"爬虫"。爬虫又称网络爬虫、网页蜘蛛、网页机器人等，其核心功能在于按照预设的规则，自动地抓取互联网上的信息。这一功能主要通过特定的程序或脚本来实现。我们可以通过爬虫程序采集相关数据，如餐厅、酒店的评价数据等。当然，在采集的过程中，需要注重版权和反爬机制等问题，要合法合规地采集并且遵守Robots协议。

那么如何使用爬虫采集我们想要的数据呢？最直接的方法就是使用Python编写爬虫代码，当然前提是需要掌握Python的基本语法。另外，JAVA、PHP等其他编程语言同样可以编写爬虫程序，具体的方法和步骤也都大同小异，只是不同编程语言的语法结构不一样而已，但是其他编程语言功能不如Python完善，尤其是涉及多线程的操作。

在Python中都有对应的工具可以使用，发送请求可以使用Requests模块，从而访问页面，得到服务器返回数据，这里包括HTML页面以及JSON数据。

在解析网页提取数据步骤中，主要用到了两个工具：针对HTML页面，可以使用XPath进行元素定位，解析出我们需要的数据，最后提取数据；针对JSON数据，可以使用JSON进行解析。在保存数据步骤中，可以使用Pandas保存数据，最后导出CSV文件或直接将采集的数据存入数据库中。

3. 使用爬虫工具采集

在现实生活中，工程师可能没有条件和时间去编写自己的爬虫代码，甚至有人声称编写爬虫代码是世界上最无聊最没有技术含量最累的编程活动。这么说是有原因的，如果是工程师自己去编写代码，采集特定需求的信息，首先，需要筛选目标并花费近三分之一的时间去解析目标网页，分析目标网页的结构、规则、呈现形式以及数据分布规律；其次，需要再花费一部分时间去测试所写的代码是否可行、是否有BUG、是否响应及时等；最后，还要花费另一部分时间处理防封杀等反爬虫设定，每个网站机制不同、阈值不同，每次都需要花不少时间测试，再想办法处理。最糟心的是，当处理完一切之后，收获果实之际，却发现目标网站升级或改版了。

虽然自编爬虫代码有种种问题，但这仍然是当下最灵活、自动化能力最强的数据采集手段。那么我们有没有办法绕过复杂的前置环节和编程环节，直接进行目标数据的采集呢？答案是有，这就是下面将要介绍的全自动（半自动）类爬虫工具。

随着大数据时代的到来，海量的信息分布于互联网上。这些数据来源于各个领域，尤其是在信息自由化、碎片化的当下，企业难以再像过去那样雇佣更多专业化团队来构建自己的数据采集体系，因此爬虫技术普及化成了最近几年发展的新趋势。当下，人们不再依靠专业的工程师写代码来抓取资源，而是选择利用市面上丰富的成品爬虫工具来完成相应工作，这使得众多依靠数据信息收集运作的岗位，都不再需要员工具备非常专业的技术能力。相较于耗时耗力的自写爬虫代码来说，操作简单、能够快速通过可视化加工实现数据采集过程的自动化工具无疑是这些用户的首选。表3-7所示为当前国内外常见的全自动（半自动）类爬虫工具，我们将在项目六中使用其中一款演示旅游数据的内容抓取。

表3-7　当前国内外常见的全自动(半自动)类爬虫工具

品牌	描述	官网
GooSeeker	网页抓取和内容分析工具	http://www.gooseeker.com/
Parsehub	一个基于Web的抓取客户端工具	https://www.parsehub.com
Dexi.io	原身是CloudScrape,一个爬虫的商业服务工具,支持可视化点击抓取	https://www.dexi.io/
八爪鱼	互联网数据采集器	https://www.bazhuayu.com/
Content Grabber	可视化的爬虫工具	https://www.contentgrabber.com/
Mozenda	云端爬虫服务,同样支持可视化点选操作	https://www.mozenda.com/
Diffbot	通过人工智能技术,让机器识别网页内容,抓取关键内容,并输出软件可以直接识别的结构化数据	https://www.diffbot.com/
后羿采集器	互联网采集软件	http://www.houyicaiji.com/

二、采集旅游数据的过程

下面将通过实际案例来展示使用不同的工具采集旅游数据的过程。

(一)使用常见办公软件进行数据采集的方式

数据库直连的采集方式虽然效率高,但是需要采集者获得企业的授权并获取相应的链接信息。此外,许多信息可能公司并没有,需要人工采集和补充,此时就需要借助其他采集工具。

在工作生活中,文本工具和表格工具是办公自动化最常见的辅助工具。其中,最常见、最熟悉的是微软的Office套件中的Word和Excel。Excel常被视为专业的表格工具,深入探索后就会发现,它不仅可以制作表格、参与运算,能作为数据库、采集工具,还支持编程、制作可视化视频,甚至还能绘画和创作游戏,是一个全面的生活和办公辅助工具。下面将使用Excel来采集特定网站资源信息。

案例一

通过海南省东方市人民政府网站获取旅游统计数据,打开东方市人民政府网站,点击"东方旅游"→"行业聚焦"→"旅游统计"→"2020年1月旅游统计",复制网址"http://dongfang.hainan.gov.cn/dfly/xyjj/lytj/202003/t20200316_2761877.html"。

首先,在桌面上新建一个Excel文件并打开,单击"数据"选项卡中的"自网站"按钮,如图3-1所示。这里推荐使用Office 2016以上的版本,对现今的网页抓取兼容性更好。在弹出的窗口中,输入采集网址并确认,如图3-2所示。

等待一段时间后,反馈窗口会显示采集到的数据结果的缩略图(图3-3),查验后可单击"加载"按钮，Excel自动将采集到的记录加载到Excel工作表中（图3-4），采集人员保存即可。

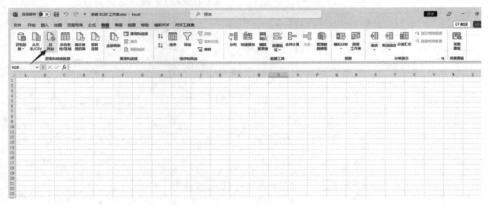

图3-1　新建Excel页面

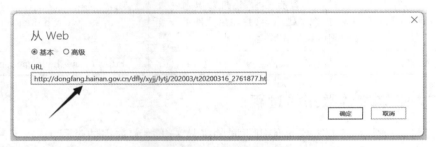

图3-2　输入采集网址页面

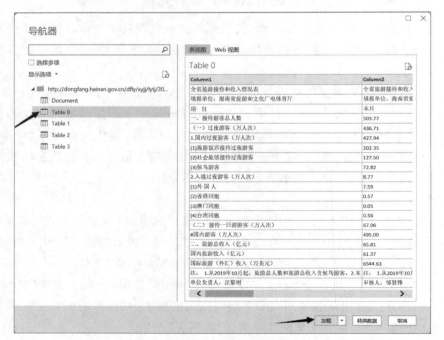

图3-3　数据结果缩略图页面

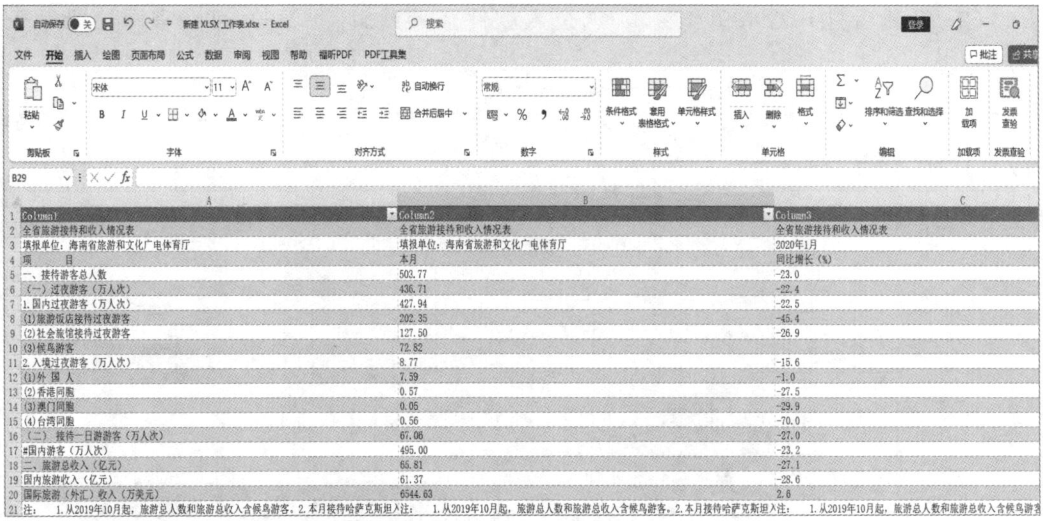

Column1	Column2	Column3
全省旅游接待和收入情况表	全省旅游接待和收入情况表	全省旅游接待和收入情况表
填报单位：海南省旅游和文化广电体育厅	填报单位：海南省旅游和文化广电体育厅	2020年1月
项　　目	本月	同比增长（%）
一、接待游客总人数	503.77	-23.0
（一）过夜游客（万人次）	436.71	-22.4
1.国内过夜游客（万人次）	427.94	-22.5
(1)旅游饭店接待过夜游客	202.35	-45.4
(2)社会旅馆接待过夜游客	127.50	-26.9
(3)候鸟游客	72.82	
2.入境过夜游客（万人次）	8.77	-15.6
(1)外 国 人	7.59	-1.0
(2)香港同胞	0.57	-27.5
(3)澳门同胞	0.05	-29.9
(4)台湾同胞	0.56	-70.0
（二）接待一日游游客（万人次）	67.06	-27.0
#国内游客（万人次）	495.00	-23.2
二、旅游总收入（亿元）	65.81	-27.1
国内旅游收入（亿元）	61.37	-28.6
国际旅游（外汇）收入（万美元）	6544.63	2.6
注：　1.从2019年10月起，旅游总人数和旅游总收入含候鸟游客。2.本月接待哈萨克斯坦入境	1.从2019年10月起，旅游总人数和旅游总收入含候鸟游客。2.本月接待哈萨克斯坦入境	1.从2019年10月起，旅游总人数和旅游总收入含候鸟游客

图3-4　结果在Excel中显示的页面

通过Excel在线采集的数据，可以在Excel工作表中进行加工、处理和清洗。同时Excel还提供了部分可视化展示方案，供数据分析者使用。

（二）使用爬虫工具进行数据采集的方式

Excel作为办公自动化工具，能满足一部分用户采集部分简单的网站数据的需求。但是许多网站结构复杂，仅仅依赖Excel的自动采集功能恐怕难以满足需求，如果不熟悉Excel自带的编程工具，对于这些数据，用户可能会感到束手无策。在这种情况下，专业的爬虫工具就有用武之地了。

案例二

本案例将使用八爪鱼爬虫工具采集公众号文章的标题、作者、发布时间和主要文字内容，其具体操作步骤如下。

(1) 下载八爪鱼爬虫工具并安装。根据使用的计算机类型，在八爪鱼官网下载对应版本，进行下载安装，如图3-5所示。

图3-5　八爪鱼爬虫工具官网下载页面

Note

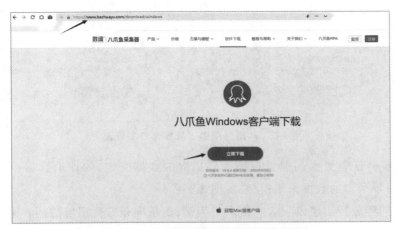

（2）下载后打开八爪鱼爬虫工具，进入软件登录页面（图3-6），可在官网注册后登录使用。

图3-6　八爪鱼爬虫工具注册登录页面

（3）登录后选择"新建"→"模板任务"选项（图3-7），可以选择自定义任务和模板任务。

图3-7　八爪鱼爬虫工具新建任务页面

（4）在模板任务页面的搜索栏输入要抓取的数据类型，如评论数据，可以看到抖音、淘宝商品等平台的数据采集模板，如图3-8所示。

下面以同程旅行出境游列表页面采集为例，演示同程旅行出境游列表采集过程。

（1）在采集模板搜索页面输入"同程旅行"（图3-9）。

图 3-8　八爪鱼爬虫工具模板任务搜索页面

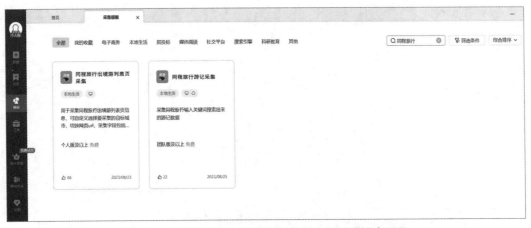

图 3-9　八爪鱼爬虫工具模板任务"同程旅行"搜索页面

（2）同程旅行出境游列表采集用于采集同程旅行出境游列表页信息，可自定义选择要采集的目标城市，采集字段包括采集时间、页面网址、旅游路线、出发城市、日期、方式、价格、购买人数、评论人数、满意度等信息（图3-10）。

图 3-10　同程旅行出境游列表采集页面

(3)打开同程旅行官方主页(同程旅行https://www.ly.com/),在出境游搜索框中输入旅游目的地国家的名称,如"马尔代夫",可以看到马尔代夫的所有旅游线路(图3-11)。

图3-11 同程旅行出境游马尔代夫旅游线路列表

(4)将马尔代夫出境游页面的网址粘贴到采集模板中的模板任务设置中(图3-12),按照需要输入想要采集的翻页次数,填写或修改任务名称,选择本地采集或云采集。本地采集是在本地电脑采集,数据保存在本地电脑上;云采集是在云服务器采集,7×24小时不间断采集,数据保存在云服务器,随时查看不丢失(图3-13)。

(5)采集完成后,选择需要的格式将数据导出(图3-14),存放到保存路径。同程旅行出境游马尔代夫旅游线路表格如图3-15所示。

图 3-12 模板任务设置

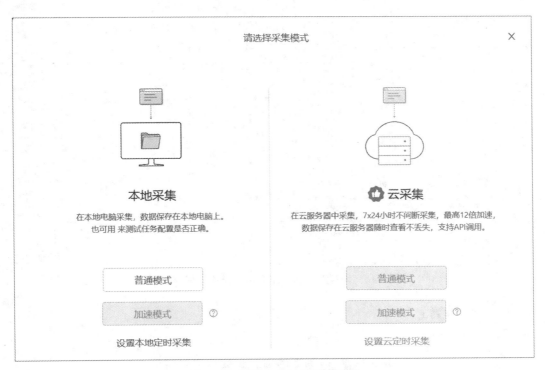

图 3-13 选择本地采集或云采集

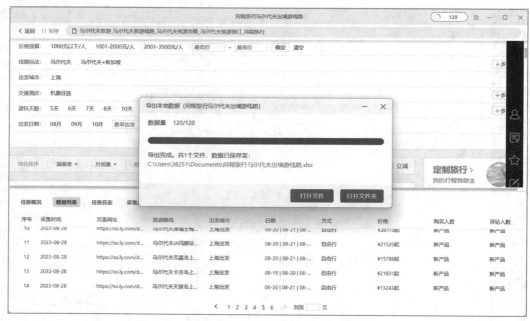

图3-14　同程旅行出境游马尔代夫旅游线路采集结果

图3-15　同程旅行出境游马尔代夫旅游线路表格

"数字中国"浪潮下的文旅企业数字化转型

随着互联网技术的快速发展，科技不断迭代升级，文化和旅游产业数字化持续加速。在国家及地方出台的相关政策举措中，数字文旅成为推动文旅行业复苏、促进消费扩容提质的重要内容。

2020年，国家发布《关于推动数字文化产业高质量发展的意见》《关于深化"互联网+旅游"推动旅游业高质量发展的意见》《关于支持新业态新模式健康发展激活消费市场带动扩大就业的意见》等部门规范性文件，从多个角度提出推动文化和旅游产业数字化、网络化、智能化转型升级。

2021年，国家发展改革委、文化和旅游部等28个部门联合印发的《加快培育新型消费实施方案》提出深入发展数字文化和旅游。加快文化产业和旅游产业数字化转型，积极发展演播、数字艺术、沉浸式体验等新业态，举办数字文化和旅游消费体验活动，支持数字文化企业参与传统文化和旅游业态改造提升，制定智慧旅游景区建设指南，完善分时预约、在线预订、流量监测、科学分流、无接触式服务、智能导游导览等功能。

国家发展改革委、文化和旅游部、财政部联合印发的《关于推动公共文化服务高质量发展的意见》提出，加快推进公共文化服务数字化。加强智慧图书馆体系建设，提升数字文化馆网络化、智能化服务水平，打造分级分布式数字文化资源库群，加大微视频、艺术慕课等数字资源建设力度，鼓励公共文化机构与数字文化企业对接合作，大力发展基于5G等新技术应用的数字服务类型，拓宽数字文化服务应用场景，探索发展数字文化大众化实体体验空间，加强数字艺术、沉浸式体验等新型文化业态在公共文化场馆的应用，推广群众文化活动高清网络直播。

由此可见，推动数字文旅产业高质量发展已经上升为国家战略，成为文旅产业转型升级的重大课题。文旅企业要不断顺应新趋势，把握发展新机遇。

（资料来源：https://www.sohu.com/a/489909796_121124423）

案例分析

三、数据预处理

（一）数据预处理的概念

数据预处理（Data Preprocesing）是指数据在使用前，需要对数据进行调整、补充、合并或删除等，以提高数据质量，确保数据在后续运算能提高性能，在数据挖掘过程中能增加数据结果的准确度与可信度。企业通过不同的采集方法及渠道获取一定的数据，但由于各行各业都在收集和处理大量数据，而现实世界的数据往往是不完整的、有噪声的和不一致的，在数据采集过程中若控制得不好，往往容易产生误导性的结果。例如，在对某商品销售价进行信息收集时，对商品金额单位的描述，有使用货币符号，如人民币"￥"或"CNY"的，也有使用"元"或"万元"不同等级单位的表述。若不经过数据预处理，保留对同一概念存在不同表达方式的数据，可能会导致分析结果中出现超出范围的数值、不可能的数据组合、缺失的数值等情况，最终产生误导性的结果。

经过数据预处理,我们应该确保数据具备准确性、完整性、一致性、时效性、可信性、可解释性,以便能够描述数据的整体特征、预测趋势并最终作出决策。因此,如何从海量的数据中找到更深层次的重要信息,为数据应用更好地实现以及提高营销结果转化打下良好基础,数据预处理起着至关重要的作用。

数据质量的高低对工业、经济等社会的各个领域都会产生重大影响,严重的数据质量问题及其所导致的知识和决策错误会在全球范围内造成了恶劣的后果,阻碍着信息社会的发展,随着大数据的广泛应用,数据质量的保障变得尤为重要。数据清洗是数据质量管理的重要方面,其内容十分丰富,包括缺失值处理、实体识别与真值发现,以及错记的主动发现和修复等。

(二)数据预处理的主要步骤

1. 数据清洗

数据清洗是一种对数据进行重新审查和校验的过程,目的在于删除重复信息,纠正存在的错误,并提供数据一致性。多样化数据源的数据内容并不总是完美的,可能会存在着许多"脏数据",表现为数据不完整和缺失、存在错误和重复、数据不一致和冲突等。数据清洗能对数据进行审查和校验,发现不准确、不完整或不合理的数据时,删除重复信息,纠正存在的错误,并保持数据的一致性、精确性、完整性和有效性,从而提高数据的质量。

数据清洗对随后的数据分析非常重要,因为它能提高数据分析的准确性。数据清洗依赖复杂的关系模型,会带来额外的计算和延迟开销,因此必须在数据清洗模型的复杂性和分析结果的准确性之间进行权衡。

2. "脏数据"的类型

"脏数据"主要残缺数据、错误数据、重复数据有三种。

(1)残缺数据。

残缺数据主要是一些应该有的信息缺失,如供应商的名称、分公司的名称、客户的区域信息缺失,以及业务系统中主表与明细表不能匹配等。将这一类数据过滤出来,按缺失的内容分别写入不同Excel文件提交给客户,并要求其在规定的时间内补全。补全后才能写入数据仓库。

(2)错误数据。

错误数据的产生主要是业务系统不够健全,是系统从接收到输入过程中没有进行判断而是直接写入后台数据库造成的。比如,数值数据输成全角数字字符、字符串数据后面有回车符、日期格式不正确、日期越界等。对于这一类数据也要将其进行分类,对于类似于全角字符、数据前后有不可见字符的问题,只能通过写SQL语句的方式找出来,并要求客户在业务系统修正之后抽取;日期格式不正确的或者是日期越界会导致ETL运行失败,这一类错误需要去业务系统数据库用SQL筛选出来,然后交给业务主管部门要求限期修正,修正之后再抽取。

(3) 重复数据。

对于这一类数据,需将重复数据记录的所有字段导出,让客户确认并整理。数据清洗是一个反复的过程,不可能在几天内完成,需要不断地发现问题、解决问题。在此过程中,一般要求客户确认是否过滤或修正,对于过滤掉的数据,写入Excel文件或者将过滤数据写入数据表,在ETL开发的初期可以每天向业务单位发送过滤数据的邮件,促使错误尽快得到修正,同时也可以作为将来验证数据的依据。

3. 数据清洗的流程

首先将数据导入处理工具,查看元数据,包括字段解释、数据来源、代码表等一切描述数据的信息。抽取一部分数据,采用人工查看方式,对数据有一个直观的了解,此过程有助于初步发现一些问题,为之后的数据处理做准备。

阶段一:缺失值清洗。

缺失值是最常见的数据问题,处理缺失值也有很多方法。首先要确定缺失值范围,对每个字段都计算其缺失值比例,再根据缺失值比例和字段重要性分别制定策略。

如果缺失字段的重要性较高,为了保证数据的准确性,往往会将数据进行补全。补全缺失值的方法有:①以同一指标的计算结果(均值、中位数、众数等)填充;②以业务知识或经验推测填充;③以不同指标的计算结果填充等。当缺失字段重要性较低且缺失率也较低时,可通过简单填充的方式将数据补全。如果某些指标非常重要但缺失率高,那就需要和取数人员或业务人员沟通,是否有其他渠道可以获取相关数据。

阶段二:格式内容清洗。

如果数据是从系统日志中获取的,那么在格式和内容上与元数据的描述保持一致。而如果数据是由人工收集或用户填写,则很可能在格式和内容上存在一些问题。例如:

①时间、日期、数值、全半角等显示格式不一致。该问题通常与输入端有关,在整合多来源数据时也有可能遇到。处理方式为将其整理成一致的某种格式。

②内容中含有不该存在的字符。例如在姓名中存在数字符号、身份证号中出现汉字等问题。这种情况下,需要以半自动校验、半人工方式来找出可能存在的问题,去除不需要的字符。

③内容与该字段应有内容不符。例如在姓名栏中填写了性别,身份证号栏中填写了手机号等。此时不能简单地将错误数据进行删除,而需要对这类数据进行单独处理。造成这个问题的原因有:a.人工填写错误;b.前端没有校验;c.导入数据时部分或全部存在列没有对齐的问题等,因此要详细识别问题类型,逐一进行处理。

阶段三:逻辑错误清洗。

这部分的工作是去掉一些使用简单逻辑推理就可以直接发现问题的数据,防止分析结果走偏,主要包含去重、去除不合理值以及修正矛盾内容。

①去重。当表格中出现两条或多条完全相同的数据时,应将重复值删除。

②去除不合理值。例如,用1~7级量表测量的变量出现了0值,体重出现了负数,都应视为超出正常值域范围。对这些不合理的数值应进行有针对性的删改。

③修正矛盾内容。有些字段是可以互相验证的。例如,许多调查对象说自己开车上班,又报告没有汽车;或者调查对象报告自己是某品牌的重度购买者和使用者,但同时又在熟悉程度量表上给了很低的分值。当发现不一致时,要列出问卷序号、记录序号、变量名称、错误类别等,便于进一步核对和纠正。

逻辑错误除了以上列举的情况,还有很多未列举的情况,在实际操作中要酌情处理。另外,这一步骤在之后的数据分析建模过程中有可能重复,因为即使问题很简单,也并非所有问题都能够一次找出。因此可以通过使用工具和方法,尽量减少问题出现的可能性,使分析过程更为高效。

阶段四:非需求数据清洗。

在进行数据清洗时,人们往往会把看上去不需要但实际上对业务很重要的字段删除,又或者觉得某个字段有使用价值但不知如何使用,从而不知道是否该删除。此时,如果数据量没有大到不删该字段就无法处理的程度,则能不删的字段尽量不删。此外,应该勤备份数据,以免误删数据影响后续分析。

阶段五:关联性验证。

如果数据有多个来源,则有必要进行关联性验证。例如,同时获得某客户的线下购买信息,以及电话客服问卷信息,两者通过姓名和手机号关联。同一个人线下登记的车辆信息和线上问卷问出来的车辆信息如果不是同一辆,则该条数据需要调整或去除数据。

四、数据存储

数据存储是将临时文件和待查询信息以特定格式保存在计算机内外部介质上的过程。磁盘和磁带是常用的存储介质,数据组织方式因存储介质而异,磁带通常采用顺序存取的方式,而磁盘则支持顺序存取或直接存取。数据存储方式与文件组织紧密相关,关键在于建立记录的逻辑与物理顺序的对应关系,以提高存取速度。数据存储需要恰当命名,以反映信息特征。

硬盘驱动器虽能存储大量数据,但在室温环境下只能维持约10年,因为硬盘磁能势垒低,信息会逐渐丢失。其他介质,如CD、DVD、纸张、陶瓷、泥版和石头的寿命也有限。21世纪以来,随着数据量增加、复杂度提升、交互需求、存储时限和成本问题,传统物理存储介质开始向云存储转变。云存储通过Web服务API或优化的用户界面,将数据存储在网络虚拟服务器中,微软、谷歌、苹果、阿里、百度等公司也推出了云存储产品。

大数据存储技术在大数据采集、处理、应用过程中,依赖大规模并行处理数据库分析数据。与传统文本和Excel文件保存不同,大数据存储具有数据量大、多样化和高服务需求特点。大数据存储系统需高效管理和挖掘数据价值。

大数据存储技术包括集中式存储和分布式存储。集中式存储结构简单,适用于数据量和复杂度低的场景。分布式存储通过网络整合多台机器的存储资源,提高系统的灵活性、安全性和可扩展性。

在数据存储领域,关系型数据库和非关系型数据库是两种重要的数据库类型。关系型数据库如Oracle、MySQL,以表格形式存储数据,易于理解和查询。非关系型数据库NoSQL适应大数据需求,包括键值存储、文档型数据库和图形数据库。

大数据存储技术还包括Hadoop分布式文件系统HDFS、HBase和Elasticsearch等。大数据管理技术涉及数据加密和集成,保护数据安全,同时有效组织和管理大规模数据。

国家鼓励高校设立数据科学和工程相关专业,培养数据工程师等专业人才。文件系统是操作系统用于明确存储设备或分区上的文件的方法和数据结构,即在存储设备上组织文件的方法。关系数据库产品如Oracle、SQL Server、MySQL、DB2等,以表格形式存储数据,具有结构化存储、规范存储、有限扩展、SQL查询、事务性和ODBC连接等特点。

知识活页

SQL 基础

实训任务三
旅游产品数据的采集与预处理

实训预习

旅行社在进行旅游产品设计时,要搜集丰富的旅游线路资源和信息,不仅要关注旅游景区、旅游供应商、旅游者的信息,还要关注当前在售的热门旅游产品和竞争对手在售的旅游产品信息。例如,在旅游产品定价时,可以通过获取某在线旅行服务商网站某主题旅游产品的旅游线路列表信息,经过数据采集和预处理后,计算出在售旅游产品的日平均价格,为在线旅游产品设计的成本和价格控制提供参考。

实训目的

通过本实训任务,掌握八爪鱼采集器的基本操作和使用方法,学会设置采集规则、执行采集任务以及导出采集到的数据,学会使用Excel的函数与公式对数据进行预处理。将所学的数据采集、预处理、分析和计算技能综合应用于实际项目中,提升解决实际问题的能力,并为将来的职业发展打下坚实的基础。

实训要求

以携程旅行网上与"黄河"相关的旅游产品为例,采用八爪鱼采集器进行数据采集,通过Excel函数与公式进行数据的预处理和计算。

实训方法

八爪鱼采集器采集旅游产品数据。

操作步骤

（1）打开携程旅行网的官方网站的旅游主页(https://vacations.ctrip.com/)，在搜索栏输入关键词"黄河"，即可检索到与"黄河"相关的全部旅游产品(图3-16)。通过点击"全部""出发地参团""私家团"等标签，可以进行产品类别的筛选。通过点击"特色体验""景点/场馆""出发城市""行程天数"等，可以根据个人需要进行产品组合，筛选出符合需求的旅游产品。

图3-16　携程旅行网页面搜索结果

（2）八爪鱼采集器中的采集任务包括自定义任务和模板任务。首先打开模板任务，搜索是否有携程旅行网的采集模板(图3-17)，搜索结果显示采集模板里没有携程旅游产品的列表采集模板，因此需要采用自定义任务进行信息采集。

（3）打开自定义任务，输入采集网址，点击"保存设置"按钮(图3-18)。

（4）采集的目标网页打开，采集器会自动识别并标注可以采集的信息，包括标题、详情、关键词、已售人数、点评、供应商、出发地、价格等信息。点击操作提示中的切换识别结果选择想要采集的信息标签(图3-19)。

图 3-17　八爪鱼采集器携程旅行网采集模板

图 3-18　携程旅行网新建采集任务页面

图 3-19　携程旅行网采集信息识别

（5）点击操作提示的翻页按钮、加载更多按钮和滚动按钮可以设置翻页，采集多页信息（图3-20）。

图3-20　携程旅行网采集页面设置

（6）保存并开始采集，系统弹出采集模式选择界面（图3-21），选择本地采集，数据将保存在本地电脑上。

图3-21　八爪鱼采集模式选择界面

（7）采集完成后显示共采集1849条数据，其中有154条为重复数据。点击"导出数据"，然后再点击"去重数据"，选择"Excel(xlsx)"格式存储数据（图3-22至图3-24）。

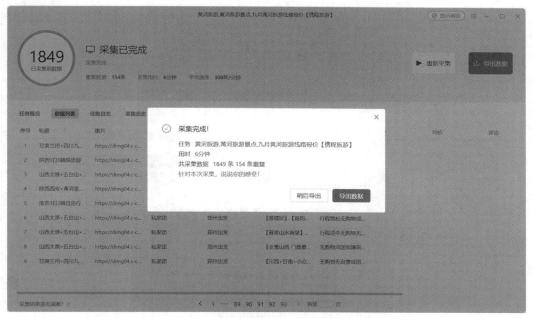

图3-22　八爪鱼采集器数据采集完成界面

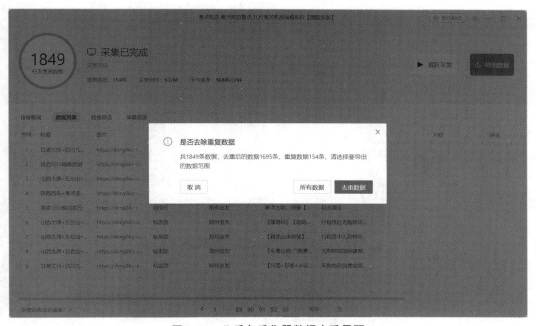

图3-23　八爪鱼采集器数据去重界面

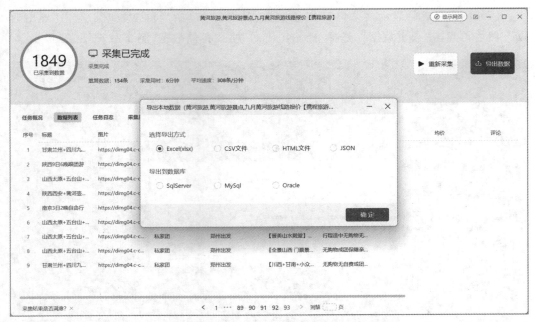

图3-24　八爪鱼采集器数据导出界面

（8）打开导出的Excel表格，查看采集数据详情（图3-25）。

图3-25　携程旅行网黄河旅游产品采集结果

（9）计算黄河旅游产品的日平均价格，需要提取旅游行程天数和价格。行程天数可以从标题里提取，价格信息需要进行处理，因此要选取这两列数据进行预处理（图3-26）。

（10）使用Excel中的替换功能，将价格中的"起"字替换为空白（图3-27）。

（11）观察标题中表示行程天数的数字特点，发现数字位于"日"字的左边。采用Excel文本函数的查找功能，定位"日"字所处的位置（图3-28）。

	标题	价格
1		
2	甘南6日跟团游	¥1767起
3	若尔盖3日2晚跟团游	¥1174起
4	陕西西安+兵马俑+华清宫+黄帝陵+黄河壶口瀑布旅游区(陕西侧)+延安5日4晚跟团游	¥1841起
5	若尔盖3日2晚跟团游	¥1156起
6	西安+秦始皇帝陵博物院(兵马俑)+华清宫+延安+黄河壶口瀑布旅游区(陕西侧)+黄帝陵5日跟团游	¥2035起
7	陕西西安秦始皇帝陵博物院(兵马俑)+华清宫+华山+黄河壶口瀑布旅游区(陕西侧)+黄帝陵5日跟团游	¥1959起
8	红原+若尔盖+黄河九曲第一湾3日2晚跟团游	¥888起
9	阿坝县3日2晚跟团游	¥1272起
10	阿坝州3日2晚跟团游	¥1348起
11	若尔盖3日2晚跟团游	¥1381起
12	河南郑州+洛阳+开封+云台山6日5晚跟团游	¥2815起
13	陕西西安+华山+秦始皇帝陵博物院(兵马俑)+华清宫+黄河壶口瀑布旅游区(陕西侧)+黄帝陵5日4晚跟团游	¥2667起
14	若尔盖3日2晚跟团游	¥1350起
15	陕西西安5日4晚跟团游	¥2421起
16	陕西延安+黄河壶口瀑布旅游区(陕西侧)+西安兵马俑+华清池+华山6日跟团游	¥1941起
17	陕西西安+秦始皇帝陵博物院(兵马俑)+华清宫+黄河壶口瀑布旅游区(陕西侧)+黄帝陵+华山5日4晚跟团游	¥2227起
18	甘南8日跟团游	¥3365起
19	阿坝州3日2晚跟团游	¥1314起
20	甘南8日跟团游	¥3352起
21	西安兵马俑+延安壶口瀑布+华清池5日4晚跟团游	¥2251起
22	陕西西安+华山+延安+黄帝陵+秦始皇帝陵博物院(兵马俑)6日5晚跟团游	¥3624起
23	山西太原+五台山+壶口瀑布6日5晚私家团	¥7290起
24	陕西西安+华山+黄河壶口瀑布旅游区(陕西侧)5日4晚跟团游	¥2058起
25	山西+陕西9日8晚跟团游	¥4345起
26	延安黄河壶口瀑布旅游区(陕西侧)+华山+西安+兵马俑5日4晚跟团游	¥2217起
27	陕西西安+华山+华清池+兵马俑+黄帝陵+壶口瀑布+延安6日跟团游	¥3020起
28	西安+黄河壶口瀑布旅游区(陕西侧)+兵马俑+华山6日5晚自由行	¥2999起
29	西安兵马俑+华清池+华山+壶口瀑布5日跟团游	¥1955起
30	西安兵马俑+华清池+黄河壶口瀑布旅游区(陕西侧)4日跟团游	¥1962起
31	太原+五台山+平遥古城+云冈石窟+壶口瀑布7日6晚跟团游	¥3864起
32	成都+若尔盖+黄河九曲第一湾+月亮湾4日3晚跟团游	¥1719起
33	陕西西安+华山+华清池+兵马俑+黄帝陵+壶口瀑布+延安7日跟团游	¥2803起
34	山西太原+五台山+黄河壶口瀑布旅游区(陕西侧)+平遥古城+乔家大院5日4晚跟团游	¥3075起
35	西安+黄河壶口瀑布旅游区(陕西侧)+兵马俑+华山+陕西历史博物馆5日自由行	¥2588起
36	郑州+黄河游览区4日自由行	¥949起
37	西安4日3晚自由行	¥2533起
38	郑州+黄河游览区+少林寺4日自由行	¥470起
39	深度人文·宁夏银川+中卫+腾格里沙漠+沙坡头+66号公路+黄河宿集5日4晚私家团	¥8670起
40	河南郑州+洛阳+济源5日4晚跟团游	¥5583起

图 3-26 选取数据分析需要的信息

	标题	价格
1		
2	甘南6日跟团游	¥1,767
3	若尔盖3日2晚跟团游	¥1,174
4	陕西西安+兵马俑+华清宫+黄帝陵+黄河壶口瀑布旅游区(陕西侧)+延安5日4晚跟团游	¥1,841
5	若尔盖3日2晚跟团游	¥1,156
6	西安+秦始皇帝陵博物院(兵马俑)+华清宫+延安+黄河壶口瀑布旅游区(陕西侧)+黄帝陵5日跟团游	¥2,035
7	陕西西安秦始皇帝陵博物院(兵马俑)+华清宫+华山+黄河壶口瀑布旅游区(陕西侧)+黄帝陵5日跟团游	¥1,959
8	红原+若尔盖+黄河九曲第一湾3日2晚跟团游	¥888
9	阿坝县3日2晚跟团游	¥1,272
10	阿坝州3日2晚跟团游	¥1,348
11	若尔盖3日2晚跟团游	¥1,381
12	河南郑州+洛阳+开封+云台山6日5晚跟团游	¥2,815
13	陕西西安+华山+秦始皇帝陵博物院(兵马俑)+华清宫+黄河壶口瀑布旅游区(陕西侧)+黄帝陵5日4晚跟团游	¥2,667
14	若尔盖3日2晚跟团游	¥1,350
15	陕西西安5日4晚跟团游	¥2,421
16	陕西延安+黄河壶口瀑布旅游区(陕西侧)+西安兵马俑+华清池+华山6日跟团游	¥1,941
17	陕西西安+秦始皇帝陵博物院(兵马俑)+华清宫+黄河壶口瀑布旅游区(陕西侧)+黄帝陵+华山5日4晚跟团游	¥2,227
18	甘南8日跟团游	¥3,365
19	阿坝州3日2晚跟团游	¥1,314
20	甘南8日跟团游	¥3,352
21	西安兵马俑+延安壶口瀑布+华清池5日4晚跟团游	¥2,251
22	陕西西安+华山+延安+黄帝陵+秦始皇帝陵博物院(兵马俑)6日5晚跟团游	¥3,624
23	山西太原+五台山+壶口瀑布6日5晚私家团	¥7,290
24	陕西西安+华山+黄河壶口瀑布旅游区(陕西侧)5日4晚跟团游	¥2,058
25	山西+陕西9日8晚跟团游	¥4,345
26	延安黄河壶口瀑布旅游区(陕西侧)+华山+西安+兵马俑5日4晚跟团游	¥2,217
27	陕西西安+华山+华清池+兵马俑+黄帝陵+壶口瀑布+延安6日跟团游	¥3,020
28	西安+黄河壶口瀑布旅游区(陕西侧)+兵马俑+华山6日5晚自由行	¥2,999
29	西安兵马俑+华清池+华山+壶口瀑布5日跟团游	¥1,955
30	西安兵马俑+华清池+黄河壶口瀑布旅游区(陕西侧)4日跟团游	¥1,962
31	太原+五台山+平遥古城+云冈石窟+壶口瀑布7日6晚跟团游	¥3,864
32	成都+若尔盖+黄河九曲第一湾+月亮湾4日3晚跟团游	¥1,719
33	陕西西安+华山+华清池+兵马俑+黄帝陵+壶口瀑布+延安7日跟团游	¥2,803
34	山西太原+五台山+黄河壶口瀑布旅游区(陕西侧)+平遥古城+乔家大院5日4晚跟团游	¥3,075
35	西安+黄河壶口瀑布旅游区(陕西侧)+兵马俑+华山+陕西历史博物馆5日自由行	¥2,588
36	郑州+黄河游览区4日自由行	¥949
37	西安4日3晚自由行	¥2,533
38	郑州+黄河游览区+少林寺4日自由行	¥470
39	深度人文·宁夏银川+中卫+腾格里沙漠+沙坡头+66号公路+黄河宿集5日4晚私家团	¥8,670
40	河南郑州+洛阳+济源5日4晚跟团游	¥5,583

图 3-27 删除价格信息中的字符串

	A	B	C
1	标题	价格	"日"字所处的位置
2	甘南6日跟团游	￥1,767	4
3	若尔盖3日2晚跟团游	￥1,174	5
4	陕西西安+兵马俑+华清宫+黄帝陵+黄河壶口瀑布旅游区(陕西侧)+延安5日4晚跟团游	￥1,841	36
5	若尔盖3日2晚跟团游	￥1,156	5
6	西安+秦始皇帝陵博物院(兵马俑)+华清宫+延安+黄河壶口瀑布旅游区(陕西侧)+黄帝陵5日跟团游	￥2,035	44
7	陕西西安秦始皇帝陵博物院(兵马俑)+华清宫+华山+黄河壶口瀑布旅游区(陕西侧)+黄帝陵5日跟团游	￥1,959	45
8	红原+若尔盖+黄河九曲第一湾3日2晚跟团游	￥888	16
9	阿坝县3日2晚跟团游	￥1,272	5
10	阿坝州3日2晚跟团游	￥1,348	5
11	若尔盖3日2晚跟团游	￥1,381	5
12	河南郑州+洛阳+开封+云台山6日5晚跟团游	￥2,815	16
13	陕西西安+华山+秦始皇帝陵博物院(兵马俑)+华清宫+黄河壶口瀑布旅游区(陕西侧)+黄帝陵5日4晚跟团游	￥2,667	46
14	若尔盖3日2晚跟团游	￥1,350	5
15	陕西延安5日4晚跟团游	￥2,421	6
16	陕西延安+黄帝陵+黄河壶口瀑布旅游区(陕西侧)+西安兵马俑+华清池+华山6日跟团游	￥1,941	38
17	陕西西安+秦始皇帝陵博物院(兵马俑)+华清宫+黄河壶口瀑布旅游区(陕西侧)+黄帝陵+华山5日4晚跟团游	￥2,227	46
18	甘南8日跟团游	￥3,365	4
19	阿坝州3日2晚跟团游	￥1,314	5
20	甘南8日跟团游	￥3,352	4
21	西安兵马俑+延安壶口瀑布+华清池5日4晚跟团游	￥2,251	18
22	陕西西安+华山+延安+黄帝陵+秦始皇帝陵博物院(兵马俑)6日5晚跟团游	￥3,624	30
23	山西太原+五台山+壶口瀑布6日5晚私家团	￥7,290	15
24	陕西西安+兵马俑+华山+黄河壶口瀑布旅游区(陕西侧)5日4晚跟团游	￥2,058	28
25	山西+陕西9日8晚跟团游	￥4,345	7
26	延安黄河壶口瀑布旅游区(陕西侧)+华山+西安兵马俑5日4晚跟团游	￥2,217	28
27	陕西西安+华山+华清池+兵马俑+黄帝陵+壶口瀑布+延安6日5晚跟团游	￥3,020	29
28	黄河壶口瀑布旅游区(陕西侧)+兵马俑+华山6日5晚自由行	￥2,999	26
29	西安兵马俑+华清池+华山+壶口瀑布5日跟团游	￥1,955	19
30	西安兵马俑+华清池+黄河壶口瀑布旅游区(陕西侧)4日跟团游	￥1,962	26
31	太原+五台山+平遥古城+云冈石窟+壶口瀑布7日6晚跟团游	￥3,864	23
32	成都+若尔盖+黄河九曲第一湾+月亮湾4日3晚跟团游	￥1,719	20
33	陕西西安+华山+华清池+兵马俑+黄帝陵+壶口瀑布+延安7日跟团游	￥2,803	29
34	山西太原+五台山+黄河壶口瀑布旅游区(陕西侧)+平遥古城+乔家大院5日4晚跟团游	￥3,075	35
35	西安+黄河壶口瀑布旅游区(陕西侧)+兵马俑+华山+陕西历史博物馆5日自由行	￥2,588	34
36	郑州+黄河游览区4日自由行	￥949	10
37	西安4日3晚自由行	￥2,533	4
38	郑州+黄河游览区+少林寺4日自由行	￥470	14
39	深度人文·宁夏银川+中卫+腾格里沙漠+沙坡头+66号公路+黄河宿集5日4晚私家团	￥8,670	35
40	河南郑州+洛阳+济源5日4晚跟团游	￥5,583	12

图 3-28　查找标题字符串中"日"字的位置

（12）采用Excel函数的提取功能,提取"日"字左边的字符串(图 3-29)。

图 3-29　提取"日"字左边的字符串

（13）采用Excel文本函数的提取功能，提取旅游线路天数（图3-30）。

图 3-30 提取旅游线路天数

（14）获取行程天数和价格后，计算出旅游产品的日平均价格（图3-31）。

图 3-31 计算日平均价格

项目小结

本项目对旅游大数据的采集和预处理的流程进行了详尽的介绍。在采集来源方面,项目详细列举了旅游网站、社交媒体等多种渠道,深入解析了数据采集的流程,包括确定采集目标、设计采集方案、实施采集计划等关键步骤,确保数据的准确性和完整性。在此基础上,详细介绍了预处理的流程,包括数据清洗、数据转换、数据集成等关键环节,并提供了多种实用的预处理方法,如缺失值处理、异常值处理等。最后,通过具体的案例分析,展示了如何利用预处理后的数据进行深入的旅游市场分析、游客行为研究、旅游产品优化等。

项目训练

一、知识训练

请扫描边栏二维码答题。

二、能力训练

使用八爪鱼采集器在旅游网站上抓取景点或酒店的基本信息,请问如何选择采集模板?

项目四
旅游数据分析与可视化

 项目描述

随着旅游业的发展和大数据时代的来临,旅游数据分析与可视化已经成为旅游业的重要发展趋势。对海量旅游数据进行收集、清洗、整合和分析,借助数据可视化技术,可以使旅游部门和企业深入了解旅游市场和游客行为,为决策提供数据支持。

 项目目标

知识目标

1. 理解旅游数据分析的概念和重要性;
2. 掌握旅游数据分析的常用工具和技术;
3. 掌握数据可视化的基本原理和方法。

能力目标

1. 能够运用旅游数据分析技术解决实际问题;
2. 能够通过数据可视化技术呈现分析结果;
3. 能够根据分析结果提出合理的建议和策略;
4. 能够与其他部门和企业进行有效的沟通和协作;
5. 能够借助智能工具,正确爬取与旅游业务相关的有效网络数据。

素养目标

1. 培养对旅游行业的热爱和责任感;
2. 培养对数据分析和可视化的兴趣和意识;
3. 培养批判性思维和创新意识。

知识导图

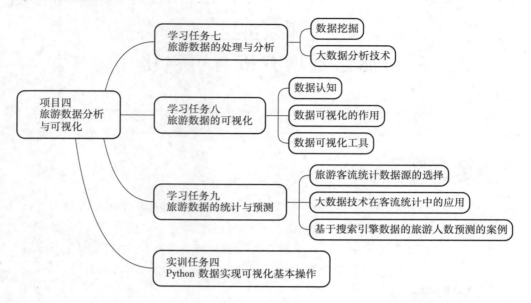

项目引入

海鳗云旅游大数据平台助力全域旅游建设

海鳗云旅游大数据平台为全域旅游的发展提供了多种功能和服务，包括不限于旅游数据集成与分析、智能推荐与个性化服务、实时数据监测与预警、旅游大数据展示与可视化等。

1. 旅游数据集成与分析

海鳗云旅游大数据平台能够对接各类旅游数据源，包括景区门票销售数据、交通出行数据、游客评价数据、旅游消费数据等，实现全面的数据集成。通过高效的数据分析算法，旅游企业可以从海量数据中提取有价值的信息，包括游客偏好、消费习惯、旅游趋势等，为全域旅游的决策提供科学依据。

2. 智能推荐与个性化服务

海鳗云旅游大数据平台可以监测游客的行为画像和消费画像，并根据游客画像进行市场分析，为旅游相关企业提供精准的营销支持。

3. 实时数据监测与预警

海鳗云旅游大数据平台能够对旅游景区的实时数据进行监测，包括游客数量、交通状况、天气情况等。通过数据分析和处理，旅游企业可以及时预警潜在的安全风险，保障游客的安全和舒适度。

4. 旅游大数据展示与可视化

海鳗云旅游大数据平台提供直观的数据展示和可视化工具,以图表、地图等形式呈现旅游数据的分布和趋势,帮助旅游管理部门和企业更好地理解和分析数据,进行决策和规划。

海鳗云旅游大数据平台结合了强大的数据分析和智能推荐技术,为全域旅游提供了全方位的支持和服务,促进了旅游产业的发展,提升了旅游者的旅游体验。

(资料来源:http://news.sohu.com/a/729801135_121380730)

剖析

学习任务七 旅游数据的处理与分析

旅游数据的处理与分析涉及对海量、多源的旅游相关数据进行有效的收集、清洗、整合、存储,并运用统计学、数据挖掘、机器学习等方法进行深入的分析与解读。此任务旨在揭示旅游市场的内在规律、游客行为特征、旅游资源分布及利用状况,以及旅游产业的发展趋势,为旅游业的科学决策、精准营销、优化资源配置及提升游客体验提供有力的数据支持。

通过本任务的学习,能够构建一套高效、准确的旅游数据分析体系,实现对旅游数据的全面、深入洞察,具体包括:提取并整合多源旅游数据,确保数据的完整性和一致性;运用先进的数据分析技术,挖掘旅游数据中的有价值信息;生成直观、易懂的数据分析报告并进行可视化展示,进而为旅游业的相关决策提供数据支持。

一、数据挖掘

(一)数据挖掘的概念

数据挖掘(Data Mining),又称为数据库文件的知识发现(Knowledge Discovery in Databases,KDD),是指从大量的数据中通过算法搜索隐藏于其中的信息的过程。数据挖掘通常与计算机科学有关,并通过统计、在线分析处理、情报检索、机器学习、专家系统和模式识别等诸多方法来实现上述目标。

数据挖掘是一门涉及面很广的交叉学科,在处理各种问题时,只有清楚了相关业务逻辑才可以将遇到的问题转换为相应的数据挖掘问题。数据挖掘的处理过程一般包括数据预处理(ETL、数据清洗、数据集成等)、数据仓库(可以是DBMS、大型数据仓库以及分布式存储系统)与OLAP,使用各种算法(主要是机器学习的算法)进行挖掘以及最后的评估工作。

简单来说,数据挖掘是一系列的处理过程,最终的目的是从数据中挖掘出想要的或者意外收获的信息。

(二)数据挖掘的流程

KDD过程迭代序列如下:
① 数据清理:消除噪声和删除不一致数据。
② 数据集成:多种数据源可以组合在一起。
③ 数据选择:从数据库中提取与分析任务相关数据。
④ 数据变换:通过汇总或聚集操作,把数据变换和统一成适合挖掘的形式。
⑤ 数据挖掘:使用一定的模型算法提取数据模式。
⑥ 模式评估:根据某种兴趣度量,识别代表知识的真正有趣的模式。
⑦ 知识表示:使用可视化和知识表示技术,向用户提供挖掘的知识。

(三)数据挖掘的应用

1. 市场营销领域

(1)目标市场。

著名的市场营销学者曾提出应当把顾客看作一个特定的群体,这样的群体被称为目标市场。通过市场细分,有利于明确目标市场,随后有针对性地应用市场营销策略,满足目标市场的需要。

数据挖掘能帮助市场营销者进行市场分析,开拓市场,确定公司的目标市场,制定市场营销活动,使营销活动更能满足顾客的需求以及对商品的期望。如果顾客的数据信息比较完整,数据挖掘可以模拟实际的顾客行为,找出与当前营销问题相符的模型,辅助制订有效的营销计划。

(2)交叉销售。

交叉销售在传统的银行业和保险业等领域的作用最为明显,因为顾客在购买这些产品或服务时必须提交真实的个人资料,这些数据一方面可以作为市场调研的基础,从而有针对性地为顾客提供更多、更好的服务;另一方面也可以在保护用户个人隐私的前提下将这些用户资源与其他有互补型产品的企业共享,有针对性地开展营销活动。

采用数据挖掘的相关技术手段,一方面可以发现能给公司带来最大利润的顾客群,依据数据统计和顾客的消费模型,可以保持和发展与这些顾客的关系,既能发现他们的现有需求,也能预测他们的未来需求,并加以满足,使这些顾客群带给公司的利润达到最大化。另一方面,由数据挖掘得到的信息可以扩展顾客对公司产品和服务的需求,依据关联分析,顾客的现有消费需求可能会产生与此相关的其他需求,公司如果能满足这些扩展需求,就能在现有的顾客利润基础上找到新的利润点。

2. 风险管理领域

（1）客户风险来源分析。

客户风险指因借款人或交易对手违约而导致损失的可能性。为了更好地识别与防控这些风险，我们可将客户风险细分为高管风险、股权风险、财务风险、担保风险、行业风险、政策风险、法律风险、价格风险八类。通过对客户风险数据进行主成分分析和聚类分析，我们可以把握客户风险的主要来源，从而有针对性地进行风险防范。

（2）存款外流风险分析。

存款外流指由于储户提取现金或要求支付而引起的存款减少。存款外流会影响银行的流动性管理和负债管理。主要的存款来源有企业存款、财政存款、事业单位存款、同业存款、特种存款、其他存款，影响存款外流的因素包括利率政策、汇率、股票价格、房地产价格、企业投资情况、渠道、存款品种、存款利率、贷款便利性、激励机制、营销活动等。运用因子分析法建立模型，估算影响存款外流的主要因素，从而有针对性地进行存款营销活动，可以增加相应的存款。

3. 文本挖掘

文本挖掘是指从大量文本数据中抽取事先未知的、可理解的、最终可用的知识的过程，同时运用这些知识更好地组织信息以便将来参考。直观地说，当数据挖掘的对象仅限于文本数据类型时，这个过程就称为文本挖掘。文本挖掘也称为文本数据挖掘。

（1）社交媒体文本分析。

各大社交媒体平台，如新浪微博、小红书、抖音等，都是大多数非结构化数据的聚集地。企业可以借助这些非结构化数据分析和预测客户需求，了解客户对其品牌的真实看法。通过分析大量非结构化数据，企业能够提取顾客意见信息，了解顾客情感和公司产品之间的关系，助力公司持续发展。

（2）垃圾信息过滤。

日常生活中的常见垃圾信息有手机中诈骗短信、骚扰短信、电子邮件中的广告邮件等。文本挖掘可以有效地满足识别有用信息的用户需求，自动对短信、电子邮件等进行分类，帮助用户更好地专注在对自己有价值的信息上，而不需要为无关的内容耗费精力。同时，这也有利于降低用户被骚扰或被欺骗的风险。

（3）文本情感分析。

文本情感分析又称意见挖掘、倾向性分析等。文本情感分析是对带有情感色彩的主观性文本进行分析、处理、归纳和推理的过程。随着互联网的发展，大量关于人物、事件、产品等有价值的评论信息涌现，这些评论信息表达了人们的多元情感色彩（如喜、怒、哀、惧、憎、忧等）以及人们的情感倾向性。政府部门可以通过舆情监控系统对敏感事件进行监控，防止事态进一步扩大，避免造成不良影响；企业可以通过浏览这些评论来了解大众对于某产品的看法，从而更好地规划后续工作。

二、大数据分析技术

（一）认识大数据分析

大数据分析技术主要包括已有数据的分布式统计分析技术和未知数据的分布式挖掘和深度学习技术。分布式统计分析技术通过数据处理技术完成，而分布式挖掘和深度学习技术则在大数据分析阶段完成，包括聚类与分类、关联分析、深度学习等，它可挖掘大数据集合中的数据关联性，形成对事物的描述模式或属性规则，可通过构建机器学习模型和借助海量的训练数据提升数据分析与预测的准确性。

（二）大数据分析模型

常见的大数据分析模型可以从数据模型和业务模型两个角度来区分。

1. 数据模型

统计数据视角的实体模型通常指的是统计分析或大数据挖掘、深度学习、人工智能技术等种类的实体模型，这些模型是从科学研究视角去界定的。

（1）降维。

对大量和大规模的数据进行数据挖掘时，往往会面临"维度灾害"。随着数据集的维度不断增加，由于计算机的处理能力和速度有限，加之数据集的多个维度之间可能存在共同的线性关系。这会导致学习模型的可扩展性不足，甚至使得许多优化算法的结果无效。因而，人们必须减少层面总数并减少层面间共线性危害。

数据降维也称为数据归约或数据约减。它的目的就是减少数据计算和建模中涉及的维数。目前主要有两种数据降维思想：一种是基于特征选择的降维；另一种是基于维度变换的降维。

（2）回归。

回归是一种数据分析方法，它是研究自变量 X 对因变量 Y 的数据分析。回归分析中，只包括一个自变量和一个因变量，且二者的关系可用一条直线近似表示，这种回归分析称为一元线性回归分析；如果包括两个或两个以上的自变量，且因变量和自变量之间是线性关系，则称为多元线性回归分析。根据影响是否是线性的，回归分析可以分为线性回归和非线性回归。

（3）聚类。

简单来说，"物以类聚"这一成语就是聚类分析的基本思想。聚类分析法是大数据挖掘和测算中的每日基础任务，是将很多具备类似特点的统计数据点集中起来，划分为同一类型，最后整合形成多个类别的方式。大量数据集中必须有相似的数据点，基于这一假设，可以区分数据，并且可以找到每个数据集的特征。

（4）分类。

分类算法是解决分类问题的一种方法，是数据挖掘、机器学习和模式识别的重要研究领域。分类在于根据其特性将数据分门别类，所以在许多领域都有广泛的应用。

例如：在银行业务领域，可以构建客户分类模型，根据贷款风险的大小对客户进行分类；在进行图像处理时，分类可以用来检测图像中是否有人脸出现；在手写识别中，分类可用于识别手写的数字；在互联网搜索中，网页的分类有助于实现高效的网页抓取、索引与排序。

(5) 关联。

关联规则学习通过寻找最能解释数据变量之间关系的规则，在大量多元数据集中找到有用的关联规则。这是一种从大量数据中找出各种数据之间关系的方法。此外，它还可以挖掘基于时间序列的各种数据之间的关系。

(6) 时间序列。

时间序列是一种用于研究数据随时间变化的算法，是一种常用的回归预测方法。其原则是事物的连续性。所谓连续性，是指客观事物的发展具有规律性的连续性。事物的发展是按照其内在规律进行的，在一定的条件下，只要规则作用的条件不发生质的变化，事物的基本发展趋势就会持续到未来。

(7) 异常数据检测。

在大多数数据挖掘或数据处理工作中，异常值常被视为"噪声"，因此，在数据预处理过程中消除异常值，以避免其对整体数据评估和分析挖掘产生影响。然而，在某些情况下，如果数据工作的目标是关注异常值，这些异常值将成为数据工作的焦点。

数据集中的异常数据通常称为异常点、异常值或孤立点等。典型的特征是这些数据的特征或规则与大多数数据不一致，表现出"异常"的特征。检测这些数据的方法称为异常检测。

2. 业务模型

业务模型是一类根据业务情景而定，用以解决某一具体问题的实体模型。这种实体模型与数据分析的实体模型的差别在于其情景化的运用。

(1) 会员数据化运营分析模型。

对企业来说，老用户或者会员是非常重要的收入来源，由于拓展新用户的成本是老用户的数倍，所以有必要提高老用户的活跃度。会员数据化运营是企业运营的重要基础，了解会员数据化运营的角度、相关指标、方法、模型等，并据此建立较为系统的思考逻辑是非常重要的。

(2) 商品数据化运营分析模型。

数据在商品运营过程扮演着非常重要的角色，从销售预测到库存管理，从商品结构优化到动销管理，从捆绑策略到捆绑组合等各方面都需要数据支持。如何在海量商品数据和复杂的用户购物需求中，通过数据来发现销售规律已经成为商品运营的关键。

商品数据化运营关键指标主要包括销售指标、促销指标和供应链指标，主要应用场景包括销售预测、库存分析、市场分析、促销分析等。

(3) 流量数据化运营分析模型。

媒体信息时代，在用户行为移动化、需求个性化的复杂背景下，企业想要获得用户关注变得越来越困难,同时,随着营销成本的增加,如何高效地将流量转化为企业实际客户,已成为企业关注的焦点,使得精准营销的需求日益突出。流量数据化运营的核心问题是如何提高转化率。流量数据运营指标主要包括站外营销推广指标和网站流量质量指标。

(4) 内容数据化运营分析模型。

内容数据化运营是指基于内容的策划、编辑、发布、优化、营销等一系列工作,主要集中在互联网、新媒体等以内容为主的行业领域。内容数据化运营根据内容生产方式的不同可分为UGC、PGC和OGC三种。

① UGC(User-Generated Content),即用户生产内容。UGC是论坛、贴吧、微博时代的主要内容生产方式,内容主要源于使用这些平台的用户,运营方本身不产生任何实质性内容。这些用户通常并非专业"写手",而是基于共同的兴趣、爱好等自发形成内容。

② PGC(Professionally-Generated Content),即专业生产内容。PGC与UGC都是由用户产生内容,但是这里的用户主要指的是有专业背景、有资历的用户,包括行业领袖、知识专家、书籍作者等,这些人通常能产生高质量的专业内容。现在很多知识性平台都采用这种形式,如知乎或是一些微信公众号等。

③ OGC(Occupationally-Generated Content),即职业生产内容。OGC与PGC在内容专业度上相当,但是OGC的特点是将内容生产作为一种"职业",从内容生产中获取收入是这一类型的显著性特征。OGC的普遍代表是各大新闻类网站和媒体,它们一般都以付费投稿、分成等方式吸引高质量的"写手"参与内容生产。除了邀请外部专家参与内容生产,这些平台自身也拥有众多职业内容生产者。

3. 常见的旅游统计指标

对于旅游大数据分析来说,正确有效的数据解读是数据分析的基础环节,而了解常用的分析指标和术语是做好数据解读的前提。下面主要对数据分析中常用的数据指标和术语进行介绍。

(1) 算术平均数。

平均数往往用于统计数组或数据量,是观察值的总和除以观察值的个数。当要计算一组数据的平均单个数据或平均个人数据或者平均组数据时,只要把总数相加,然后除以个数,就能算出平均数。

例如,2022年第一季度重点旅游城市星级饭店平均房价如表4-1所示。计算2022年第一季度重点旅游城市星级酒店平均房价。

表4-1　2022年第一季度重点旅游城市星级饭店平均房价前十名情况表　单位:元/间夜

一星级		二星级		三星级		四星级		五星级	
全国平均	82.14	全国平均	190.83	全国平均	239.12	全国平均	319.84	全国平均	545.04
北京	82.14	珠海	308.40	福州	338.71	北京	398.84	三亚	1176.08
—	—	南京	279.29	珠海	320.15	黄山	386.37	珠海	687.08

续表

一星级		二星级		三星级		四星级		五星级	
—	—	温州	273.90	厦门	305.85	贵阳	384.12	北京	666.40
—	—	杭州	256.04	南京	298.87	青岛	378.39	拉萨	627.28
—	—	成都	252.92	广州	296.33	厦门	367.75	广州	606.33
—	—	北京	215.89	深圳	285.83	广州	365.39	济南	567.48
—	—	宁波	207.79	三亚	285.48	珠海	362.30	深圳	560.99
—	—	青岛	204.78	长沙	284.15	天津	356.47	东莞	530.33
—	—	天津	195.15	温州	280.17	温州	354.63	成都	526.06
—	—	哈尔滨	183.13	杭州	278.44	深圳	350.18	厦门	513.38

(数据来源:https://zwgk.mct.gov.cn/zfxxgkml/tjxx/202205/t20220527_933230.html)

按照算术平均数的算法,将重点旅游城市各星级饭店的平均房价相加,再除以10,则可算出2022年第一季度重点旅游城市星级饭店的平均房价。

一般情况下,平均数是用来概括总体性质或描述大样本性质的,而对于仅仅两个样本取平均数,往往是没有任何效果的。

平均数的优点是充分利用所有数据,适应性强;其缺点是易受极端数据的影响,若出现模糊不清的数据时,平均数则无法计算。此时,一般采用中位数描述其集中趋势。

使用SQL计算平均值的参考语句:

SELECT AVG(统计项) FROM 表名

(2) 中位数。

中位数是指将一批数据从小到大排列居于中间位置的数,其反映了一批样本数据的位次的平均水平。

中位数的优点是不受极端值影响,缺点是缺乏敏感性。

例1:取58、32、46、73、23的中位数。

① 先将数据排序:23、32、46、58、73。

② 找出处于中间位置的数。排序之后,所有数据中处于中间位置的数是46,所以中位数就是46。

如果上例多加了一个数字63,即58、32、46、73、23、63,那么情况会有何改变?

① 先将数据排序:23、32、46、58、63、73。

② 找出处于中间位置的数:46、58。若处于中间位置的数有两个(也就是数据总个数为偶数)时,可以算出这两个数的算术平均数:(46+58)／2＝52,因此这组数据的中位数为52。

假设北京某五星级酒店近半年来入住用户评分有50条,是偶数,所以中位数取最中间的两个数的平均数。

平均数在典型的偏态分布情况下没有意义,所以在对该类数据进行统计时,不能用平均数来处理,使用中位数更佳。在使用"平均"这一度量方式时,要根据实际情况来选择最合适的度量方法。

（3）众数。

众数是指数据中出现次数最多的数（所占比例最大的数）。在一组数据中，可能会存在多个众数，也可能不存在众数。例如，1、2、2、3、3中的众数是2和3；1、2、3、4、5中就不存在众数。众数的特点包括：①不受极值（极大值/极小值）影响；②当一组数据近似于均匀分布时，无众数；③在数值没有明显次序的情况下，众数特别有用，特别是在销售领域。在了解众数的概念和特点之后，我们可以发现众数在统计中的应用相当广泛，不仅适用于数值型数据，而且对于非数值型数据（如图片、声音、视频等）同样适用。

例如，在设计日本旅游线路时，旅游的行程天数可以参考在售日本旅游线路中的行程天数数据。通过统计，发现所参考的众多日本旅游线路的行程天数多数为7天，就是这组行程天数数据中的众数。

（4）频数与频率。

频数也称为次数，是指变量值中代表某种特征的数出现的次数，频数可以用表或图形来表示。

例2：A旅行社有500条常规线路，其中，260条为出境游线路，240条为国内游线路，那么出境游线路的频数为260次，国内游线路的频数为240次。

频率是指每组中类别次数与总次数的比值，它表示某个类别在总体中出现的频繁程度。频率一般用百分数来表示，把所有组的频率相加等于100%。

例3：以A旅行社的常规线路为例，260条出境游线路在500条常规线路中出现的频率为52%，即（260÷500）×100%；而240条国内游线路在500条常规线路中出现的频率为48%，即（240÷500）×100%。

学习任务八　旅游数据的可视化

旅游数据的可视化任务旨在将复杂的旅游数据通过图形、图表等直观易懂的形式展示出来，以便更好地理解和分析旅游市场的动态、游客行为模式、旅游资源分布等关键信息。此任务涉及选择合适的可视化工具和技术，设计合理的可视化方案，将旅游数据转化为有意义的视觉元素，帮助管理者和决策者快速捕捉数据背后的规律和趋势。

通过本任务的学习，可以为旅游业务运营和决策提供清晰、有效的数据可视化解决方案,使旅游数据更易于被理解和应用。能够根据旅游数据的特性和分析需求,选择合适的可视化技术和工具;设计并实现直观、美观、交互性强的数据可视化界面;确保可视化结果能够准确传达旅游数据的关键信息和内在规律;通过数据可视化提升数据驱动决策能力,促进旅游业务的优化和创新。

旅游大数据可视化,就是指将结构或非结构数据转换成适当的可视化图表,然后将隐藏在数据中的信息直接展现在用户面前。数据可视化分析是将数据以易于感知的图形符号呈现给用户,让用户交互地理解数据。也就是说,数据可视化可以看到交互界面,更适合探索性地分析数据。

数据可视化通过柱状图、饼状图、线形图等图形方式展示数据,这种方式能使决策者更高效地把握企业的重要信息及其细节层次。大量研究结果表明,人类通过图形获取信息的速度比通过阅读文字获取信息的速度要快很多,因此采用可视化方式可有效帮助用户改变传统的数据识别模式。

一、数据认知

人们对数据的认知,一般经过从数据模型到概念模型的演进过程,最后得到数据在实际中的具体语义。数据模型是对数据的底层描述及相关的操作。在处理数据时,最初接触的是数据模型。例如,一组数据为 7.8、12.5、14.3……首先被看作是一组浮点数据,可以应用加、减、乘、除等操作,另一组数据为白、黑、黄……则被视为一组根据颜色分类的数据。

二、数据可视化的作用

大数据可视化技术的核心挑战是如何在不贬抑数据价值的同时有效地将数字、文字等信息转换为简洁的图表,方便数据挖掘和数据展示。

一个经典的可视化实现流程,是先对采集的数据进行加工处理和变换,转变成视觉可表达的形式(可视化映射),再渲染成用户可见的视图(用户感知)。

在数据呈现方式上,与传统的表格或文档形式相比,可视化技术能将数据以更加直观的方式展现出来,增强了数据的客观性和说服力。在各类报表和说明性文件中,运用直观的图表来呈现数据,不仅简洁,还增加了数据的可靠性。

无论是数据的收集、分析,还是基于数据的决策,对于大多数企业来讲,都是非常重要的。然而仅仅进行数据分析是不够的,唯有数据可视化才能真正展现数据的价值。将数据转化为直观的可视化的图表,就能清晰地观察到数据变动的趋势,才能发现数据背后的问题。

三、数据可视化工具

1. Excel 数据可视化

Excel 是微软(Microsoft)公司针对 Windows、macOS、Android 和 iOS 多种操作系统开发的电子表格软件。作为 Microsoft Office 的一部分,Excel 与 Word 及 PowerPoint 并

称"微软三剑客"。Excel除了具备常用的计算功能、图表工具、数据透视表等,还支持Visual Basic宏语言(Visual Basic for Applications,VBA),它使Excel形成了独立的编程环境。使用VBA和宏,用户可以将手工操作自动化,从而提高工作效率。

  Excel凭借简洁直观的界面、强大的计算功能和丰富的图表工具,再加上广泛的用户群体和大量的使用推广,成为企业运营中的必备工具。Excel拥有强大的数据库及丰富的函数,支持多种方式的数据图表、图形自动可视化,支持用户自定义图形、图表,能同时满足用户从入门到高级数据分析呈现的不同需求。

  图表是常用的Excel可视化方法,具体介绍如下。

  Excel提供内置条形图、柱形图、折线图、面积图、饼图、圆环图、散点图、气泡图及组合图等多种图表(图4-1),这些图表涵盖了二维平面图和三维立体图等多种形式。

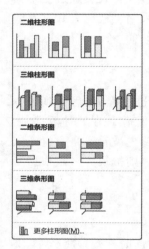
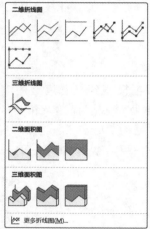
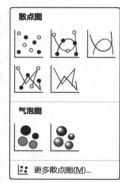
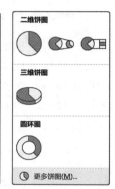

图4-1 Excel中的图表示例

  作为基本的图表形式,二维柱状图常用来比较数值大小。

  从表4-2、图4-2中可以直观地了解某景区不同省(区、市)游客数量上的差异,柱状图的横轴代表了不同省(区、市),纵轴则表示一年内该景区游客数量。在Excel中生成二维柱状图的方法也较为简单,首先下载并且打开"柱状图表格示例"的Excel文件。然后选择需要的数据,因为生成的图表是需要比较主要客源地的订单数量,所以只需要选择订单数量即"游客数量"大于等于60000的信息即可。之后在Excel上方的工具栏中选择"插入",再点击"推荐的图表"。

表4-2 柱状图表格示例

省(区、市)	游客数量	占比/(%)
上海市	158974	10.89
广东省	118964	8.15
北京市	100972	6.92
河南省	98961	6.78

续表

省(区、市)	游客数量	占比/(%)
陕西省	97834	6.70
天津市	97121	6.66
湖北省	88962	6.10
海南省	78965	5.41
浙江省	75956	5.20
山东省	65960	4.52
江苏省	63955	4.38
河北省	58950	4.04
湖南省	49637	3.40
重庆市	48975	3.36
四川省	31966	2.19
山西省	30951	2.12
安徽省	26957	1.85
甘肃省	24586	1.68
江西省	23959	1.64
辽宁省	21952	1.50
青海省	21323	1.46
福建省	20958	1.44
吉林省	12953	0.89
宁夏回族自治区	10158	0.70
广西壮族自治区	7256	0.50
黑龙江省	5954	0.41
新疆维吾尔自治区	5897	0.40
云南省	5388	0.37
内蒙古自治区	2385	0.16
贵州省	1543	0.11
西藏自治区	978	0.07
合计	1459350	100

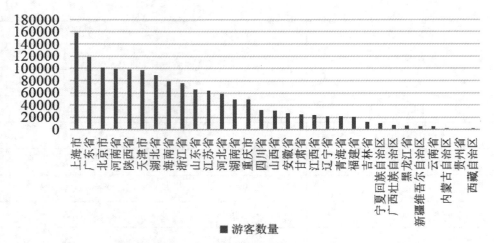

图 4-2　某景区不同省(区、市)游客数量

(2) 利用三维柱状图比较地区差异。

在实际的运营过程中,虽然运营者可以通过二维柱状图来比较不同数值的大小,但是因为图表形式的限制,二维柱状图所能承载的信息量有限。如在图 4-2 中,即便景区运营者已经通过二维柱状图了解了各省(区、市)游客数量的差异,但是无法结合地理信息获得一个直观的结论,比如是否某一省(区、市)的游客更多? 或者是否不同省(区、市)游客数量差异明显? 而这些问题可以通过三维柱状图来解决,通过 Excel 自带的"三维地图"功能直接生成三维柱状图。

(3) 利用排列图分析累加数值。

在电商运营领域,也有着运营从业者熟知的"二八分布"现象,即"20%的区域与用户占据了 80%的市场份额"。虽然在实际的运营过程中其数值的比例不一定像"二八分布"一样精确,但是小比例人口与区域占据大比例市场的现象却十分常见。因此,为了能够通过图表找到那 80%的市场,运营需要借助 Excel 中的排列图来分析。

图 4-3 中,横轴代表了不同的省(区、市),左纵轴代表了不同省(区、市)的游客数量,右纵轴代表了各省(区、市)累计的游客数量占游客总数量的比例。因此,如果景区运营者想要知晓本景区 80%的市场份额来自哪些省(区、市),就可以先从右纵轴中找到 80%的数值,然后再通过省(区、市)对应关系找到相关联的主要客源地。

2. ECharts 数据可视化

ECharts 是一款基于 JavaScript 的开源数据可视化图表库,能提供直观、美观、可交互、可个性化定制的数据可视化图表,能方便流畅地直接运行在计算机、手机的主要浏览器上。ECharts 最初由百度团队开发,于 2018 年初捐赠给 Apache 基金会,成为 ASF 孵化级项目。于 2021 年 1 月正式成为 Apache 顶级项目。

与 Excel 相比,ECharts 提供的图表展现形式更丰富多彩,使用者只需下载相关组件,了解 JavaScript 的基本编程方法,就能将提供的图表应用在不同项目中。

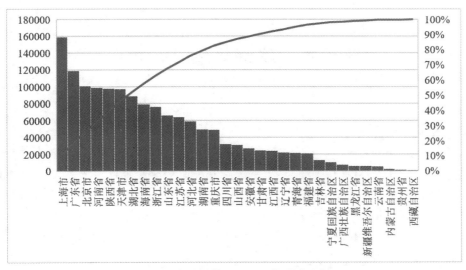

图 4-3　某景区各省(市、区)游客数量占比

3. Python 数据可视化

1) Python 介绍

Python 诞生在 1990 年初,创始人是荷兰国家数学与计算机科学研究中心的吉多·范罗苏姆(Guido van Rossum)。Python 作为一种新兴的计算机程序设计语言,与 Java、C 语言等其他面向对象编程语言相比,有着入门容易、简单高效的特点,是目前非常受欢迎的一门编程语言。Python 可以让初学者把精力集中在编程对象和思维方法上,而不用去担心语法、类型等外在因素。

Python 语法和动态类型,以及解释型语言的本质,使它成为多数平台上写脚本和快速开发应用的编程语言,随着版本的不断更新和语言新功能的添加,逐渐应用于独立的、大型项目的开发。

2) Python 可视化

Python 可视化通过导入不同的可视化库,实现基于不同可视化库的丰富多样的可视化图表,从而支持用户进行自定义编程。

(1) Matplotlib。

Matplotlib 基于 Python 的绘图库,提供完全的 2D 图形支持和部分 3D 图形支持。在跨平台和互动式环境中生成高质量数据时,Matplotlib 能发挥显著作用。Matplotlib 还可以用于动画制作。

(2) Seaborn。

Seaborn 是基于 Matplotlib 库的可视化程序库,可提供更多展示信息量和界面选择,实现了 Matplotlib 的便捷调用,能够生成复杂的可视化图形。Seaborn 具有内置主题、调色板、可视化单变量数据、双变量数据等多种功能,如线性回归数据、数据矩阵及统计型时序数据等。

学习任务九　旅游数据的统计与预测

任务描述

　　旅游数据的统计与预测任务专注于对旅游行业相关数据进行系统性收集、整理、统计，并基于这些历史数据和当前趋势，运用统计学方法、时间序列分析等多种技术手段，对未来旅游市场的表现、游客行为、旅游需求等进行科学预测。此任务要求分析人员具备扎实的统计学基础、敏锐的市场洞察力以及熟练的数据处理技能，以确保统计结果的准确性和预测模型的有效性。

任务目标

　　通过本任务的学习，能够科学地选择旅游数据的统计数据源，确保从各种渠道收集的旅游数据（如游客数量、旅游收入、酒店预订量、航班信息等）准确无误，并覆盖旅游市场的各个方面，为后续分析提供坚实的数据基础。

　　旅游客流统计一直以来都是旅游统计中的核心内容，是衡量旅游市场运行程度的重要指标。从国内旅游人数统计到某个景区、景点的客流量统计，旅游客流统计包含从时间到空间多个维度数据的考量。传统的客流统计方式是通过电话调查或现场问卷调查，推算全国或地方旅游客流量。这种方法存在统计规则执行松紧不一、统计时段不同、问卷信息量有限、受访者答复较为含糊、统计数据易受行政干预等问题，统计乱象频发。在智能手机等移动设备高度普及的背景下，海量数据提供的样本量大大超出传统调查能够获取的数据总量。大数据技术的运用能够让客流统计打破空间局限，在时效性、连续性等方面实现科学、准确的计算，同时机器学习的智能性降低了人工成本，较传统统计方式具有明显优势。

一、旅游客流统计数据源的选择

　　根据客流监测场景，可以选择不同的数据源进行客流统计，下面将根据时空分布范围大小判断最优数据源选择。

（一）针对省域、市域空间范围的客流统计

　　可以采用GPS、LBS基站定位方式，如我国假日客流统计是利用手机信令数据监测全国假日客流，此类数据因具有时效性强、覆盖面广、稳定性高等特点而被广泛应用。

（二）针对封闭式旅游景区、文博馆、商业场所的客流统计

可以采用Wi-Fi定位、视频AI定位技术进行监测，此类环境地域限制较明显，小范围内的客流监控较为精确，能够实现区域内人群流动轨迹的判断，视频AI定位技术甚至可以精确到个人移动位置的确定。

（三）针对开放性景区、旅游吸引物、城市内具体旅游景点的客流统计

可以在LBS定位技术的基础上采用网格划分的方法在客流监测区域划定电子围栏，将统计区域划分为100×100平方米单位的网格，并进行网格编号和位置标注，进行用户网格定位，进一步缩小客流监控区域。如对某区域进行客流量监测，可以用电子围栏对该区域所在范围进行网格划分，当手机信令和附近基站建立联系时，后台会对围栏内的手机信令数据进行筛选，保留围栏内的有效数据，实现精准统计。

（四）针对空间范围更小的商业街道的客流统计

在LBS定位、Wi-Fi定位数据可能不准确，网格又无法划分的情况下，可以使用视频AI定位技术，通过安装智能摄像头跟踪游客轨迹。

使用大数据技术进行客流统计的现实意义体现在庞大的数据覆盖范围、数据的时效性以及其基础数据和动态数据在广度、深度上不断强化上。从数据采集设备方面来看，一年365天每天24小时不间断地获取数据，同时保持数据更新的实时性、采样周期的可调节性，以及跨区域空间数据的衔接，位置数据精度可达米级、亚米级甚至分米级，充分体现了定位信息技术的精准，大体量月度活跃用户和多方数据交互形成的大体量数据源，足以体现数据来源的准确度。

二、大数据技术在客流统计中的应用

（一）小区域尺度：景区、景点客流量监测

目前客流密度大的国内景区均配置了基站信令接口，用于收集辖区通过人数，然后与运营商用户数据进行对比，计算景区实时游客数量，并且利用相关设备模拟更直观的游客数量趋势图。大数据平台集数据整合、数据处理、数据分析及可视化等功能于一体，帮助用户挖掘数据背后的逻辑，及时发现并解决问题。游客客流监测系统在客流统计中发挥着重要作用，具体用于：

（1）实时客流统计，基于运营商或互联网公司的LBS定位技术手段，实现对平台各重点景区游客流量的实时监测。通过该系统实时展示区域内部客流分布情况，并直观地比较各级景区接待人数，对客流进行实时统计分析。

（2）历史客流分析，通过单日每小时客流统计、单日接待客流统计、周客流统计、月度客流统计、年度客流统计，分析客流时间分布特征，即游客平均驻留时间、客流高峰时段、淡旺季客流量、假日客流人数等，同时分析客流空间分布特征，即景区客流分布、游客流向等。

（二）大区域尺度：全国旅游市场客流量监测

全国范围的旅游客流大数据统计主要采用位置数据和抽样调查结合的方式，监测全国旅游规模和游客行为特征，既可以计算全国旅游市场游客规模，也可以"下算一级"，计算省、地级市旅游市场的游客量，既可以监测旅游市场整体特征，也可以监测乡村游、都市游等专项旅游市场的规模和特征。

中国旅游研究院（文化和旅游部数据中心）都市游专项市场客流统计是利用全国范围内的手机信令数据对满足都市游条件的用户进行统计。手机信令数据不仅能够统计全国及地方都市客流量，还可以测算出游时长、出游距离和过夜率，进而分析我国区域市场都市游发展情况，并通过连续监测获得客流量年度变化趋势。

三、基于搜索引擎数据的旅游人数预测的案例

游客人数预测是目的地管理、旅游经济发展中的重要课题。游客人数对于游客体验、目的地安全预警、服务设施建设、精细化管理、产业经济规模发展等都有重要意义。在基本统计数据基础之上，下面以5A级旅游景区清明上河园为例，融合搜索引擎数据和环境数据对目的地游客人数进行时序建模预测，以达到更准确、及时的预测。

1. 数据来源

（1）百度指数。

百度指数是以百度海量网民行为数据为基础的数据分析平台。本案例是在百度指数搜索引擎中搜索"清明上河园"所对应的搜索频次（图4-4）。在百度指数中，限定关键词的搜索时间为2011年1月1日到2021年12月31日，包括全国数据和分省数据，分别按年、月、周、法定节假日等不同时段进行统计。

图4-4 清明上河园百度搜索数据

(2) 天气数据。

由于清明上河园景区大部分活动都位于室外,季节、天气状况、空气质量等因素对游客出行和游览都会产生影响。其中,"天气状况"是影响游客数量的一个重要因素。从国家气象中心获取到 2011 年 1 月 1 日到 2021 年 12 月 31 日开封的每日气象数据,按月和年分别整理。

(3) 景区游客人数。

从旅游行政管理部门和景区获取相同时段的景区游客数量,分别按年、月、周、法定节假日等不同时段进行统计。

2. 预测方法

采用过往统计数据和百度指数预测清明上河园游客数量。对历年清明上河园游客数量做序列图,观察游客数量的时间变化趋势、变化周期性,用一般分差模型对比季节模型的预测效果;增加百度指数数据和历史天气数据,对比新增数据源对预测结果有无优化。

实训任务四
Python 数据实现可视化基本操作

实训预习

Python 已经成为目前高薪职位的办公必备技能之一。对于很多非技术型岗位,招聘企业已经明确要求应聘人员必须掌握使用 Python 进行自动化办公和数据分析的技能。掌握 Python 编程语言及其数据可视化库的基础知识,能够实现对给定数据集的基本可视化操作,包括选择合适的可视化类型、将数据转化为图表形式以清晰展示数据特征和趋势,学会定制图表的外观和布局,制作出专业、美观的可视化作品,进而提升数据处理、分析和可视化的综合能力,为后续更复杂的数据分析和可视化项目打下坚实的基础。

实训目的

学会如何根据数据的特性选择恰当的可视化类型(如柱状图、折线图、散点图、饼图等),以及如何进行图形的定制化(如调整颜色、字体、图例等),从而有效地将数据转化为直观、易于理解的视觉形式。

实训要求

利用 Python 编程语言及其强大的数据可视化库(如 Matplotlib 等),对给定的数据集进行可视化处理。

实训方法

使用 Jupyter Notebook 开发工具来完成常用的数据可视化操作。

操作步骤

1. Anaconda 的安装

(1) Anaconda 官网界面(图 4-5)。

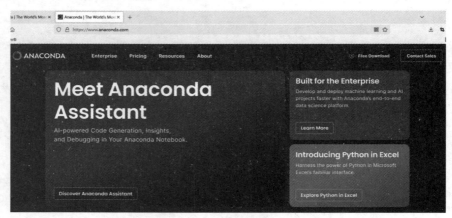

图 4-5　Anaconda 官网界面

(2) Anaconda 下载界面(图 4-6)。

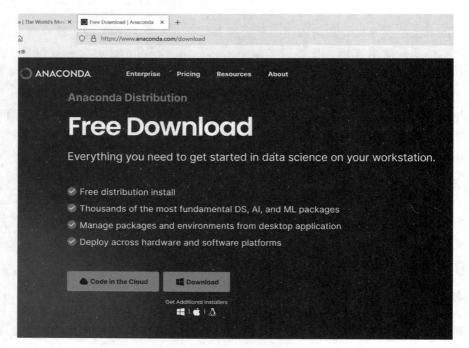

图 4-6　Anaconda 下载界面

（3）Anaconda安装包下载（图4-7）。

图4-7　Anaconda安装包下载

（4）Anaconda运行界面（图4-8）。

图4-8　Anaconda运行界面

（5）Jupyter Notebook开发工具界面（图4-9）。

图 4-9　Jupyter Notebook 开发工具界面

（6）Jupyter Notebook 开发工具新建任务界面（图 4-10）。

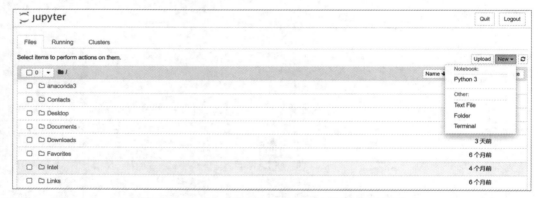

图 4-10　Jupyter Notebook 开发工具新建任务界面

2. Matplotlib 的安装环境

（1）若使用 Python 环境，则在命令行中输入安装命令"pip install matplotlib"进行安装。

（2）若使用 Anaconda 环境，就不用再安装了，因为此环境自带了 Matplotlib 库。

（3）在 Jupyter Notebook 环境中，使用安装命令"!pip install matplotlib"。注意这里的叹号不能省略。

3. Python 简单图形绘制

（1）绘制简单图表（图 4-11）。代码如下：

```
import matplotlib.pyplot as plt
plt.plot([1, 2, 3, 4, 5])
plt.show()
```

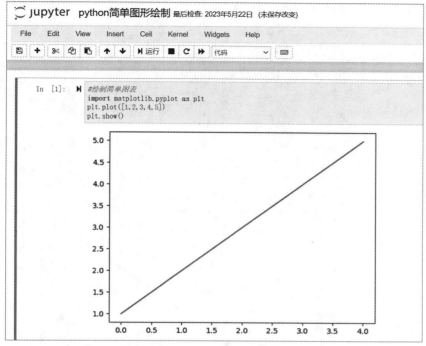

图 4-11　绘制简单图表

（2）绘制散点图（图 4-12）。代码如下：

```
import matplotlib.pyplot as plt
plt.plot([1, 2, 3, 4, 5], [2, 10, 6, 7, 11], "gv")
plt.show()
```

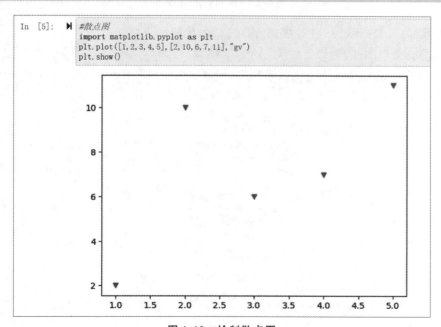

图 4-12　绘制散点图

(3) 绘制简单折线图(图4-13)。代码如下:

```
import matplotlib.pyplot as plt
x=range(1, 15, 1)
y=range(1, 42, 3)
plt.plot(x, y)
plt.show()
```

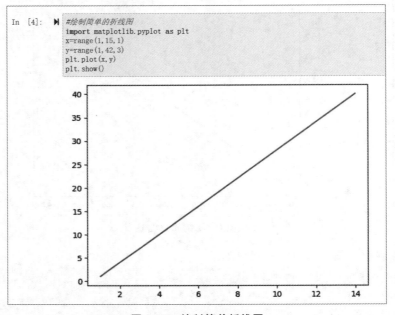

图4-13 绘制简单折线图

(4) 绘制气温折线图,查看数据(图4-14)。代码如下:

```
import pandas as pd
df=pd.read_excel('天气预报.xlsx')
df.head()
```

In [8]:

```
#绘制气温的折线图
import pandas as pd
df=pd.read_excel('天气预报.xlsx')
df.head()
```

Out[8]:

	日期	温度
0	2021-04-29	22
1	2021-04-30	20
2	2021-05-01	24
3	2021-05-02	23
4	2021-05-03	25

图4-14 查看数据格式

Note

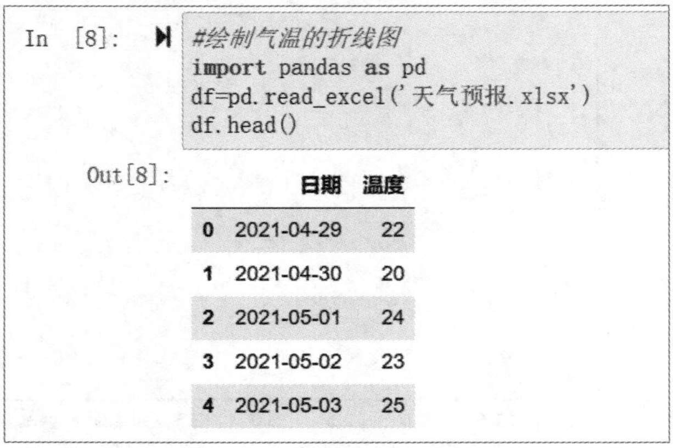

(5) 绘制天气预报折线图(图4-15)。代码如下:

```
import pandas as pd
import matplotlib.pyplot as plt
df=pd.read_excel('天气预报.xlsx')
x=df['日期']
y=df['温度']
plt.plot(x, y)
plt.show()
```

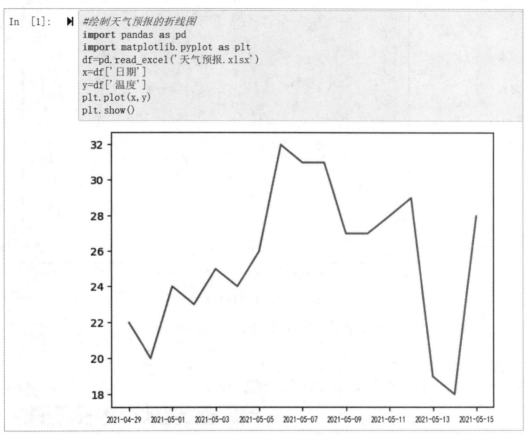

图4-15　绘制天气预报折线图

(6) 绘制天气预报折线图,设置折线的颜色和样式(图4-16)。代码如下:

```
import pandas as pd
import matplotlib.pyplot as plt
df=pd.read_excel('天气预报.xlsx')
x=df['日期']
y=df['温度']
plt.plot(x, y, marker='o', color='r')
plt.show()
```

In [17]:
```
#绘制天气预报的折线图
import pandas as pd
import matplotlib.pyplot as plt
df=pd.read_excel('天气预报.xlsx')
x=df['日期']
y=df['温度']
plt.plot(x,y,marker='o',color='r')
plt.show()
```

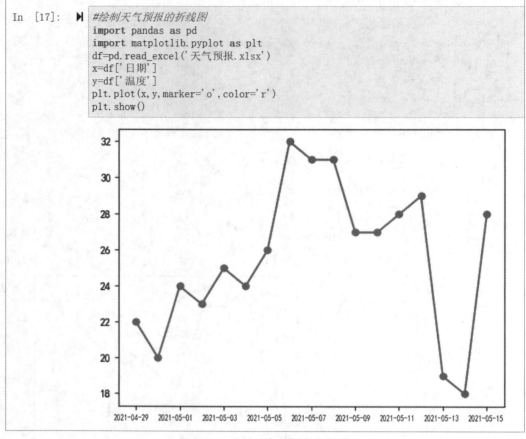

图 4-16　设置线条的颜色和样式

设置线条的颜色参数和样式参数分别如图 4-17、图 4-18 所示。

- **图表的常用设置**
  - matplotlib.pyplot.plot的color参数设置线条颜色
  - 颜色设置
    - 通用颜色
    - 其他颜色
      - 浮点形式的RGB或RGBA元组
      - 十六进制的RGB或RGBA字符串
      - 0-1之间的小数作为的灰度值
      - {'b','g','r','c','m','y','k','w'}其中任取
      - X11/CSS4中规定的颜色名称
      - Xkcd中指定的颜色名称
      - Tableau调色板中的颜色{'tab:blue','tab:orange'}
      - CN格式的颜色循环

设置值	说明	设置值	说明
b	蓝色	m	洋红色
g	绿色	y	黄色
r	红色	k	黑色
c	蓝绿色	w	白色
#FFFF00	黄色	0.5	灰度值字符串

图 4-17　设置线条的颜色参数

图表的常用设置

- matplotlib.pyplot.plot的linestyle参数设置颜色设置线条样式
- 线条样式设置
  - 实线'-'
  - 双划线'--'
  - 点划线'-.'
  - 虚线':'
- 标记样式
  - marker参数，设置标记样式

设置值	说明	设置值	说明
.	点标记	1	下花三角标记
,	像素标记	2	上花三角标记
o	实心圆标记	3	左花三角标记
v	倒三角标记	4	右花三角标记
^	上三角标记	s	实心正方形标记
>	右三角标记	p	实心五角形标记
<	左三角标记	*	星形标记

图 4-18　设置线条的样式参数

（7）绘制天气预报折线图，设置画布（图4-19）。代码如下：

```
import pandas as pd
import matplotlib.pyplot as plt
df=pd.read_excel('天气预报.xlsx')
plt.figure(facecolor='yellow', figsize=(10, 6))#设置画布
x=df['日期']
y=df['温度']
plt.plot(x, y, marker='o', color='r', markerfacecolor='w')
plt.show()
```

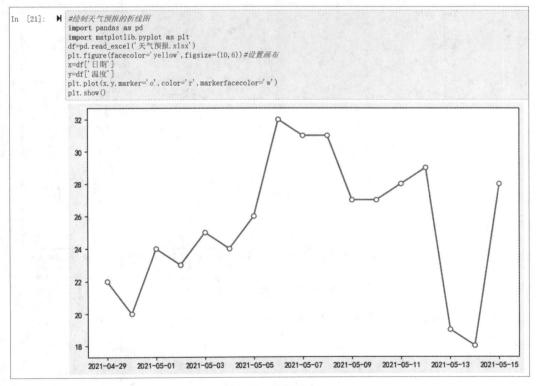

图 4-19　设置画布

（8）绘制天气预报折线图，设置坐标轴标题（图4-20）。代码如下：

```
import pandas as pd
import matplotlib.pyplot as plt
df=pd.read_excel('天气预报.xlsx')
#用于处理中文
plt.rcParams['font.sans-serif']=['SimHei']
plt.figure(facecolor='yellow', figsize=(10, 6)  )
x=df['日期']
y=df['温度']
plt.xlabel('2021五一')
plt.ylabel('室外温度')
plt.plot(x, y, marker='o', color='r', markerfacecolor='w')
plt.show()
```

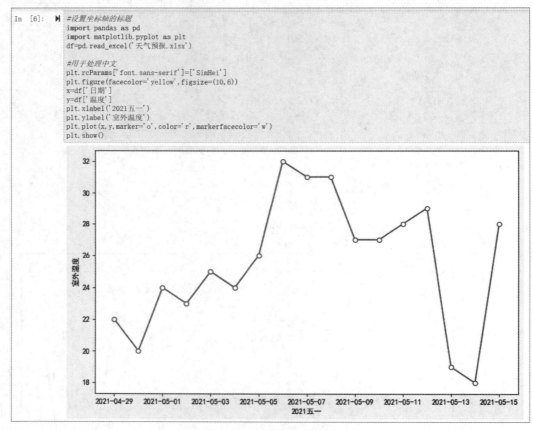

图4-20　设置坐标轴标题

添加文本标签的位置参数如图4-21所示。

项目四 旅游数据分析与可视化

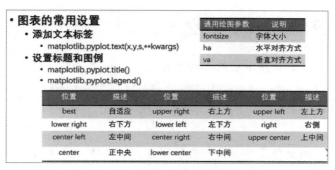

图 4-21 添加文本标签的位置参数

（9）绘制不同样式的线条（图 4-22）。代码如下：

```
import matplotlib.pyplot as plt
x=[1, 2, 3, 4, 5]
y=[10, 20, 30, 40, 50]
plt.plot(x, y, color='r', linestyle='-.')
y=[10, 15, 20, 25, 30]
plt.plot(x, y, color='b', linestyle='-')
y=[10, 13, 16, 19, 22]
plt.plot(x, y, color='g', linestyle=':')
y=[10, 18, 26, 34, 42]
plt.plot(x, y, color='pink', linestyle='--')
```

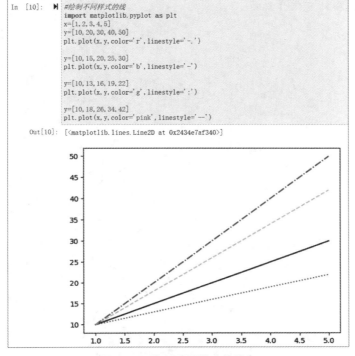

图 4-22 绘制不同样式的线条

教学互动
Jiaoxue Hudong

旅游大数据分析的逻辑和流程是什么？

项目小结

本项目详细介绍了旅游大数据处理及分析过程中常用的工具，深入阐述了数据可视化的基本原理和方法，展示了常见的数据可视化类型，如柱状图、折线图、饼图等，并详细讲解如何在旅游大数据分析中应用这些可视化方法，揭示数据的内在规律和趋势。项目最后重点介绍旅游数据的统计与预测方法，通过旅游数据的分布特征、相关性和差异性等预测未来旅游市场的发展趋势和游客行为等。

项目训练

一、知识训练

请扫描边栏二维码答题。

二、能力训练

根据某一省份5A级旅游景区的百度指数数据，可以统计哪些旅游统计指标，这些指标有何作用？

模块三 旅游大数据场景应用

项目五
基于大数据的旅游管理

 项目描述

本项目主要探讨大数据在旅游管理中的应用场景、方法与价值。通过本项目任务的学习,了解和掌握大数据在旅游管理部门、景点景区、旅游酒店、旅行社等管理运营领域的分析应用渠道、内容、场景、技术、方法、模型、策略、价值及影响等,培养其从管理运营者的角度和维度获取、分析、筛选、应用旅游大数据的综合素质和能力,满足大数据赋能旅游发展背景下行业对具备大数据思维和综合技能的高素质复合型旅游人才的需求。

 项目目标

知识目标

1. 理解旅游大数据分析应用的概念、内涵和作用;
2. 理解旅游管理部门分析应用旅游大数据的方法、用途、应用场景,以及对智慧旅游的监管内容和方法途径;
3. 理解旅游景区大数据分析的概念、内涵及意义;
4. 理解旅游大数据在酒店服务和管理的分析应用方法和价值内涵;
5. 理解旅行社行业大数据基本理论、应用领域及内容。

能力目标

1. 具备数据分析能力,掌握旅游数据分析流程与方法,能熟练运用各种数据分析工具进行旅游管理数据的收集、整理、分析和解读;
2. 具备数据技术运用能力,掌握和应用旅游大数据分析的相关工具和技术,提高在旅游管理实际工作中快速、高效、精准解决问题的能力;
3. 具备创新思维能力,基于大数据的分析,增强对旅游行政、景点景区、酒店、旅行社管理和服务的深入理解,推动新的管理理念和策略的创新。

素养目标

1. 培养敬业爱岗精神,强化高度重视应用旅游大数据提升旅游管理和服务能力的意

识,转变管理与服务工作作风;
2. 培养人文关怀理念,增强利用大数据提高精准旅游管理与服务的综合素养;
3. 培养大国工匠精神,强化利用大数据精益求精掌握应用流程与方法,优化旅游管理流程,提升管理效率,推动旅游业持续高质量发展。

思维导图

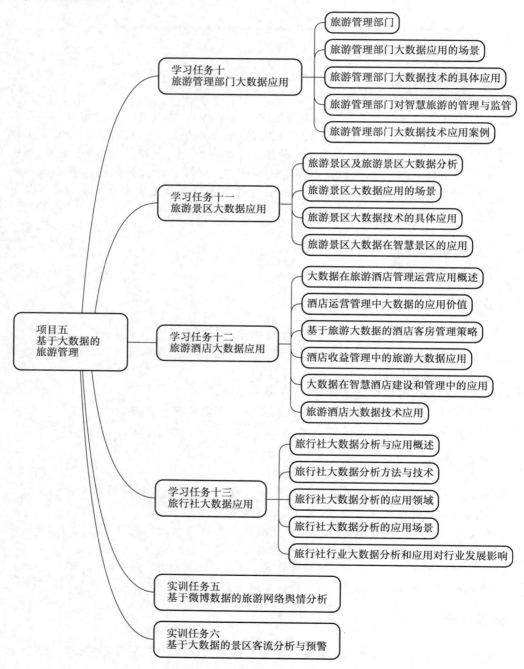

 **项目引入**

丽江借旅游大数据蝶变升级

近年来,丽江旅游的负面新闻不断见诸报端,使丽江旅游形象屡受重创。丽江市委、市政府针对当前丽江旅游发展中存在的突出问题,决心整治并规范旅游市场秩序,加强综合监管,提高旅游服务质量,巩固并提升丽江旅游良好形象。

为此,丽江市携手九次方大数据建成了集智能预警、科学预测、辅助决策和联动应急处理等功能于一体的旅游综合治理及服务大数据平台。

该平台依托丽江市多年来积累沉淀的雄厚旅游数据,利用大数据智能预警、科学预测和可以辅助决策的特点,融入全网舆情数据实时监测、分析预警预测、联动处置决策、联动应急处置、综合治理优化等功能,实现城市综合治理智能化、配套管理服务现代化的目标,通过大数据提高旅游行业的管理水平,维护政府和旅游相关企业的良好形象。

(资料来源:https://www.360kuai.com/)

剖析

学习任务十　旅游管理部门大数据应用

 任务描述

本学习任务主要介绍旅游管理部门对旅游大数据的分析应用。通过指导学生认知旅游管理部门的工作范围,掌握旅游大数据及其应用的基本概念和用途,夯实大数据应用基础,了解旅游管理部门分析应用旅游大数据的方法、用途和应用场景,以及对智慧旅游监管的内容及方法。培养学生从管理者的角度出发,获取、分析和应用旅游大数据的综合素质和能力。

 任务目标

了解旅游管理部门范围;掌握旅游管理大数据应用基础理论;掌握旅游管理部门应用大数据的技术、方法和途径;了解旅游管理部门应用大数据的用途;理解旅游管理部门对智慧旅游的监管内容和考评标准。

一、旅游管理部门

旅游管理部门是指负责管理和促进旅游业发展的政府机构或组织,是县级以上人民政府中负责旅游工作的机构,主要包括专门机构与非专门机构。专门机构是指单独设置的专门负责旅游工作的政府机构,如文化和旅游部、省旅游厅、市旅游局及旅游委员会等,均属专门设立的机构。专门机构根据是否属于政府组成部门可分为属于政府组成部门和不属于政府组成部门。非专门机构是指非单独设置的负责旅游工作的政府机构。非专门机构可分为由其他部门主管旅游工作的机构与由其他工作合并起来设置的机构。此外,有些地方在专门的区域范围内设立管理委员会等机构,主管区域范围内的旅游工作。根据《中华人民共和国旅游法》第八十三条规定:县级以上人民政府旅游主管部门和有关部门依照本法和有关法律法规的规定,在各自职责范围内对旅游市场实施监督管理。

旅游管理部门泛指为管理旅游工作的各级各类工作部门,包括旅游企事业单位主管或分管旅游工作的部门。

旅游管理部门通过分析和应用旅游大数据,可以实现对资源、市场、客户等各个要素的定量把控,支撑和实现旅游业的精准管理。图5-1和图5-2所示为中华人民共和国文化和旅游部数据统计和政务数据,这些数据和信息可以为文化和旅游部宏观管理全国旅游业整体发展、统筹布局、调整结构、监管制度等方面提供数据支持和决策参考。

图5-1 文化和旅游部数据统计

图 5-2 文化和旅游部政务数据

二、旅游管理部门大数据应用的场景

大数据应用可以帮助旅游管理部门更好地规划、管理和推进旅游业发展。下面介绍几个具体的应用场景。

(一)旅游目的地规划和管理

旅游管理部门通过分析大量的旅游数据,如游客数量、游客特征、游客需求等,能够了解旅游目的地的热门程度、游客流动情况等信息。管理部门根据这些数据可以科学地制定目的地规划和管理策略,合理利用旅游资源,提升服务质量,优化旅游环境。某地区智慧景区服务中心通过资源整合,构建综合管理平台,将景区数据可视化展示,为景区管理运营监控、应急指挥、资源调度提供辅助决策(图5-3)。

图 5-3 智慧景区云服务中心建设规划示意图

（二）旅游市场调研和预测

旅游管理部门通过分析旅游市场大数据，如旅游消费、旅游品牌需求、旅游预订情况等，了解市场的需求和趋势。旅游管理部门可以根据这些数据预测市场发展趋势，制定相应的旅游政策和推广策略，吸引更多游客。

（三）旅游市场安全与分析监测

旅游管理部门通过分析旅游数据，如游客投诉、事故事件、安全指标等，可以识别旅游目的地的安全风险，从而及时预警，消除潜在的安全问题。旅游管理部门可以借助大数据技术，建立安全风险监测系统，增强旅游目的地的安全管理和应急响应能力。如图5-4所示，文化和旅游部通过全国文化和旅游市场网上举报投诉处理系统，借助大数据及相关信息，有效开展风险监控、应急响应和安全管理，提高了旅游安全和风险管理的效率。

图5-4　全国文化和旅游市场网上举报投诉处理系统

（四）旅游产品和服务优化

旅游管理部门通过分析游客的反馈和评价数据，包括旅游景区的满意度、游客体验等，可以了解游客对旅游产品和服务的需求和评价。旅游管理部门可以根据这些数据改进旅游产品和服务，提高游客的满意度和忠诚度。

（五）旅游数据共享和协同

大数据技术可以帮助旅游管理部门与其他相关部门实现数据的共享和协同。通过整合和分析不同部门的旅游数据，可以提高资源利用效率，优化旅游产业链的各个环节，推动旅游业的协同发展。管理部门借助旅游大数据共享协同平台，可有效加强与相关部门、单位的资源共享，信息互动，推动省域或区域旅游业的协调高效发展。海鳗云旅游大数据共享协同平台如图5-5所示。

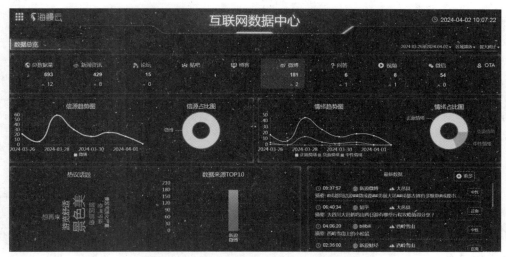

图 5-5　海鳗云旅游大数据共享协同平台

总之，大数据的应用为旅游管理部门提供数据支持和决策参考，帮助旅游管理部门更好地规划和推进旅游业发展，提高管理效率和服务质量。

三、旅游管理部门大数据技术的具体应用

随着互联网、5G、大数据、云计算等技术的快速发展，旅游管理部门在实现旅游信息互联互通、旅游行业协同办公、整合营销、加强旅游行业监管、提升旅游公共服务质量、保障旅游安全等方面，对大数据的应用需求越来越迫切，旅游管理部门应用大数据的需求图示如图 5-6 所示。

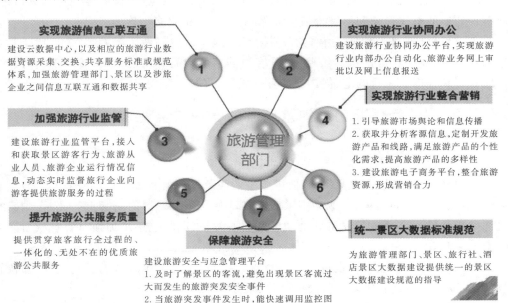

图 5-6　旅游管理部门应用大数据的需求图示

2023年"五一"假期国内旅游2.74亿人次出游 收入1480.56亿元

旅游管理部门大数据应用比较广泛,主要包括以下几方面。

（一）旅游目的地管理

旅游管理部门可以利用大数据分析游客的旅游行为和偏好,了解他们对目的地的需求和兴趣。通过收集和分析游客的浏览记录、关键词搜索信息和社交媒体数据,旅游管理部门可以了解游客对不同景点、活动和文化体验的兴趣,从而制定相关旅游产品和相应的推广策略。

（二）游客流量预测与管理

利用大数据分析游客的历史行为和实时位置数据,旅游管理部门可以预测游客的到访时间、数量和流动路径。通过分析客流热点和密度,旅游管理部门可以优化景点布局和设施配置,进而提升游客体验,减少拥堵现象和游客的排队等待时间,从而提高游客满意度。

（三）旅游市场调研和推广管理

旅游管理部门可以利用大数据分析市场需求和竞争情况。通过分析游客的浏览、搜索数据以及购买行为数据,旅游管理部门可以了解游客的旅游偏好和需求,制定精准的推广策略和市场营销方案。此外,通过分析社交媒体的话题和趋势,旅游管理部门可以抓住热门话题和事件,提升目的地的知名度和吸引力。

（四）旅游用户反馈和满意度调查管理

利用大数据分析游客的评价和反馈,旅游管理部门可以了解游客的满意度和需求,及时回应游客的投诉和问题,改进旅游产品和服务。通过分析游客的评价和口碑,旅游目的地的整体形象和品牌价值可以得到提升,吸引更多游客。

由此可见,通过大数据技术应用,旅游目的地可以更好地了解游客需求,优化景点布局和设施,制定精准的推广策略,提升客户满意度和品牌价值,旅游管理部门可以更好地管理和推广旅游目的地,促进旅游业的发展,提高竞争力。

四、旅游管理部门对智慧旅游的管理与监管

（一）国家对智慧旅游的多元管理

2014年8月,国务院印发《关于促进旅游业改革发展的若干意见》,一时间,"若干意见"成为旅游业界的热词,也成为国家政策推动智慧旅游发展的新起点。此后,国家相关部门相继推出多项政策支持和推动智慧旅游发展,同时也逐步加强对智慧旅游发展的指导和监管。

《关于促进旅游业改革发展的若干意见》明确提出加强旅游基础设施建设,加快智慧景区、智慧旅游企业建设,完善旅游信息服务体系。

2015年1月10日,国家旅游局印发《关于促进智慧旅游发展的指导意见》,该意见分总体要求、主要任务、保障措施三大部分十八条。其中,主要任务包括夯实智慧旅游

发展信息化基础、建立完善旅游信息基础数据平台、建立游客信息服务体系、建立智慧旅游管理体系、构建智慧旅游营销体系、推动智慧旅游产业发展、加强示范标准建设、加快创新融合发展、建立景区门票预约制度、推进数据开放共享。加快改变旅游信息数据逐级上报的传统模式,推动旅游部门和企业间的数据实时共享。

2018年3月,国务院办公厅印发《关于促进全域旅游发展的指导意见》,就加快推动旅游业转型升级、全面优化旅游发展环境、走全域旅游发展的新路子等作出部署。

2019年12月,发改委等多部门联合出台《关于改善节假日旅游出行环境促进旅游消费的实施意见》,大力发展智慧景区,鼓励智慧景区建设,充分运用虚拟现实(VR)、4D、5D等技术打造立体、动态展示平台,为游客提供线上体验和游览线路选择。鼓励各地积极提高智慧旅游服务水平,重点推进门票线上销售、自助游览服务,推进全国4A级以上旅游景区实现手机应用程序(App)智慧导游、电子讲解等智慧服务。

2020年11月,国务院常务会议确定了支持"互联网+旅游"发展的措施。一是支持建设智慧旅游景区,普及电子地图、语音导览等服务,打造特色景区数字展览馆等,推动道路、旅游厕所等数字化建设。二是鼓励景区加大线上营销力度,引导云旅游等新业态发展,出台规范发展互联网+旅游民宿的措施。为老年人等特殊群体保留线下服务。三是完善包容审慎监管,加强旅游安全监测和线上投诉处理,打击坑蒙拐骗。

2021年1月,文化和旅游部发布的《开好局起好步 推动文化和旅游工作开创新局面 2021年全国文化和旅游厅局长会议工作报告摘要》中提出,要加快推进以数字化、网络化、智能化为特征的智慧旅游。

2021年12月,国务院印发的《"十四五"旅游业发展规划》提出,创新智慧旅游公共服务模式,有效整合旅游、交通、气象、测绘等信息,综合应用第五代移动通信(5G)、大数据、云计算等技术,及时发布气象预警、道路通行、游客接待量等实时信息,加强旅游预约平台建设,推进分时段预约游览、流量监测监控、科学引导分流等服务。

2023年4月,工业和信息化部、文化和旅游部共同印发的《关于加强5G+智慧旅游协同创新发展的通知》提出,到2025年,我国旅游场所5G网络建设基本完善,5G融合应用发展水平显著提升,产业创新能力不断增强,5G+智慧旅游繁荣、规模发展。

(二)智慧旅游

1. 智慧旅游的概念

智慧旅游,又称为智能旅游,是利用云计算、物联网等新技术,通过互联网/移动互联网,借助便携的终端上网设备,主动感知旅游资源、旅游经济、旅游活动、游客等方面的信息,及时发布,让人们能够及时了解这些信息,及时安排和调整工作与旅游计划,从而达到对各类旅游信息智能感知、方便利用的效果。智慧旅游的建设与发展最终将体现在旅游管理、旅游服务和旅游营销三个层面。

全域智慧旅游是指通过深度整合物联网、云计算、人工智能等技术，打通所有智能设备和信息平台的数据链路，促成大数据形成，推动景区、旅游集团、行政区域乃至整个国家的旅游产业高度智慧化，全面创新旅游服务、营销和管理。

2. 智慧旅游的功能

从游客的角度出发，智慧旅游主要包括导航、导游、导览和导购（简称"四导"）四个基本功能。

（1）开始位置服务——导航。

游客将位置服务（LBS）加入旅游信息中，即可随时知道自己的位置。确定位置有许多种方法，如GPS导航、基站定位、Wi-Fi定位、RFID定位、地标定位等。

智慧旅游将导航和互联网整合在一个界面上，地图来源于互联网，而不是存储在终端上，无须经常对地图进行更新。当GPS确定位置后，最新信息将通过互联网主动弹出，如交通拥堵、交通管制、交通事故、限行、停车场及车位状况等信息，并可查找其他相关信息。随着位置的变化，各种信息也及时更新，并主动显示在网页上和地图上，体现了直接、主动、及时和方便的特征。

（2）初步了解周边信息——导游。

游客确定位置的同时，网页上和地图上会主动显示周边的旅游信息，如景点、酒店、餐馆、娱乐场所、车站及各类活动（如演唱会、体育运动、电影等）等的位置和大概信息，具体包括景点的级别、主要描述，酒店的星级、价格范围、剩余房间数等，餐馆的口味特色、人均消费水平、优惠信息，以及活动的地点、时间、价格范围等。

智慧旅游还支持在非导航状态下查找任意位置的周边信息，拖动地图即可在地图上看到这些信息。周边的范围大小可以随地图窗口的大小自动调节，游客可以根据自己的兴趣点（如景点、某个朋友的位置等）规划行走路线。

（3）深入了解周边信息——导览。

游客点击（触摸）感兴趣的对象，如景点、酒店、餐馆、娱乐、车站、活动等，可以获得关于兴趣点的位置、文字、图片、视频、游客的评价等信息，深入了解兴趣点的详细情况，为决策提供依据。

智慧旅游系统像是一个自助导游员，它有着比传统导游员更多的信息储备和表现形式，如文字描述、图片和视频展示，以及虚拟现实体验，游客戴上耳机，手里的手机/平板电脑就能成为数字导览设备，无须再租用这类设备了。

游客在导览功能的虚拟旅行模块中，只要输入起点和终点的位置，即可获得最佳路线建议（也可以自己选择路线），该功能还会推荐热门景点和酒店，详细展示沿途的主要景点、酒店、餐馆、娱乐场所、车站及活动等相关信息。

（4）等着享受——导购。

游客经过全面而深入的在线了解和分析后，明确了自己需求，即可直接在线预订（客房/票务）。游客只需要在网页上点击自己感兴趣的对象旁边的"预订"按钮，便可进入预订模块，选择不同档次和数量的对象进行预订。

借助移动互联网的便捷性，游客可以随时随地预订旅游服务。加上安全的网上支付平台,游客不仅可以调整旅行计划,还能迅速预订下一步旅游行程,既节省时间和精力又避免错过一些精彩的景点与活动。

3. 智慧旅游的应用

从旅游的服务、管理和营销上看,智慧旅游无疑为传统旅游方式带来了革新。智慧旅游的核心是以人为本,全面满足游客旅行的精神需求,为游客提供良好的体验。

从服务上来说,游前,游客对旅游目的地信息的掌握和了解,一般都是在互联网等其他媒体平台获取的,然而互联网上的咨询和查询信息常常是分散的,游客无法及时获取景区的全面信息,如果针对旅游目的地搭建智慧旅游服务平台,就会实现旅游目的地全方位的信息触达,游客能提前做好路线规划、门票购买、酒店预订等旅游出行准备。游中,智慧旅游对提升游客体验的效果则更为明显,智慧旅游将食、宿、行、游、购、娱等各个环节融入智慧元素,如餐饮提前预约、网上办理登记入住等,参观景区时,游客只需刷手机、刷脸或刷身份证就可以进入园区,扫码就能享受语音讲解、图文讲解服务,这不仅减轻了景区工作人员的服务压力,更为游客带来了极大的便利,极大地提高了服务的到达性。

从管理上来说,大数据管理与智慧旅游的结合,对于旅游工作效率的提高具有推动作用。作为信息时代的产物,智慧旅游充分利用了云计算、移动终端技术,包括旅游企业的信息管理、旅游产品的订单处理以及地理位置定位等。

(三)智慧旅游的评价管理

2015年1月,国家旅游局印发《关于促进智慧旅游发展的指导意见》,要求坚持政府引导与市场主体相结合,政府着力加强规划指导和政策引导,推进智慧旅游公共服务体系建设。各级旅游部门要加强领导,积极稳步推进智慧旅游建设。国家旅游局智慧旅游工作领导小组负责智慧旅游建设的总体指导和监督实施,指导有关技术标准规范的制定。各地应结合实际建立智慧旅游建设推进小组,统筹协调本地区智慧旅游基础建设、标准制定、技术应用和推广。

智慧旅游评价指标体系是综合评价智慧旅游发展程度的依据,能够判断智慧旅游体系各个组成部分的智慧程度。能够帮助旅游管理部门对智慧旅游做出合理有效的判断和发展规划,实现资源合理配置。

1. 智慧旅游管理部门指标

(1)智慧政务。

智慧政务指旅游管理部门具备基于互联网技术的、面向企业和游客的信息服务和信息处理系统。

(2)智慧旅游应急指挥。

智慧旅游应急指挥是指旅游管理部门应用现代计算机技术、网络技术和通信技术,构建旅游日常监管调度及安全应急管理联动指挥体系,推进旅游日常监管调度及应急指挥向数字化、网络化、自动化、规范化迈进。通过平台的建立,及时、有效地整合旅游信息,为日常管理、辅助决策提供服务,促进旅游业的管理更加规范化、科学化、智能化；强化行业监管，为旅游业服务质量的提升打下坚实基础；在提高旅游品质的同时，降低旅游突发事件的发生概率；整合所辖区域应急资源信息，全面提高各类旅游突发事件应急处置能力，保障游客的生命财产安全；真正做到"看得见、联得上、呼得应、调得动"。

2. 智慧企业指标

（1）旅行社。

这一指标主要考察旅行社在游客招揽、旅游线路设计、旅游产品销售、旅游服务等业务方面的信息化、数字化、智慧化程度。

（2）旅游交通。

这一指标主要考察旅游目的地城市交通能否进行实时查询、是否有指挥中心，能否进行特殊路线设计等的信息化、数字化、智慧化程度。

（3）酒店。

这一指标主要考察酒店的网络基础设施是否完善、酒店管理信息系统功能是否全面。

（4）智慧购物。

这一指标主要通过购物场所智慧化程度来体现，游客能否通过旅游目的地旅游产品和服务供应商提供的购物网站进行网络购物。

（5）医疗卫生服务。

这一指标主要是考察旅游目的地的医疗服务能力，景区是否建有卫生服务点，能否提供远程医疗、监护，以及移动医疗等多元化医疗服务。

（6）旅游电子网络服务商。

旅游电子网络服务商是指为旅游产品的交易提供网络支撑服务的网络服务供应商，这一指标主要通过网络服务质量来考核。

3. 管理考评智慧旅游目的

各级旅游管理部门制定并依据智慧旅游考评指标，可以达到以下三个目的。

（1）收集所辖区域智慧旅游建设成果，并考虑区域旅游发展的不均性，分区域进行评价。

（2）分析各所辖区域的智慧旅游建设现状以及遇到的问题，对各所辖区域智慧旅游建设及运营模式提出指导性意见，达到"以评促建，以评促学，以评促改"。

（3）依据旅游行业及信息化发展的趋势，进行智慧旅游发展趋势分析，加快推进智慧旅游建设，以科技创新驱动旅游高质量发展。

随着5G、云计算等技术的快速发展，大数据技术在旅游活动中的应用越来越广泛。对旅游管理工作来说，大数据技术应用是未来发展的主要方向，经过几年的实践和探索，大数据技术在多个不同的层面提升了旅游管理工作的质量，推动了我国旅游产业的发展，但是不可否认的是，现阶段我国旅游管理工作中，大数据技术的应用仍然存在诸多问题。相关旅游管理部门应提高重视程度，采取行之有效的方法，提高大数据技术,解决传统旅游管理模式中存在的问题,在优化游客旅游体验的同时完善服务供应链,细分旅游市场,进而推动我国旅游产业健康、高速、高质量发展。

五、旅游管理部门大数据技术应用案例

旅游管理部门通过大数据技术分析游客的评价和反馈,能够了解游客的满意度和需求,及时回应游客的投诉和问题,改进旅游产品和服务。此举可以有效提升目的地的形象和品牌价值,吸引更多游客。下面以北京八达岭长城景区大数据技术应用为例进行介绍,当地文旅局依托海鳗云旅游大数据平台,基于游客评价数据分析游客满意度,展示了大数据技术在旅游业中的实际应用过程。

八达岭长城是北京市的一颗璀璨明珠,不仅是我国的著名旅游景点,更是世界文化遗产的瑰宝。作为长城的重要代表,八达岭长城景区吸引了众多国内外游客。为了深入了解国外游客对长城景区的满意度,当地文旅局基于国外旅游网站的评价数据进行游客满意度分析。

通登录海鳗云旅游大数据平台,点击游客满意度大屏,对国外的互联网评价数据进行分析。通过大屏可以了解到:游客对长城景区提到的关键词词云图,如"长城""缆车""雪橇""参观""到达"等(图5-7);观察游客所发布评价的正负面情绪占比,正面情绪高达96.5%;同时该平台还提供游客评价数量趋势、游客满意度雷达图(图5-8)等信息。

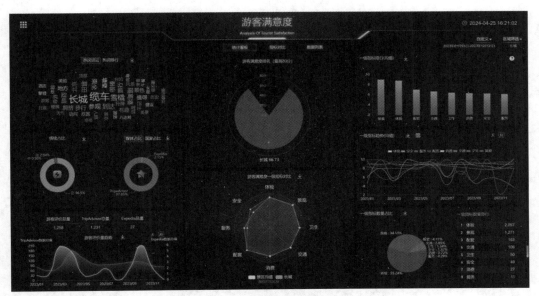

图5-7 游客满意度分析

游客满意度雷达图通过算法对游客评价数据进行处理和分析,直观地展示游客在不同指标上的满意度情况,模型基于常用旅游场景总结出体验、景观、卫生、交通、消费、配套、服务及安全八大指标。

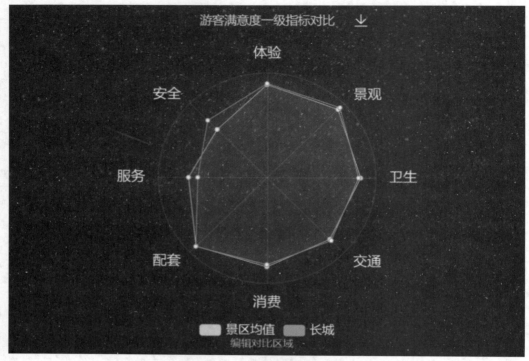

图 5-8　游客满意度雷达图

点击具体指标(图 5-9)可以查看详细的评分情况以及分数低的原因关键词,可以对正面、负面等进行筛选。

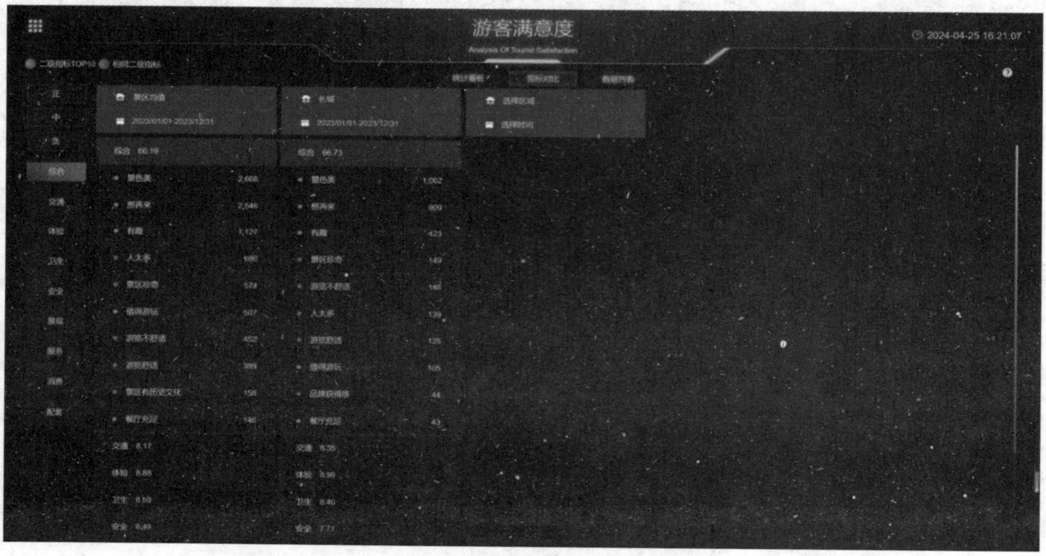

图 5-9　游客满意度指标

游客满意评价指标和正面得分如图 5-10 所示。

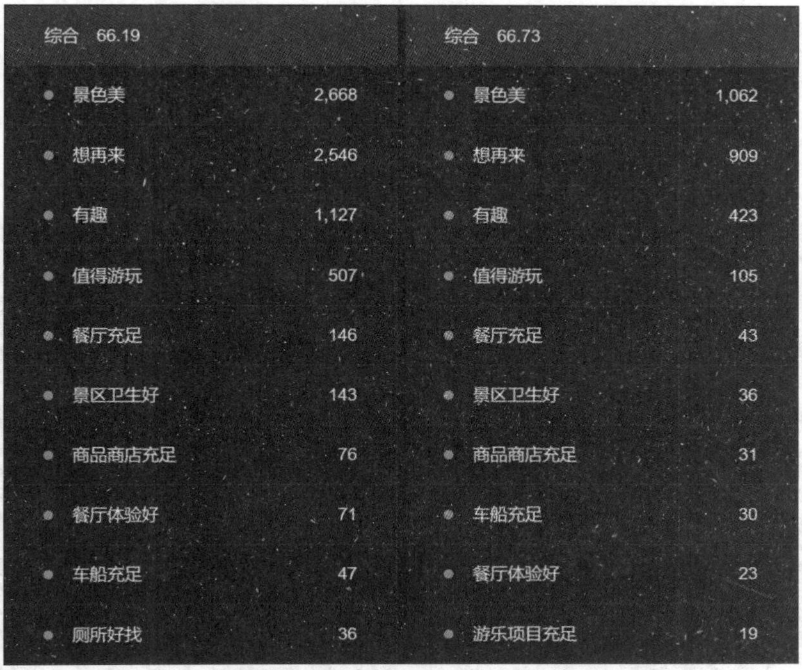

综合 66.19		综合 66.73	
景色美	2,668	景色美	1,062
想再来	2,546	想再来	909
有趣	1,127	有趣	423
值得游玩	507	值得游玩	105
餐厅充足	146	餐厅充足	43
景区卫生好	143	景区卫生好	36
商品商店充足	76	商品商店充足	31
餐厅体验好	71	车船充足	30
车船充足	47	餐厅体验好	23
厕所好找	36	游乐项目充足	19

图 5-10　游客满意评价指标和正面得分

可以看出部分游客对长城景区的景色、体验上评价很高。

游客满意评价指标和负面得分如图 5-11 所示。

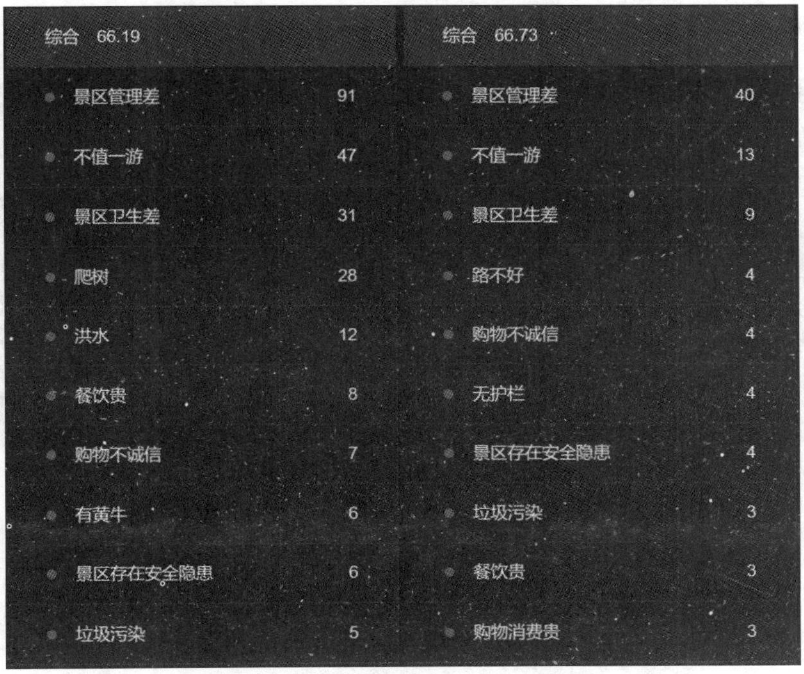

综合 66.19		综合 66.73	
景区管理差	91	景区管理差	40
不值一游	47	不值一游	13
景区卫生差	31	景区卫生差	9
爬树	28	路不好	4
洪水	12	购物不诚信	4
餐饮贵	8	无护栏	4
购物不诚信	7	景区存在安全隐患	4
有黄牛	6	垃圾污染	3
景区存在安全隐患	6	餐饮贵	3
垃圾污染	5	购物消费贵	3

图 5-11　游客满意评价指标和负面得分

可以看出部分游客对长城景区的管理、体验、卫生等评价略低。

点击游客满意数据列表(图 5-12),可以查看具体的评价数据,系统会对游客的历史评价数据进行游客情绪测算。通过对游客评价中的情感倾向进行分析,可以得出当前评价数据的正负面情况。

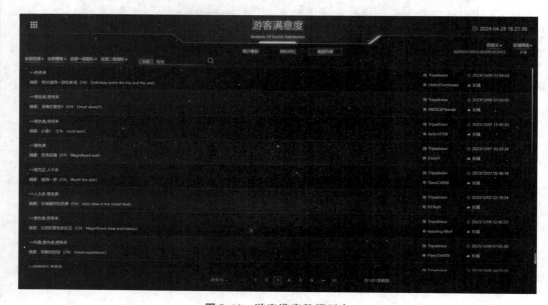

图 5-12　游客满意数据列表

游客满意负面评价示例如图 5-13 所示。

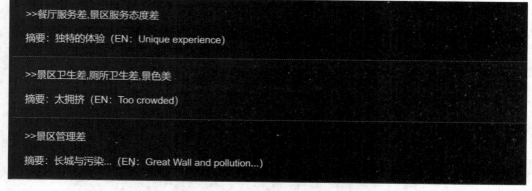

图 5-13　游客满意负面评价示例

当地文旅局通过大数据分析筛选具体的负面评价,及时了解游客对景区的不满和建议,可以精准有效地指导八达岭景区改进管理和服务工作,提高游客满意度。

项目五　基于大数据的旅游管理

学习任务十一　旅游景区大数据应用

 任务描述

本学习任务主要介绍旅游景区对旅游大数据的分析应用,通过指导学生理解旅游景区、旅游景区大数据分析、智慧景区等概念内涵,掌握旅游大数据在旅游景点景区的客流管理、个性化推荐、安全风险管理、营销和推广等方面的应用内容和作用,了解智慧景区管理建设评测指标,培养学生运用大数据思维赋能旅游景点景区经营和管理等工作的职业能力和素质。

 任务目标

理解旅游景区及旅游景区大数据分析的概念与内涵;理解智慧景区概念与内涵;掌握旅游景区分析应用大数据的场景及方法;理解智慧景区管理建设评测指标的具体内涵及指导意义。

一、旅游景区及旅游景区大数据分析

(一)旅游景区

旅游景区是指以旅游及其相关活动为主要功能的区域场所,能够满足游客参观游览、休闲度假、康乐健身等旅游需求,具备相应的旅游设施并提供相应的旅游服务的独立管理区。旅游景区是旅游业发展的核心吸引物,是旅游业赖以生存的载体,是旅游消费的关键环节之一,景区智慧化已成为旅游业升级与改造的重中之重。旅游景区是具有特殊性的自然地理综合体和文化景观区域,景区中的时空信息构成了旅游大数据的重要组成部分。

(二)旅游景区大数据分析

旅游景区借助云计算、GIS、移动通信、人工智能等技术,融合视频处理、图像处理、模式识别、运动轨迹判别等统计分析算法,通过对接景区门禁票务数据、视频监控数据、电子商务数据,分析景区客流量信息、车辆识别数据、Wi-Fi探针数据、客源地信息、热力图信息,对游客的年龄层次、来源省份和地市构成比例、在景区的停留时间、各景点客流量等信息进行周期性统计和挖掘,并与历史数据进行对比分析,为旅游景区提供了科学管理、优化游客旅游体验、面向客源地精准营销的数据支撑。

知识活页

九寨沟景区智慧旅游大数据综合管理

旅游景区的精准营销需要食、住、行、游、购、娱等方面数据的反馈，因此，获取数据十分关键。

大数据平台通过采集旅游景区内游客在食、住、行、游、购、娱等环节的数据和信息，进行数据管理和分析，这些分析有助于旅游景区掌握来自不同地方的游客数量、游客在景点的滞留时间，以及游客对景点的喜好偏向，从而为旅游景区进行精准营销提供依据。旅游景区大数据系统示意图如图5-14所示。

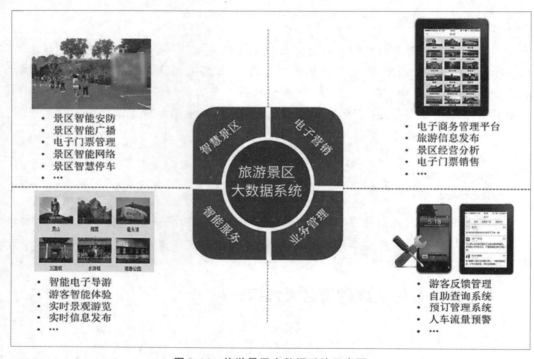

图5-14 旅游景区大数据系统示意图

二、旅游景区大数据应用的场景

大数据在旅游景点景区的分析应用主要体现在以下几个方面。

（一）旅游客流管理

景区智慧管理包括景区外游客量预警和景区内游客疏导，例如：针对旅游出行垂直场景展开分析，按时段和出行枢纽进行人流量统计；通过游客出行高峰时段、出行目的等维度综合分析，为旅游公共交通优化提供数据参考。景区可以利用大数据分析工具收集和分析游客流量数据，包括高峰期、低峰期和游客分布等信息。通过分析这些数据，景区可以制定更精准的人流管理策略，优化景区的运营效益和游客体验。景区根据游客流量预测和热门景点的拥堵情况，适时调整景区内的路线规划和资源配置，避免拥堵和安全隐患。景区实时客流监测图如图5-15所示。

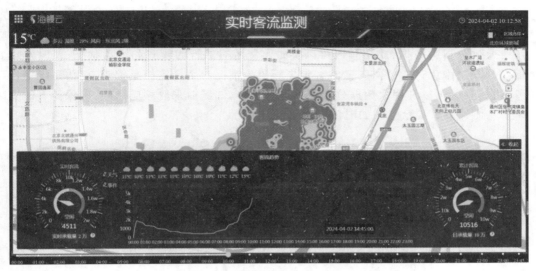

图 5-15　景区实时客流监测图

（二）旅游个性化推荐

通过分析游客的历史数据和行为模式，景区可以精准地为每位游客提供智慧服务。例如，通过智慧服务平台进行导航，通过手机端实时提供景点导览及智能化的交互游乐体验，同时，景区还实现了停车、充电、路线引导、游览等一站式服务，提高了旅游景区的整体服务水平。另外，旅游景区基于大数据分析，根据游客的兴趣爱好和时间，提供个性化的景点推荐和游览路线规划。旅游景区游客大数据分析可视化如图 5-16 所示。

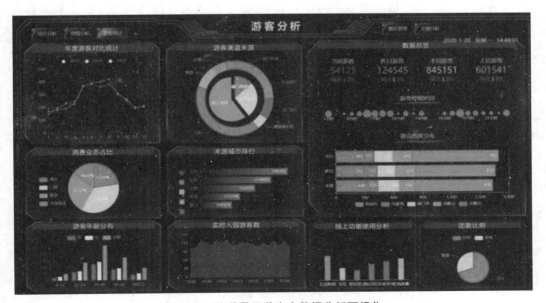

图 5-16　旅游景区游客大数据分析可视化

（三）旅游安全风险管理

通过分析大数据，旅游景区可以实时监测游客的行为模式和活动状态，及时发现潜在的安全隐患，如人群拥挤、游客走失等风险情况。结合监控摄像头、门禁系统等设备数据，景区可以利用大数据分析工具进行预警，并提前采取相应措施，确保游客的安全。旅游风险管控示意图如图5-17所示。

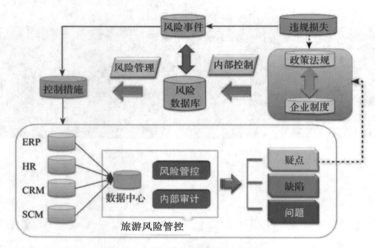

图5-17 旅游风险管控示意图

（四）旅游营销和推广

旅游景区可以利用大数据技术和算法分析工具收集和分析游客画像，包括游客来源、游览轨迹、游客的消费偏好和习惯、位置数据、出行目的、逗留时长等多维度数据，不仅有助于旅游景区精准引导游客的消费行为，更能深入发掘核心旅游热点和游客兴趣点。通过分析这些数据，旅游景区可以制定更具针对性的营销和推广策略，提高旅游景区的知名度和吸引力。旅游景区游客消费分析示意图如图5-18所示。

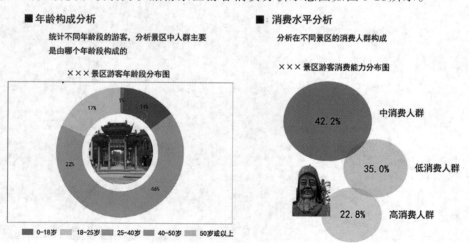

图5-18 旅游景区游客消费分析示意图

（五）游客满意度调查和反馈

通过大数据分析游客的反馈和评价,旅游景区可以了解游客的满意度和需求,及时发现问题并改进服务,这有助于提升游客体验,进一步树立旅游景区的良好口碑,吸引更多游客。旅游景区游客实时满意度分析图如图5-19所示。

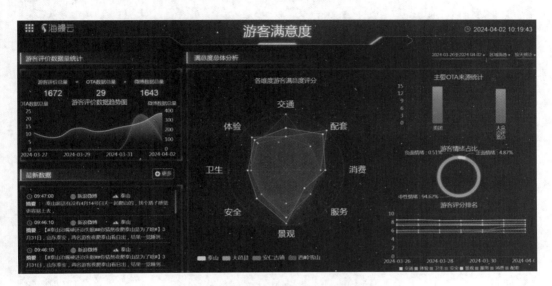

图5-19　旅游景区游客实时满意度分析图

综上所述,大数据在旅游景区的应用不仅可以显著提升旅游景区的运营效益,还能有效改善游客体验,提高旅游景区的安全性,进一步增强其市场竞争力。

三、旅游景区大数据技术的具体应用

旅游景区通过大数据分析工具收集并分析游客流量数据,如高峰期、低峰期游客分布等信息,以制定更精准的人流管理策略,优化景区运营,提升游客体验。以下是某旅游景区通过海鳗云旅游大数据平台基于游客流量数据预测未来旅游客流情况的应用示范。

该景区作为我国著名的旅游胜地,拥有世界自然遗产地、国家5A级旅游景区等众多荣誉称号。然而,景区在接待游客过程中也面临一些问题,如游客数量过多、游客体验不佳等。为了解决这些问题,景区开始运用大数据技术进行客流数据分析。客流趋势分析能够有效地帮助景区预测未来客流量,为景区的资源调度和游客接待提供数据支持,提前规划,能更好地应对各种客流情况。景区客流趋势分析图如图5-20所示。

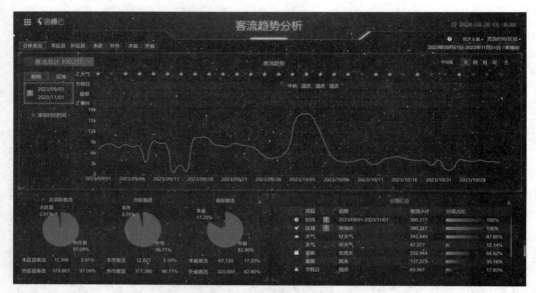

图 5-20　景区客流趋势分析图

登录海鳗云旅游大数据平台,点击客流趋势分析大屏,可对时间进行选择,对客流数据进行筛选,可对比每个周末的客流趋势数据,对未来几周客流数量进行预测。景区周末客流趋势数据图如图 5-21 所示。

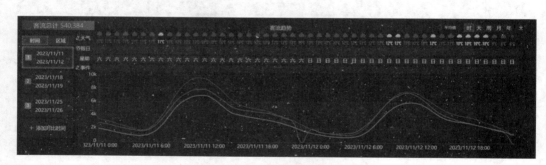

图 5-21　景区周末客流趋势数据图

筛选不同时间段的周末客流趋势数据并导出,导出数据如图 5-22 所示。

序号	时段	区域	天气	节假日	星期	事件	客流小计
1	20231111	某景区	好天气		周六		81628
2	20231112	某景区	好天气		周日		68670
3	20231118	某景区	好天气		周六		118810
4	20231119	某景区	好天气		周日		89692
5	20231125	某景区	好天气		周六		100142
6	20231126	某景区	好天气		周日		81442

图 5-22　景区周末客流趋势导出数据

打开海鳗云旅游数据分析平台,如图 5-23 所示,通过灰色预测工具对下个周末的客流量进行预测。

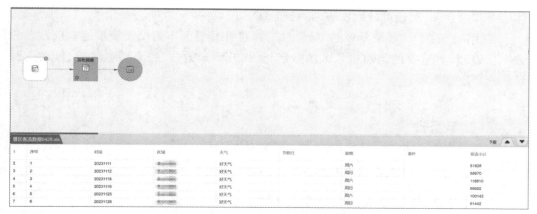

图 5-23　景区周末客流趋势预测实验图

将数据上传至平台,选择灰色预测工具并设置相应参数,点击"运行"进行预测。预测结果如图 5-24 所示。

1	预测值
2	
3	93624.26116024889
4	94258.30517722107

图 5-24　景区周末客流趋势数据预测结果图

通过预测结果,景区可进行有针对性的人员管控措施安排。

总的来说,该景区通过有效地利用大数据技术,进一步提升景区的服务水平。

四、旅游景区大数据在智慧景区的应用

智慧景区是在数字景区概念上的一次升华与飞跃,代表着景区信息化建设的新方向。

(一)智慧景区的概念与内涵

随着信息技术的发展,数字地球、数字城市、数字景区等概念也伴随着发展理念的演进被智慧地球、智慧城市、智慧景区等替代,智慧景区的定义在不断地丰富与完善。

李云鹏等学者在所写的《智慧旅游:从旅游信息化到旅游智慧化》一书中将智慧景区定义为借助物联网、云计算等现代信息技术,通过智能网络对景区地理事物、自然灾害、旅游者行为、景区工作人员行迹、景区基础设施和服务设施进行全面、透彻、及时的感知,对游客、景区工作人员实现可视化管理,实现景区的智能化运营管理、精细化旅游营销、个性化游客体验,实现景区环境、社会和经济全面、协调、低碳、可持续发展。

《智慧景区建设指南》(DB36/T 1234—2020)中将智慧景区定义为运用大数据、云计算等现代通信技术,建立有效统一的管理、服务、营销等信息系统,以提升景区游客

体验度和满意度,实现可持续发展的一类景区。

现代信息技术是智慧景区的基础支撑,构建智慧景区不是仅仅简单地实现景区的数字化管理,更重要的是通过景区的数字化,提升管理效能、提高游客体验、推动旅游景区的高质量发展。

教学互动
Jiaoxue Hudong

请讨论分析大数据在旅游景区是如何应用的?取得哪些效果?

(二)智慧景区管理建设评测指标

智慧景区管理建设的六项指标为基本要求、基础设施、智慧服务、智慧管理、智慧营销、创新应用,具体内容如下。

1. 基本要求

评估景区是否满足智慧景区的基本条件,如信息化基础设施的完备程度、景区数字化建设的基础等。

2. 基础设施

(1)通信网络:确保景区内良好的无线通信网覆盖,包括信号的接收、移动通信的便利性以及无线宽带网络(WLAN)的覆盖。

(2)视频监控:全面覆盖景区的视频监控系统,重点监控重要景点、客流集中地段、事故多发地段等,并具备闯入告警等功能。

3. 智慧服务

(1)智能化服务:提供智能导游、智能导览、智能导购等服务,游客可以通过智能手机等智能设备接收景点介绍、旅游路线规划、实时信息推送等。

(2)数字化建设:景区数字化管理、数字展示、虚拟体验等,整合景区信息资源,实现信息共享和统一管理。

4. 智慧管理

(1)智能监测:利用现代技术手段实现景区的全面监控和管理,如智能安保、智能控制系统等。

(2)数据驱动的决策支持:基于大数据分析,提供科学决策依据,优化资源配置。

5. 智慧营销

(1)精准营销:基于大数据分析的结果,向特定目标群体推送定制化的营销信息。

(2)市场趋势分析:分析市场数据以识别行业趋势,指导景区的产品开发和营销策略调整。

6. 创新应用

(1)新技术应用:引入新技术如云计算、大数据、人工智能、物联网等现代科技手段,提高景区的服务质量和运营效率。

(2)互动化体验:提供互动展示、互动游戏、虚拟互动等特色服务,增强游客的参与感和满意度。

(3)个性化服务:提供定制化旅游、个性化推荐等服务,提高游客的满意度和忠诚度。

学习任务十二　旅游酒店大数据应用

2023年上半年旅游休闲街区客流监测报告

 任务描述

本学习任务介绍了旅酒店对旅游大数据的分析和应用,指导学生了解旅游大数据的来源及获取渠道,理解旅游大数据在酒店管理运营中的应用场景和方法,探讨旅游大数据在酒店运营管理中的价值,通过对旅游大数据在酒店收益管理中的应用技术等内容的学习和实训,培养学生运用大数据思维和技术从事酒店经营和管理的职业能力。

 任务目标

了解旅游酒店获取大数据来源渠道;掌握旅游酒店交易数据构建旅游管理大数据的途径和内容;掌握旅游酒店分析应用大数据的场景、方法及应用价值;掌握旅游大数据在酒店客房管理中的应用方法和价值;掌握酒店收益管理中的旅游大数据应用技术。

一、大数据在旅游酒店管理运营应用概述

在旅游酒店管理运营过程中,无论是管理、服务、产品、渠道、价格还是游客,每一项都与市场数据息息相关,以下两个方面是旅游酒店市场营销工作中的重中之重:一是旅游酒店通过获取数据并加以统计分析充分了解市场信息,掌握竞争者的商情和动态,知晓旅游酒店在竞争群中所处的市场地位,从而"知彼知己,百战不殆";二是旅游酒店通过积累和挖掘游客档案数据分析游客的消费行为和价值取向,能更好地为游客服务,提高游客忠诚度,使游客成为旅游酒店稳定的会员客户。

基于大数据的连锁酒店客房定价预测

(一)旅游酒店大数据来源

旅游酒店大数据来源广泛,主要包括以下几种。

1. 在线旅游平台数据

在线旅游平台是游客预订机票、酒店、旅游线路等旅游产品的常用渠道，平台上积累了大量的游客预订数据、搜索数据、评价数据等，这些数据可以帮助酒店了解游客的出行偏好、旅游行为、消费习惯等。

2. 酒店内部数据

酒店内部数据包括酒店的预订数据、入住数据、消费数据等，这些数据可以帮助酒店了解游客在住期间的消费行为、服务满意度等。

3. 政府部门数据

政府部门数据包括旅游统计数据、旅游管理数据等，这些数据可以帮助酒店了解旅游市场的总体情况、旅游政策的走向等。

4. 其他数据来源

其他数据来源包括社交媒体数据、移动通信数据、位置数据等，这些数据可以帮助酒店了解游客的兴趣爱好、出行方式、旅游目的地等。

（二）酒店交易数据构建旅游管理大数据

酒店交易数据包括酒店预订信息、入住信息、餐饮消费信息、活动设施使用信息等，能够反映游客的出行时间、出行目的地、消费情况、兴趣爱好等，为旅游大数据的构建提供了丰富的资料。酒店交易数据以真实性、准确性和可溯源性等特点，为旅游大数据分析奠定了坚实可靠的数据基础。酒店交易数据可以与其他数据（如移动通信数据、景区数据、交通数据等）结合，形成更加全面、准确的旅游大数据，为促进旅游管理和服务提供更加有力的支持。

（三）旅游大数据在酒店管理运营中的应用

旅游大数据在酒店管理中的应用非常广泛，具体如下。

1. 酒店市场研究

旅游大数据可以帮助酒店了解旅游市场的总体情况，以及游客的出行偏好、旅游行为、消费习惯等，为酒店的市场营销提供决策依据。

2. 酒店产品设计

旅游大数据可以帮助酒店了解游客的需求，为酒店的产品设计提供依据，如根据游客的预订数据、入住数据和消费数据等，了解游客对酒店的产品和服务的需求，从而改进酒店的产品和服务。

3. 酒店服务优化

旅游大数据可以帮助酒店了解游客满意度，为酒店的服务优化提供依据，如根据游客的评价数据，了解游客对酒店服务的满意度，从而改进酒店的服务。

4. 酒店价格管理

旅游大数据可以帮助酒店了解旅游市场的供需情况，为酒店的价格管理提供依据,如酒店可以根据游客的预订数据、入住数据、消费数据等了解旅游市场的供需情况,从而调整酒店的价格。

5. 酒店风险控制

旅游大数据可以帮助酒店识别和控制风险,如根据游客的预订数据、入住数据、消费数据等,识别和控制酒店的欺诈风险、安全风险等。

二、酒店运营管理中大数据的应用价值

随着互联网、大数据技术的快速发展,在旅游酒店管理运营方面,大数据的应用也日益广泛,主要体现在以下几个方面。

(一)分析旅游酒店客人行为

通过分析客人的行为数据,酒店管理和运营者可以了解客人的喜好,从而提供个性化的服务和推荐。

在客人消费行为和喜好分析方面,如果酒店平时善于收集和整理客人在酒店消费行为方面的信息数据,如客人在酒店的消费金额、选择的订房渠道、偏好的房间类型、停留的平均天数、来酒店属地的目的、喜欢的背景音乐和菜肴等,便可通过统计和分析深入了解客人的消费习惯和兴趣偏好,当客人再次入住时,如果酒店能预先为客人准备好客人心仪的房间,播放客人爱听的背景音乐,推荐客人喜欢吃的菜肴,会大大提高客人的忠诚度。因此,可以说大数据技术蕴含着出奇制胜的力量,如果酒店管理者善于在市场营销中加以运用,将成为酒店在市场竞争中立于不败之地的利器。

(二)预测优化旅游酒店需求和价格

酒店管理者通过分析历史预订数据,结合实时市场信息、市场需求、竞争情况、客人消费行为,预测需求高峰和低谷,从而有效预测客房需求。酒店管理者利用大数据技术制定动态定价策略,优化酒店预订和定价方案,并根据客人需求灵活调整房型和房价,以实现收入最大化。此外,通过分析客人的个人资料和偏好,酒店管理者能够制定个性化的定价和优惠政策,提升客人满意度和忠诚度。

竞争群的数据分析包括市场渗透指数(MPI)、平均房价指数(ARI)、收入指数(RGI)等多个指标,从维度上讲,还有时间维度、市场份额及同比变化率等。通过对这些市场标杆数据的分析,酒店管理者可以掌握市场供求关系变化,了解酒店潜在的市场需求,准确获得竞争者的商情,最终确定酒店在竞争市场中的准确定位。这些分析对于酒店制定准确的营销策略、打造差异化产品及制定合适的价格起到关键作用。而大数据的应用正是为了助力酒店获取这些宝贵的市场数据,并通过统计与分析技术为酒店的发展提供有力支持。

(三)调查和反馈客人满意度

通过大数据分析客人的反馈和评价,酒店管理者可以及时发现问题并改进服务,提升客人满意度。客评的多维度大数据分析成为挖掘酒店服务质量潜力的重要因素。

酒店管理者可以利用大数据分析客人的历史数据和行为，为客人提供更精准、贴心的服务体验。通过精准把握客人的偏好，酒店可以了解客人的需求，提供个性化的设施和服务推荐，并及时回应客人的投诉和问题，提高客人满意度和正向口碑。

如今的客评不仅受到了酒店管理者的重视，更是成为客人选择酒店的重要参考。市场调查显示，超过70%的客人在订房前都会浏览该酒店的客评，并将客评作为是否预订这家酒店的重要依据之一。从某种角度看，客评如今已经成为衡量酒店品牌价值、服务质量和产品价值的重要指标。通过对客评数据的多维度收集、统计和分析，酒店能更深入地了解客人的消费习惯、价值观念和酒店产品存在的不足，这为改进和创新产品、量化产品价值、制定合理的价格及提高服务质量都将起到推进作用。因此，酒店应重视客评数据的收集、积累和统计工作，通过多维度比较分析，发现有价值的信息点，为酒店的营销和质量管理工作提供有力支撑，进而实现更大的收益。

（四）优化旅游酒店资源管理和能效

酒店管理和运营者通过对能源消耗数据、设备运行数据、客房预订数据、客房清洁数据、餐饮销售数据等进行分析，可以及时发现运营中的瓶颈和效率问题，适时调整内部人员和资源分配，改进内部运营流程，优化资源配置及资源管理，最终实现降低运营成本、提高能源效率、运营效率，提升利润率。

（五）管理预警旅游酒店安全风险

酒店管理者通过分析客人的入住记录、门禁系统等设备的数据及公共安全数据，了解酒店客人的安全需求和潜在风险因素，及时识别和处理安全风险，提前预警潜在的安全隐患，并采取相应措施，保障客人安全。

（六）实现旅游酒店可持续发展

在推动酒店可持续发展方面，旅游大数据发挥着重要作用。例如，通过对酒店能源消耗、用水量、碳排放量等数据的深入分析，酒店管理者可以准确把握酒店的可持续发展状况，基于这些数据，他们可以灵活调整运营策略，从而降低对环境的负面影响。此外，旅游大数据还可以帮助酒店管理者发现新的可持续发展机遇，促使酒店管理者及时采取行动，进一步推动酒店的可持续发展。

综上所述，旅游大数据在酒店管理中的应用价值是巨大的。酒店管理者可以通过旅游大数据深入了解客人需求，优化酒店运营，提高酒店营销效果，提升酒店竞争力，实现酒店可持续发展。随着旅游业的蓬勃发展，酒店管理中旅游大数据的应用价值将进一步凸显，成为酒店在激烈的市场竞争中脱颖而出的关键因素。

三、基于旅游大数据的酒店客房管理策略

随着旅游业的飞速发展，酒店业也在不断创新和发展。客房作为酒店的核心产品，其管理水平直接影响着酒店的经营效益和服务质量。基于旅游大数据的酒店客房管理策略，可以帮助酒店经营者更好地了解市场需求，优化客房管理流程，提升酒店服

知识活页

酒店厨房中图像识别技术的应用于安全和效率管理

务质量,从而提高酒店的竞争力和经营效益。

(一)旅游大数据在酒店客房管理中的应用

1. 酒店客人画像分析

通过收集和分析酒店客人的消费行为、出行习惯、偏好等数据,可以勾勒出客人画像,了解客人的需求和期望。酒店经营者可以根据客人画像,有针对性地提供个性化的服务,提高客人的满意度。

2. 酒店客房预订分析

通过收集和分析酒店客房的预订数据,了解客房入住率、平均房价、预订渠道等信息,酒店管理者可以根据客房预订数据,合理调整客房价格,优化客房预订渠道,提高客房的入住率。

3. 酒店客房收入分析

通过收集和分析酒店客房的收入数据,了解客房的平均收入、收入结构等信息,酒店管理者可以根据客房收入数据,优化客房定价策略,提高客房的收入。

4. 酒店客房成本分析

通过收集和分析酒店客房的成本数据,了解客房的清洁成本、维修成本、水电成本等信息,酒店管理者可以根据客房成本数据,优化客房管理流程,降低客房成本。

5. 酒店客房服务质量分析

通过收集和分析酒店客人的反馈数据,了解客房的服务质量。酒店管理者可以根据客房服务质量数据,及时发现和解决客房服务中的问题,提高客房服务质量。

(二)基于旅游大数据的酒店客房管理策略

1. 酒店精准营销

通过分析客人画像数据,酒店管理者可以针对不同客群开展精准营销活动。例如,对于商务客人,酒店可以提供会议室、商务中心等商务设施;对于休闲客人,酒店可以提供健身房、游泳池等休闲设施;对于家庭客人,酒店可以提供儿童游乐区、儿童房等,以满足家庭出行的需求。

2. 酒店动态定价

通过分析客房预订数据,酒店管理者可以根据客房的供需情况,调整客房价格。例如,在旅游旺季酒店可以提高客房价格;在旅游淡季酒店可以降低客房价格。动态定价可以帮助酒店提高客房的入住率和收入。

3. 酒店优化客房管理流程

通过分析客房成本数据,酒店管理者可以优化客房管理流程,降低客房成本。例如,酒店可以采用节能措施,降低客房的水电成本;酒店可以采用智能化管理系统,降低客房的清洁成本。

4. 酒店提升客房服务质量

通过分析客房服务质量数据，酒店管理者可以及时发现和解决客房服务中存在的问题，提高客房的服务质量。例如，酒店可以对客房服务人员进行培训，提高客房服务人员的服务水平；酒店可以对客房设施设备进行定期检查和维护，确保客房设施设备的正常运行。

5. 酒店创新客房产品

通过分析客人画像数据和客房预订数据，酒店管理者可以创新客房产品，满足不同客群的需求。例如，酒店可以推出亲子房、情侣房、宠物房等特色客房；酒店还可以推出智能语音控制客房、智能灯光控制客房等智能客房。

总之，基于旅游大数据的酒店客房管理策略，可以帮助酒店管理者更好地了解市场需求，优化客房管理流程，提升酒店服务质量，从而提高酒店的竞争力和经营效益。

四、酒店收益管理中的旅游大数据应用

（一）酒店收益管理

酒店收益管理是以市场需求为导向，以收益最大化为目标，对酒店的客房、餐饮、会议等各种资源进行有效配置和优化管理，以实现酒店整体收益最大化的管理过程。酒店收益管理的核心是根据市场需求的变化，灵活调整酒店的客房价格、客房销售策略，以实现酒店收入最大化。

（二）酒店收益管理中旅游大数据的具体应用

随着旅游大数据技术的发展，酒店收益管理也开始利用旅游大数据技术来提高收益管理的效率。旅游大数据技术可以为酒店提供更多的市场数据，包括历史预订数据、竞争对手数据、经济状况数据、天气数据、事件数据等。这些数据可以帮助酒店更好地了解市场需求的变化，从而制定出更加贴合市场动态的运营策略。

1. 基于历史预订数据的需求预测

酒店可以通过分析历史预订数据来预测未来的需求。历史预订数据可以帮助酒店了解不同时段、房型、价格的客房需求，酒店可以根据历史预订数据来预测未来的需求，并根据预测的需求来调整酒店的客房价格、客房销售策略，从而实现整体经营效益的优化。

2. 基于竞争对手数据的竞争分析

酒店可以通过分析竞争对手的数据来了解竞争对手的客房价格、销售策略和服务水平。竞争对手数据不仅可以帮助酒店评估自己在市场中的竞争地位，还能根据竞争对手的数据来调整酒店的客房价格、客房销售策略，确保价格策略既具有竞争力又能实现收益最大化。

3. 基于经济状况数据的经济预测

酒店可以通过分析经济状况数据来预测未来的经济走势。经济状况数据可以帮助酒店了解经济状况的变化,并根据经济状况的变化来调整酒店的客房价格、客房销售策略,增强竞争力。

4. 基于天气数据的天气预测

酒店可以通过分析天气数据来预测未来的天气状况。天气数据可以帮助酒店了解天气的变化,并根据天气的变化来调整酒店的客房价格、客房销售策略,以应对不同天气条件对市场需求的影响。

5. 基于事件数据的事件预测

酒店可以通过分析事件数据来预测未来的事件。事件数据可以帮助酒店了解未来的事件,并根据未来的事件来调整酒店的客房价格、客房销售策略,提高服务水平。

全球较大酒店集团之一的希尔顿酒店集团利用旅游大数据技术来提高酒店收益管理的效率和准确性,通过分析历史预订数据、竞争对手数据、经济状况数据、天气数据、事件数据等来预测未来的需求,并根据预测的需求来调整酒店的客房价格、客房销售策略,提高服务水平,从而提高酒店的收益。

综上所述,大数据技术可以帮助酒店提升市场竞争力,优化预订和定价策略,提高客人满意度,提高运营效率和降低风险。通过充分利用和分析大数据,酒店可以更好地了解市场和客人需求,提供个性化的服务和体验,实现业务增长和持续发展。

五、大数据在智慧酒店建设和管理中的应用

随着酒店市场竞争的日趋激烈,客人的期望不断攀升,酒店装潢、客房数量、房间设施等方面的竞争和价格竞争将退居二线,迫使业内人士不断寻求扩大酒店销售、改进服务质量、降低管理成本和提升客人满意度的新法宝,以增强酒店的核心竞争力。其中最有效的手段就是大规模应用先进信息技术,变革传统意义上的酒店业竞争方式和经营管理模式,进而赢得新的竞争优势。酒店的竞争主要在智能化、个性化、信息化、数字化方面展开,智慧酒店悄然兴起。

(一)智慧酒店的概念与内涵

在智慧旅游概念诞生后,酒店作为旅游业的重要组成部分,在自身不断完善管理信息系统的同时,也将物联网、云计算、移动互联网、信息智集酒店管理终端等一系列新一代信息技术应用进来,从本质上推动着酒店业向智慧化方向发展。

北京市旅游发展委员会颁布的《北京智慧饭店建设规范(试行)》中,智慧饭店定义为利用物联网、云计算、移动互联网、信息智能终端等新一代信息技术,通过饭店内各类旅游信息的自动感知、及时传送和数据挖掘分析,实现饭店食、住、行、游、购、娱旅游六大要素的电子化、信息化和智能化。最终为旅客提供舒适便捷的体验和服务。

河南省地方标准《智慧酒店建设评价规范》(DB41/T 1996—2020)中,智慧酒店定义为运用云计算、大数据、物联网、移动互联网和人工智能等信息与通信技术,对酒店

环境、资源、客人、设施和服务进行全面、透彻感知并及时作出响应，从而实现服务个性化、消费网络化、体验数字化、管理智能化的各类酒店。

综上可见，首先，智慧酒店是建立在一系列现代信息与通信技术的支持基础上的，并且随着技术的发展而不断迭代；其次，智慧酒店的应用不局限于启动在住的层面，而是贯穿食、住、行、游、购、娱各大要素，深刻影响着酒店从建筑设计、管理运营到品牌建立的全流程；最后，智慧酒店是以客人为核心，提供更加符合客人需求的智能化的服务。

（二）大数据赋能智慧酒店建设和管理

1. 旅游大数据赋能智慧酒店建设

旅游大数据为智能酒店建设提供了丰富的数据源，旅游大数据中的游客行为数据、酒店评论数据、酒店预订数据等，可以帮助酒店管理者更好地了解客人的需求，从而为客人提供更加个性化和智能化的服务。

2. 旅游大数据赋能智慧酒店管理

旅游大数据可以帮助酒店管理者优化酒店的管理流程，提高管理效率。例如，旅游大数据可以帮助酒店管理者分析客人的消费行为，从而为客人推荐更加适合的商品和服务；旅游大数据可以帮助酒店管理者分析酒店的运营情况，从而发现酒店运营中的问题，并及时采取措施进行改进。

3. 智慧酒店建设与管理中的典型案例

希尔顿逸林酒店是一家智能酒店，该酒店采用了先进的物联网、云计算、大数据等技术，为客人提供智能化、个性化的服务。例如，该酒店的客房采用了智能控制系统，客人可以使用智能手机控制客房内的灯光、窗帘、电视等设备；该酒店还为客人提供了智能客房服务机器人，客人可以通过智能客房服务机器人订餐、叫车、查询酒店信息等。

（三）大数据在智慧酒店运营和管理中的应用价值

1. 入住前精准匹配

酒店管理和运营人员运用预订软件系统，当客人在酒店预订界面进行浏览或操作时，系统会根据客人以往的入住习惯推荐契合客人需求的酒店或客房。

2. 入住时简化流程

酒店工作人员可直接通过分析酒店管理软件的预订数据信息，快速安排客人入住，节省了时间，提高入住办理效率。

3. 入住后偏好记录

酒店工作人员通过红外线扫描和光感应等技术，对客人使用热水及调节空调时的温度等数据进行采集，这些数据随后被安全储存并传输到总控平台，当客人再次入住酒店时，酒店工作人员可根据大数据信息预设热水温度及空调温度等，为客人提供贴心服务。

4. 会员信息挖掘

酒店管理者借助美团、携程、去哪儿网等OTA平台提高酒店知名度，根据平台注册会员信息进行深度分析，结合用户的浏览记录推送酒店相关信息，挖掘潜在客户，以实现用户在线预订客房潜在客户筛选。智慧酒店通过大数据可以分析平台用户的出行信息，匹配酒店营销中的应用目标潜在客户，吸引相关酒店与其长期合作，并在合作的基础上签订协议。同时可以通过匹配行程，在平台中通过推送针对性的酒店优惠券等方式为酒店带来客源，精准投放，提升酒店的入住率。

随着旅游大数据技术的发展，旅游大数据在智能酒店建设和管理中的应用将更加广泛。未来，智能酒店将更加智能化、个性化、便捷化，酒店管理者通过应用旅游大数据更好地了解客人的需求，从而为客人提供更加优质的服务。

六、旅游酒店大数据技术应用

酒店通过分析和洞察酒店大数据了解旅游市场的总体情况、游客的出行偏好、旅游行为、消费习惯等，为酒店的市场营销提供决策依据。以下是某酒店为调整市场战略在海鳗云旅游大数据平台基于住客行为数据进行的游客行为画像应用示范。

某酒店是一家中型酒店，位于商业繁华地区，主要服务商务人士和短期游客。最近三个月，酒店面临入住率下降的问题，酒店管理层迫切需要了解市场趋势并进行相应的策略调整，以期有效扭转入住率下滑的局面。

登录海鳗云旅游大数据平台，打开住客行为画像大屏，点击右上角"选择时间/区域"，选择该酒店及数据范围，如图5-25所示。

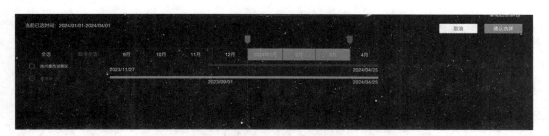

图5-25 选择酒店及数据范围

点击"确认选择"按钮之后，点击"住客基本特征"，页面将显示该酒店的住客基本特征。大数据平台显示，该酒店过去三个月的住客性别占比为男性55%、女性45%；年龄比例中，18~35岁人群（年轻人）40%、36~55岁人群（中年人）50%、56岁以上人群（老年人）10%。如图5-26所示，点击下载按钮，可将数据下载到本地。

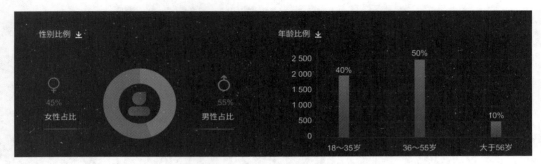

图 5-26　性别比例和年龄比例

大数据平台显示，该酒店过去三个月的住客的学历水平中，本科及以上 60%、高中/大专 40%；职业类型中，IT 和技术行业 30%、金融行业 25%、教育行业 15%、其他 30%。如图 5-27 所示，点击下载按钮，可将数据下载到本地。

图 5-27　学历水平和职业类型

同时，通过该平台可以查看酒店住客是否为大学生、婚姻状态及子女状态，该酒店住客相关数据显示，是否为大学生中，是 10%、否 90%；婚姻状态中，已婚 65%、未婚 35%；子女状态中，有子女 55%、无子女 45%。如图 5-28 所示，点击下载按钮，可将数据下载到本地。

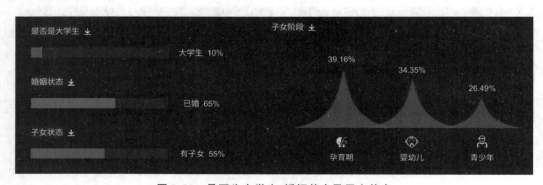

图 5-28　是否为大学生、婚姻状态及子女状态

通过大数据平台还可以查看该酒店最近三个月的住客消费自由度、综合收入水平、综合消费水平，如图 5-29 所示。

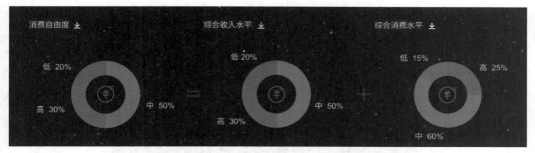

图 5-29　消费自由度、综合收入水平和综合消费水平

从图 5-29 中可以看到,该酒店住客消费自由度:高 30%、中 50%、低 20%;综合收入水平:高 30%、中 50%、低 20%;综合消费水平:高 25%、中 60%、低 15%。选择大屏旅游出行偏好,显示结果如图 5-30 所示。

从图 5-30 中可以看到,住客的旅游意愿度:高 50%、中 35%、低 15%;餐饮类型偏好:本地美食 40%、西餐 30%、快餐 30%;酒店类型偏好:精品酒店 40%、经济型酒店 30%、五星级酒店 30%。

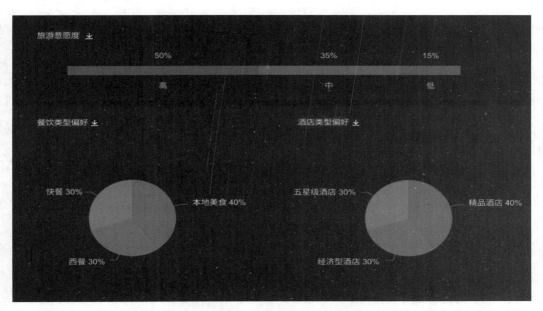

图 5-30　旅游意愿度、餐饮类型偏好和酒店类型偏好

在出行方式偏好中,自驾车 45%、公共交通 40%、飞机 15%,如图 5-31 所示。

根据以上的住客画像,我们可以看出:

(1) 该酒店住客 36~55 岁年龄段的人群占比较高,应加强对中年商务人士和短期游客的营销。

(2) 增设满足高收入和中等收入人群需求的高级和中级房型,并与 IT 和金融行业的企业建立合作关系,为出差员工提供企业协议价。

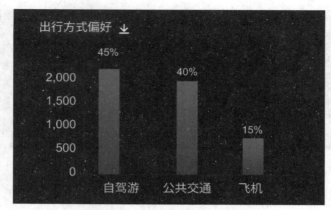

图 5-31　住客行为画像—出行方式偏好

（3）针对自驾游客，提供充足的停车场所，并与当地交通服务商合作，为客人提供便捷的出行服务等。

据此酒店需要定期分析客人数据，监测市场趋势和消费变化，及时调整策略。

学习任务十三　旅行社大数据应用

 任务描述

本学习任务主要介绍旅行社对旅游大数据的分析应用，指导学生完成旅行社大数据分析与应用概述、旅行社行业大数据分析方法与技术、旅行社行业大数据分析的应用领域、大数据在旅行社管理和运营应用场景、旅行社行业大数据分析应用对行业发展影响等内容的学习和实训，培养学生运用大数据思维从事旅行社经营和管理等工作的职业能力和素质。

 任务目标

了解旅行社大数据含义、内容、特征、价值及发展趋势等基础理论；掌握旅行社行业大数据分析方法、模型与技术；了解旅行社行业大数据分析应用领域及影响；掌握大数据在旅行社管理和运营应用场景、内容及应用价值；深刻领悟旅行社行业大数据分析应用对行业及旅游业发展影响。

大数据技术在旅行社数据管理中发挥着重要作用。旅行社行业属于信息密集型行业，日常需要处理大量的客人信息、交易数据、市场趋势及其他相关信息。随着互联网和移动应用的普及，旅行社需要通过大数据技术高效地管理和分析这些信息，以优化业务流程，增强竞争力，为客人提供更好的服务。大数据已经成为旅行社行业市场营销中不可或缺的因素。借助大数据分析，旅行社可以提升客人体验、降低成本、提高竞争力，在激烈的市场竞争中取得成功。随着技术的不断进步，大数据在旅行社行业中的应用前景将更加广阔，为行业带来更多的机遇。

同程旅行春节大数据："黄金周"回归，线上出行预订量大超 2019 年

一、旅行社大数据分析与应用概述

（一）旅行社大数据含义

旅行社大数据是指旅行社在运营中收集、整合、分析和应用的各种大数据。这些数据包括旅行社的交易数据、游客的位置数据、社交媒体上的游客评论、酒店预订数据、交通出行数据等。这些数据一旦被收集起来，就可以采用大数据分析技术进行挖掘，发现其中的规律和趋势，为旅行社管理与运营提供全方位的数据支持，帮助旅行社管理者更好地规划和分析市场，优化旅游产品和服务，提高旅行社运营和管理的效率和质量。

（二）旅行社大数据特征及价值

（1）旅行社大数据具有数据量大、种类多、结构复杂等特征。

（2）旅行社大数据具有很高的价值，可以为政府决策、企业经管、学术研究等提供重要支撑。

（3）旅行社大数据可以用来分析旅游市场需求，优化旅游产品和服务，提高旅游管理效率等。

（三）旅行社大数据分析内容

1. 客源地分析

（1）客源地分布：通过对客源地的分布情况进行深入分析，了解不同地区客人数量和消费水平，为旅行社制定营销策略提供依据。

（2）客源地消费特点：研究不同地区客人的消费习惯和偏好，有助于旅行社提供更加符合客人需求的产品和服务。

2. 目的地分析

（1）热门目的地：分析客人选择的目的地，了解哪些目的地受客人欢迎，为旅行社制定行程提供参考。

（2）目的地消费水平：了解目的地的消费水平，有助于旅行社制定合理的价格策略和行程安排。

3. 旅游线路分析

（1）热门线路：通过分析客人选择的旅游线路，了解哪些线路受欢迎，为旅行社优化线路提供依据。

(2)线路时长与费用：研究不同线路的时长和费用，有助于旅行社制定更合理的行程安排和价格策略。

4. 旅游消费行为分析

(1)消费习惯：了解客人的消费习惯，如是否喜欢购物、喜欢哪些食品等，有助于旅行社提供更加个性化的服务。

(2)旅游决策过程：研究客人的旅游决策过程，了解客人的需求和心理状态，有助于旅行社制定更加有效的营销策略。

（四）旅行社大数据分析与应用趋势

(1)旅行社大数据分析与应用将日趋广泛，包括旅游市场预测、旅游产品开发、旅游服务现代化等。

(2)人工智能、大数据、云计算等新技术将推动旅行社大数据分析与应用的创新发展。

(3)旅行社大数据分析与应用将更加注重用户体验和个性化服务。

旅行社大数据分析与应用前景十分广阔，将成为推动旅游业发展的重要力量。对旅行社大数据的深入分析与有效应用，不仅能推动旅游业的转型升级，还能显著提高旅游业的服务质量和经济效益，能为客人提供更加优质的服务，带来更加丰富的旅游体验。

二、旅行社大数据分析方法与技术

随着大数据时代的到来，旅行社也开始积极探索如何利用大数据技术来提升运营效率，提高服务质量和盈利能力。目前，旅行社大数据分析主要包括以下方法与技术。

（一）数据挖掘技术

数据挖掘技术是通过对大数据进行分析，发现隐藏在其中的规律和模式，帮助旅行社深入地了解市场，并根据这些信息制定更有效的营销策略和运营策略。常用的数据挖掘技术有以下三种。

1. 关联分析

关联分析是指发现不同项目之间的相关关系。例如，旅行社可以通过关联分析，发现哪些目的地与哪些出发地之间存在很强的相关性，从而有针对性地开发新的旅游线路。

2. 聚类分析

聚类分析是指将具有相似特征的客人或目的地聚合成不同的组别。例如，旅行社可以通过聚类分析将客人分为不同的细分市场，针对每个细分市场提供更加个性化的服务。

3. 决策树分析

决策树分析是指构建决策模型来帮助旅行社做出更好的决策。例如，旅行社可以通过决策树分析来预测哪些旅游产品或服务会更加受欢迎，从而可以更好地分配资源。

（二）可视化技术

可视化技术是将数据以图形或图像的方式呈现出来，以便于人们更容易理解和分析。常用的可视化技术有以下几种。

1. 饼图

饼图能显示数据在总量中的占比。

2. 柱状图

柱状图能显示不同项目的数量或大小。

3. 折线图

折线图能显示数据的变化趋势。

4. 热图

热图可以显示数据的分布情况。

旅行社通过可视化技术能更直观地了解市场，做出更明智的决策。

（三）机器学习技术

机器学习技术是通过计算机从数据中学习并做出预测的一种技术。常用的机器学习技术包括以下两种。

1. 监督学习

监督学习是指计算机从标记的数据中学习，然后对新的数据做出预测。例如，旅行社可以通过监督学习来训练计算机识别客人的偏好，以便向客人推荐更加个性化的旅游产品或服务。

2. 无监督学习

无监督学习是指计算机从未标记的数据中学习，然后可以发现数据中隐藏的模式和规律。例如，旅行社可以通过无监督学习来发现不同目的地之间的相关关系，从而可以开发新的旅游线路。

旅行社可以通过机器学习技术来更准确地预测客户的需求和行为，并根据这些信息来制定更有效的营销策略和运营策略。

（四）自然语言处理技术

自然语言处理技术是计算机理解和处理人类语言的一种技术。常用的自然语言处理技术包括：

1. 词法分析

词法分析是指将文本按照一定的语法规则分解成单词或词组的过程。

2. 句法分析

句法分析是指分析单词或词组之间的关系。

3. 语义分析

语义分析是指理解文本的含义。

旅行社可以通过自然语言处理技术来分析客户的评论和反馈,并根据这些信息来改进产品和服务。此外,旅行社还可以通过自然语言处理技术来开发智能客服系统,以便为客户提供更加个性化的服务。

(五)云计算技术

云计算技术是一种通过互联网提供计算、存储和应用程序服务的技术。旅行社可以通过云计算技术来存储和分析大数据,并根据这些信息来制定更有效的营销策略和运营策略。此外,旅行社还可以通过云计算技术来开发新的旅游产品或服务,并向客户提供更加个性化的服务。

三、旅行社大数据分析的应用领域

随着旅游业的迅猛发展,旅行社行业正处于激烈的市场竞争之中,面临着庞大的数据处理需求。大数据技术的出现,为旅行社行业带来了新的机遇。旅行社可以利用大数据技术对旅游市场进行精细化分析,挖掘潜在的旅游需求,为游客提供更加个性化、定制化的旅游服务,从而提高游客满意度。

(一)市场需求分析

旅行社可以利用大数据技术对旅游市场进行全方位分析,从而预测未来的旅游市场需求。例如,旅行社可以利用大数据技术分析游客的出行数据、消费数据、社交媒体数据等,从而了解游客的旅游偏好、旅游习惯、旅游消费能力等,通过对这些数据的分析,旅行社可以预测未来的旅游市场需求,并据此制定相应的市场营销策略。

(1)通过大数据分析,旅行社能够深入洞察不同地区及人群的具体旅游需求,依据这些精准信息,定制化地推出更加符合市场需求的旅游产品和服务。例如,通过分析社交媒体数据,旅行社可以了解人们的旅游偏好与兴趣点,从而推出更符合他们需求的旅游产品,满足人们的个性化旅游需求。

(2)大数据分析还可以帮助旅行社预测旅游市场的未来趋势从而提前制定应对措施。例如,通过分析经济数据、旅游数据和社交媒体数据,旅行社可以预测未来旅游市场的需求变化,从而及时调整自己的产品和服务。

(3)大数据分析还可以帮助旅行社评估旅游产品的营销效果从而优化营销策略。例如,通过分析网站流量数据和社交媒体数据,旅行社可以了解不同营销渠道的转化率,从而调整自己的营销预算和渠道。

（二）旅游产品设计与开发

旅行社可以利用大数据技术对旅游产品进行精细化设计与开发。例如，旅行社可以利用大数据技术分析游客的出行数据、消费数据、社交媒体数据等，从而了解游客的旅游偏好、旅游习惯、旅游动机等。通过对这些数据的分析，旅行社可以设计出更加符合游客需求的旅游产品。

（1）大数据分析可以帮助旅行社了解不同年龄人群的旅游偏好，从而设计出更符合他们需求的旅游产品。例如，通过分析社交媒体数据，旅行社可以了解年轻人的旅游偏好，从而设计出更符合他们需求的旅游产品。

（2）大数据分析可以帮助旅行社发现新的旅游目的地、旅游线路和旅游资源，从而丰富自己的旅游产品库。例如，通过分析游客评论和社交媒体数据，旅行社可以发现一些鲜为人知的旅游目的地和旅游线路，从而为游客提供更多选择。

（3）大数据分析可以帮助旅行社优化旅游产品的价格设置与提升服务质量，从而提高产品的性价比。例如，通过分析竞争对手的产品价格和质量数据，旅行社可以调整自己的产品价格和质量，从而在市场竞争中获得优势。

（三）市场营销与推广

大数据技术可以为旅行社的市场营销与推广提供辅助。例如，旅行社可以利用大数据技术分析游客的出行数据、消费数据、社交媒体数据等，从而了解游客的旅游偏好、旅游习惯、旅游动机等。通过对这些数据的分析，旅行社可以制定出更加有效的营销策略，提高营销活动的投资回报率。

（1）大数据分析可以帮助旅行社了解不同地区、不同人群的旅游信息获取习惯和旅游消费行为，从而制定更具针对性的营销策略。例如，通过分析社交媒体数据，旅行社可以准确把握用户的旅游信息获取途径和偏好，进而在相应的社交媒体平台上策划并实施高效的营销活动，以此吸引并转化潜在客户。

（2）大数据分析可以帮助旅行社评估营销活动的有效性，从而优化营销策略。例如，通过分析网站流量数据和社交媒体数据，旅行社可以了解不同营销活动的转化率，从而调整自己的营销预算和渠道。

（3）大数据分析可以帮助旅行社实现个性化营销，从而提高营销转化率。例如，通过分析游客的历史旅游行为数据，旅行社可以向游客推荐与其兴趣相符的旅游产品和服务，从而提高营销转化率。

（四）旅游服务质量监控与评估

旅行社可以利用大数据技术对旅游服务质量进行监控与评估。例如，旅行社可以利用大数据技术分析游客的评论数据、投诉数据、建议数据等，从而了解游客对旅游服务质量的评价情况。通过对这些数据的分析，旅行社可以及时发现服务质量问题，并采取相应的措施加以改进。

（1）大数据分析可以帮助旅行社监控和评估旅游服务质量，从而发现服务质量问题,及时采取改进措施。例如,通过分析游客评论和社交媒体数据,旅行社可以发现游客对旅游服务质量的投诉和建议,从而及时采取改进措施,提高服务质量。

(2)大数据分析可以帮助旅行社构建旅游服务质量评价体系。例如,通过深入挖掘和分析游客的评价数据,旅行社可以建立一个旅游服务质量评价体系,为游客提供明确评价旅游服务质量的参考标准。

(3)大数据分析可以帮助旅行社进行旅游服务质量预警,从而防止服务质量问题发生。例如,通过分析游客评论和社交媒体数据,旅行社可以发现潜在的服务质量问题,从而提前采取预防措施,防止服务质量问题发生。

(五)旅游安全管理

旅行社可以利用大数据技术对旅游安全进行管理。例如,旅行社可以利用大数据技术分析游客的出行数据、消费数据、社交媒体数据等,从而洞察游客在旅游过程中可能面临的安全风险。通过对这些数据的分析,旅行社可以制定更具针对性的安全管理策略,有效降低旅游安全问题的发生概率。

(1)大数据分析可以帮助旅行社识别和评估旅游安全风险,从而制定更有效的旅游安全管理措施。例如,通过分析历史旅游安全事故数据,旅行社可以识别高风险旅游目的地和旅游线路,从而制定更有效的旅游安全管理措施。

(2)大数据分析可以帮助旅行社建立旅游安全预警系统,从而及时向游客发出安全预警。例如,通过分析社交媒体数据和新闻数据,旅行社可以发现潜在的安全风险,从而及时向游客发出安全预警,提醒游客采取必要的安全措施。

(3)大数据分析可以帮助旅行社开展旅游安全教育,从而增强游客的安全意识。例如,通过分析游客的安全行为数据,旅行社可以发现游客在旅游过程中存在的安全问题,从而有针对性地开展旅游安全教育,增强游客的安全意识。

(六)旅游业态创新

通过引入新的技术和理念来改变传统的旅游服务模式和业务形态,以创造更丰富、更具吸引力的旅游体验。随着科技的发展和社会的变化,旅游业态创新将持续发展,以适应消费者的需求和市场的变化,并且为旅游业带来更多的可能性和发展机遇。

(1)大数据分析可以帮助旅行社发现新的旅游需求和旅游市场机会,从而创新旅游业态。例如,通过分析社交媒体数据,旅行社可以捕捉年轻群体的旅游偏好与趋势,从而创新旅游业态,推出更贴近年轻人需求的旅游产品和服务,从而在激烈的市场竞争中脱颖而出,引领旅游业态的新风尚。

(2)大数据分析可以帮助旅行社优化旅游业态,从而提高运营效率与效益。例如,通过对旅游业态的全面数据分析,旅行社可以识别当前运营中存在的问题与瓶颈,从而有针对性地制定并实施优化策略,全面提高旅游业态的整体运营效率和经济效益。

(3)大数据分析还可以帮助旅行社拓展旅游业态,从而增加收入来源。例如,通过分析旅游业态的数据,旅行社可以发现哪些旅游业态有发展潜力,从而有针对性地拓展这些旅游业态,增加收入来源。

（七）客户关系管理

1. 旅行社客户关系管理

客户关系管理（CRM）是一种以客户为中心的经营策略，运用信息技术对相关业务功能进行重新设计，并重组相关工作流程，达到留住老客户、吸引新客户、提高客户利润贡献度的目的。在旅游行业中，CRM直接面向游客市场，采用信息技术，缩短了供应链，减少了中间环节，降低营销成本。CRM系统具有信息采集、转换、集成、交互、分析和反馈等多种功能，处于业务的核心地位。通过CRM系统，旅行社管理者能够高效地整合各部门信息，实现资源共享，优化客户服务，提高工作效率。进一步地，通过客户数据库分析，旅行社管理者可以根据客户特点形成明确的市场定位，针对不同的客户投入不同的成本，为他们量身定制个性化的旅游线路和服务，这样不仅降低了旅游线路的开发成本，还能使旅行社获得更高的利润。

2. 基于数据挖掘的旅行社客户关系管理框架

旅行社客户关系管理的数据源，包括旅游产品数据（如地点、价格、日期、主题等）、客户数据（如姓名、性别、年龄、收入水平、教育程度，以及所购旅游产品编号、价格和购买旅游服务产品最关心的问题等）、竞争对手数据（如产品名称、价格、推出日期、销量等）、旅游产品销售数据（如产品类型、售价、月销售量、累计销售量等），以及酒店票务数据、团队散客数据、旅游产品售出后所产生的客户反馈数据等。

在网络时代、散客时代，随着市场地位的提高，游客个性化需求日益凸显，这促使卖方竞争，尤其在争夺客户和市场份额方面的竞争愈发激烈。CRM为旅游业提供了一种全新的营销管理模式，倡导以全方位的视角看待游客，为设计出舒适度和满意度高的旅游产品提供必要信息，为旅行社开辟了全新的战略思路。数据挖掘能够更充分发挥CRM的优势，帮助旅行社充分了解游客，挖掘潜在游客，开拓市场。这一技术的应用，对于提升旅行社的市场竞争力、增强客户满意度及忠诚度，具有不可替代的重要价值。

（八）赋能智慧旅行社

1. 智慧旅行社概念

智慧旅行社（ITA），也被称为智能旅行社。《北京智慧旅行社建设规范（试行）》将智慧旅行社定义为利用云计算、物联网等新技术，通过互联网/移动互联网，借助便携的终端上网设备，将旅游资源的组织、游客的招揽和安排、旅游产品开发销售和旅游服务等旅行社各项业务及流程高度信息化和在线化、智能化，达到高效、快捷、便捷和低成本规模化运行。

2. 大数据在智慧旅行社中的应用

（1）从管理角度看：智慧旅行社可以通过客户沉淀的大数据信息，深度了解用户的出行喜好，进行精准的用户画像和偏好预测，智能化地推荐产品，提高营销活动的针对性和有效性。在智慧旅行社行业实践中，大数据与人工智能、物联网等技术的结合显著提升了用户的前端体验，促进后端系统与行业的集成。具体而言，大数据和物联网技术结合极大地改变行业的生态模式,提升了用户的出行体验,使得旅行与后端供应链的集成融合更紧密。

（2）从产品的角度看:大数据能够精准捕捉用户的意图,迅速为用户提供符合其个性化需求的产品组合,让用户能够享受到丰富多样的旅游产品,这些产品不仅满足了用户的个性化需求,还为用户创造了极佳的体验。

（3）从服务的角度看:大数据显著提高了用户获取信息和产品的效率,从而节约了用户时间,增强了用户体验,同时为旅行社节约了劳动力成本,推动旅行社从传统的劳动密集型产业向科技密集型产业迅速转型。

旅行社行业可以利用大数据技术发展智慧旅游。例如,旅行社可以利用大数据技术为游客提供更加便捷、高效、个性化的旅游服务。旅行社还可以利用大数据技术对旅游资源进行智能化管理,提高旅游资源的利用率和开放度。通过智慧旅游的发展,旅行社行业可以为游客提供更加美好的旅游体验,提高旅游业的竞争力。

四、旅行社大数据分析的应用场景

（一）大数据在旅行社管理和运营中的应用场景

大数据在旅行社管理和运营中具有广泛的应用,下面介绍一些常见的应用场景。

1. 数据驱动的市场营销

（1）洞察客户:通过分析和应用大数据,旅行社可以更好地了解客户,细分市场。通过收集和分析客户的行为数据,如搜索历史、购买记录、旅行偏好等,旅行社可以创建客户画像,从而更好地满足客户需求。例如,如果数据显示某一群体对文化旅游有特别的偏好时,旅行社可以据此调整营销策略,更精准地满足这一目标群体的需求。

（2）优化价格:大数据技术可以帮助旅行社实现精确的定价策略。旅行社通过分析市场供需数据、竞争对手的价格策略及季节性趋势,可以制定更具竞争力的价格策略,并在不同时间段灵活调整价格以最大化收益。

（3）精准营销:旅行社可以利用大数据分析市场趋势、客户行为和竞争情况,制定更精准的市场营销策略。例如,通过分析社交媒体数据和搜索引擎数据,旅行社可以了解客户对旅行目的地和活动的兴趣,从而调整营销重点和投放渠道。

2. 个性化产品推荐

基于旅行社客户的历史数据和行为记录,旅行社利用大数据分析客户的旅行偏好、购买历史和反馈,预测客户的需求,提供符合其偏好的旅行路线、酒店和活动,以及个性化的旅行产品和服务等。例如,如果一个客户经常选择海滨度假,旅行社可以向其推荐类似的度假目的地和套餐,这种个性化推荐不仅提高了客户的满意度,还可以增加销售量,提高用户忠诚度和转化率。

3. 风险管理和安全预警

旅行社可以利用大数据分析目的地公共安全数据、天气数据和航班延误数据等,提前预测、识别、预警潜在的风险和问题，采取相应措施，确保旅游行程安全。

4. 运营效率优化和利润最大化

旅行社可以利用大数据分析优化内部运营流程和资源配置。通过分析客户服务数据、销售数据、供应链数据，旅行社可以实时监控和管理供应链各环节的运作，及时发现运营中存在的瓶颈和效率低下问题，并采取措施解决并改善，从而降低管理和运营成本，提高运营效率和利润率，实现利益最大化。

5. 客户服务和满意度

旅行社可以利用大数据分析客户的历史数据和行为模式，以此为基础提供更好的客户服务，进而提升客户满意度。例如，旅行社通过分析客户的购买记录、旅行偏好和反馈，可以了解客户的需求和偏好，个性化地推荐旅行产品和服务。此外，旅行社通过大数据分析客户的评价和投诉，可以及时满足客户需求，改进服务质量。

6. 数据驱动的决策

旅行社可以利用大数据分析把握客户需求和市场趋势，为决策提供坚实的数据支撑，有针对性地规划和优化产品，提高决策的准确性和有效性。具体而言，大数据分析不仅揭示了旅行产品的受欢迎程度和市场需求，还为产品的优化设计提供了思路。通过细致分析销售数据和客户反馈，旅行社能够了解哪些产品更受欢迎、哪些产品需要调整或更新，从而进一步提高产品的竞争力和盈利能力。

总之，大数据分析与应用可以帮助旅行社更好地了解客户需求，优化供应链，提高运营效率和市场响应力，为客户提供更好的旅行服务和体验，提高旅行社的管理和运营效率。

（二）旅行社大数据分析与应用案例分析

1. 携程的游客行为分析

携程通过分析用户的搜索、预订和评价数据，为用户推荐适合他们的旅行线路和酒店。例如，携程发现大多数用户在选择旅游目的地时，首先考虑的是目的地是否热门、是否安全、是否有特色。因此，携程在推荐旅游目的地时，会优先考虑这些因素。

通过用户行为分析，携程构建了用户行为模型，以实现更个性化的推荐。例如，该模型可以根据用户过往的搜索记录、预订记录和评价记录，预测用户偏好。当用户再次访问携程时，系统可以根据用户行为模型，自动推荐用户可能感兴趣的旅游产品和服务，提高用户体验和满意度。通过持续监控和分析用户行为数据，携程可以不断完善用户行为模型，并提供更准确和个性化的推荐，这种数据驱动的策略帮助携程在激烈的竞争中保持领先地位，并为其持续增长和发展作出贡献。

2. 马蜂窝的旅游产品推荐

马蜂窝通过分析用户的浏览和搜索数据，为用户推荐适合他们的旅游目的地和线路。例如，马蜂窝发现，大多数用户在选择旅游目的地时，首先考虑的是目的地是否小众、是否好玩、是否有性价比。因此，马蜂窝在推荐旅游目的地和线路时，会优先考虑这些因素。

此外，马蜂窝还通过社交网络和社区平台收集用户产生的内容（UGC），包括游记、攻略、照片和评论等。这些UGC数据包含了大量用户对旅游目的地的真实体验和评价，为马蜂窝提供了一个宝贵的资源库，通过分析UGC数据，马蜂窝可以发现用户感兴趣的旅游目的地、线路和活动，并将其推荐给其他用户。

综上所述，大数据分析可以为旅行社行业带来诸多益处。通过大数据的分析和利用，旅行社可以更好地了解游客需求，提供更加个性化和定制化的服务，为游客推荐符合他们偏好的旅游产品；可以预测旅游价格的变化趋势，帮助游客在最佳时机预订机票和酒店；旅行社还能借此了解旅游市场的现状和发展趋势，以便做出更明智的决策；大数据还能帮助旅行社识别旅游安全风险，从而采取相应的措施预防旅游安全事故的发生。因此，大数据分析已经成为推动旅行社行业发展的重要驱动力。总之，大数据在旅行社行业中发挥着关键作用，其有助于旅行社提高市场竞争力，优化产品规划和推广策略，进而提升客户满意度和忠诚度。通过大数据分析，旅行社可以更好地了解市场和客户，制定更有针对性的策略和决策，从而提升业务效益和运营效率。

五、旅行社行业大数据分析和应用对行业发展影响

旅行社行业未来的发展将受到云计算和大数据技术的深刻影响。个性化定制服务、数字化体验、智能化运营和可持续旅游将成为未来的发展趋势。同时，边缘计算、区块链技术和人工智能也将为行业带来更多的技术创新。旅行社需要积极应用这些技术，以适应不断变化的市场需求。这些发展趋势和技术创新将使旅行社行业更加先进、高效和可持续，为客户提供更好的旅行体验，同时为企业带来更多的商机。随着云计算和大数据技术的不断演进，旅行社行业将继续在全球旅游市场中发挥关键作用。

旅行社行业大数据分析和应用对行业发展产生了广泛而深远的影响，主要体现在以下几个方面。

（一）优化资源配置

旅行社行业大数据分析应用可以帮助旅行社对市场需求、客户行为、竞争对手等方面的数据进行分析和处理，从而为旅行社优化资源配置提供决策依据。旅行社可以通过大数据分析掌握市场需求的变化趋势，从而调整产品结构和营销策略，以满足不同客人的需求。此外，旅行社还可以通过分析竞争对手的数据来了解他们的产品、价格、服务等方面的信息，从而制定更加有效的竞争策略。

（二）提升服务质量

旅行社行业大数据分析应用可以帮助旅行社提高服务质量，主要表现在以下几个方面。

（1）个性化服务：旅行社可以通过分析客户的出行偏好、消费习惯等信息，为客户

提供更加个性化和定制化的服务。例如,旅行社可以根据客户的兴趣爱好来推荐合适的旅游线路,或者根据客户的预算来设计合理的旅游套餐。

(2)精准营销:旅行社能够深入分析客户的出行行为数据,洞悉其消费习惯和偏好,进而实施更为精准的营销策略。例如,旅行社可以根据客户的出行规律定时推送相关营销信息,或基于客户的兴趣爱好推荐契合其需求的旅游产品,以此提升营销效果。

(3)服务评价:旅行社可以通过分析客户的反馈信息来了解客户对服务的满意度,从而改进服务质量。例如,旅行社可以收集客户对旅游线路、导游服务、餐饮住宿等方面的评价,并根据这些评价来改进服务。

(三)提高运营效率

旅行社行业大数据分析和应用可以帮助旅行社提高运营效率,主要表现在以下几个方面。

(1)智能决策:旅行社可以通过分析大数据来做出更加智能的决策。例如,旅行社可以通过分析市场需求数据来决定开发哪些新的旅游线路,或者通过分析竞争对手的数据来决定如何制定更加有效的竞争策略。

(2)优化流程:旅行社可以通过分析运营数据来优化业务流程,提高运营效率。例如,旅行社可以通过分析预订数据来优化预订流程,或者通过分析客服数据来优化客服流程。

(3)成本控制:旅行社可以通过分析财务数据来控制成本,提高利润率。例如,旅行社可以通过分析采购数据来优化采购策略,或者通过分析营销数据来优化营销成本。

(四)推动行业创新

旅行社行业大数据分析和应用可以推动行业创新,主要表现在以下几个方面。

(1)新产品开发:旅行社可以通过分析市场需求数据来开发新的旅游产品,满足客人的多样化需求。例如,旅行社可以开发定制化旅游线路、主题旅游线路、特色旅游线路等。

(2)新服务推出:旅行社可以通过分析客户行为数据来推出新的服务,提高客户的满意度。例如,旅行社可以推出在线预订服务、个性化服务等。

(3)新模式探索:旅行社可以通过分析行业数据来探索新的商业模式,提高企业的竞争力。例如,旅行社可以探索在线旅游模式、共享旅游模式、目的地旅游模式等。

旅行社大数据分析和应用推动行业创新的关键要点如下。

(1)大数据分析为智慧旅游发展提供数据基础,帮助旅游管理部门实时了解旅游市场动态,分析旅游消费行为,为旅游政策和旅游规划的制定提供决策依据。

(2)大数据分析助力旅游资源开发和利用,通过分析旅游大数据,识别潜在的旅游资源,优化旅游线路设计,提高旅游资源利用率,促进旅游产业可持续发展。

(3)大数据分析推动旅游服务创新,通过分析旅游大数据,了解游客需求和偏好,开发个性化旅游产品和服务,提升旅游服务质量,增强游客满意度。

(五)促进产业转型

旅行社行业大数据分析应用可以促进产业转型,主要表现在以下几个方面。

(1) 从传统旅行社向现代旅行社转型：传统旅行社主要依靠经验和人脉来开展业务，而现代旅行社则更加依赖数据和技术。旅行社通过采用大数据分析技术，可以实现从传统旅行社向现代旅行社的转型。

(2) 从单一旅行社向综合旅行社转型：单一旅行社只提供单一的服务而综合旅行社则可以提供多种服务。旅行社通过采用大数据分析技术，可以将旅游产品、旅游服务、旅游信息等进行整合，从而实现从单一旅行社向综合旅行社的转型。

(3) 从国内旅行社向国际旅行社转型：国内旅行社只提供国内旅游服务，而国际旅行社则可以提供国际旅游服务。旅行社通过采用大数据分析技术，可以了解国际旅游市场需求，从而实现从国内旅行社向国际旅行社的转型。

旅行社行业大数据分析应用促进产业转型升级关键要点如下。

(1) 大数据分析帮助旅行社优化资源配置，提高运营效率，降低成本，提升服务质量，从而实现产业转型升级。

(2) 大数据分析助力旅行社产品创新，满足客人日益多样化的旅游需求，增强市场竞争力，推动产业升级。

(3) 大数据分析赋能旅行社营销，通过精准定位目标客户群，实施个性化营销策略，提升营销效果，降低营销成本，实现产业提质增效。

（六）助力旅游安全保障

旅行社行业大数据分析应用助力旅游安全保障，主要表现在以下几个方面。

(1) 大数据分析帮助旅行社识别和评估旅游安全风险。旅行社通过大数据分析技术，能够识别高风险旅游区域和活动，制定针对性的安全措施，降低旅游安全风险。

(2) 大数据分析助力旅行社应急管理。旅行社通过大数据分析技术，能够监测旅游安全事件，进而能够迅速发现并妥善处理各类旅游安全突发事件，从而切实保障游客的安全。

(3) 大数据分析赋能旅游保险服务。旅行社通过大数据分析技术，能够精准识别高风险旅游人群并提供个性化旅游保险产品，满足游客多样化的保险需求，保障游客权益。

（七）促进旅游业与其他产业融合发展

旅行社行业大数据分析和应用促进旅游业与其他产业融合发展，主要表现在以下几个方面。

(1) 大数据分析助力旅行社与交通、住宿、餐饮等相关产业深度融合。旅行社通过大数据分析技术，能够优化交通运输网络，提高住宿和餐饮服务质量，打造无缝衔接的旅游服务体系。

(2) 大数据分析推动旅行社与文化、体育、娱乐等产业融合发展。旅行社通过大数据分析技术，能够挖掘旅游文化内涵，开发旅游文化产品，丰富旅游体验。

(3) 大数据分析赋能旅行社与科技、金融等前沿产业融合发展。旅行社通过大数据分析技术，能够开发智慧旅游平台，提供在线旅游服务，推动旅游业数字化转型。

（八）优化旅游产业政策

旅行社行业大数据分析和应用优化旅游产业政策，主要表现在以下几个方面。

（1）大数据分析为旅游产业政策制定提供数据基础。旅行社通过大数据分析技术，能够了解旅游市场需求，识别旅游产业发展瓶颈，为旅游产业政策制定提供依据。

（2）大数据分析助力旅游产业政策评估。旅行社通过大数据分析技术，能够评估旅游产业政策实施效果，发现政策不足之处，为政策调整和完善提供建议。

（3）大数据分析推动旅游产业政策创新。旅行社通过大数据分析技术，能够探索新的旅游产业政策思路，如大数据驱动的旅游产业发展政策、旅游产业数字化转型政策等，为旅游产业政策创新提供方向。

目前，旅行社行业大数据分析和应用对行业发展已产生了一定的影响，未来，随着大数据技术的不断进步和方法的不断创新，大数据分析平台持续优化，旅游大数据的开放与共享将持续深入，旅游大数据生态圈也将日益成熟。同时，政府监管政策的不断完善也为旅行社行业创造更为健康的发展环境。这些积极因素将共同推进旅行社行业大数据分析和应用向更深层次发展，其效益将更加显著，为旅行社行业的繁荣与发展带来更为积极的影响。

实训任务五
基于微博数据的旅游网络舆情分析

实训预习

微博是我国较大的社交媒体平台之一，其用户群体庞大，涵盖了各个年龄段和各类人群，尤其是年轻人和旅游爱好者。在这个信息传播速度较快的平台，用户可以实时发布和分享自己的观点、体验和意见。通过分析微博上的旅游舆情，旅游企业及相关机构可以获取更广泛的用户参与和反馈，从而更全面地了解用户对旅游问题的态度、需求和评价。旅游网络舆情分析可以帮助旅游企业及相关机构及时了解用户对其品牌的评价和态度。

逻辑回归是一种常用的机器学习算法，用逻辑回归算法分析微博数据可以帮助我们进行文本分类或情感分析。

实训目的

（1）逻辑回归是一种常用的机器学习算法，通过实践应用该算法，可以让学生了解和掌握机器学习算法的基本原理、工作流程和应用场景。这有助于培养学生的数据分析和机器学习能力。

（2）微博数据常常涉及情感分类和情感分析的任务。逻辑回归可以用于二分类问题，通过实践应用逻辑回归，学生可以掌握文本分类和情感分析的基本方法，了解如何将文本数据转化为机器学习可处理的形式，并能够预测和分析评论的情感倾向。

（3）在实训中，学生需要评估训练好的逻辑回归模型的性能，并解释评估结果。这有助于学生理解模型评估指标的含义和作用，提升模型性能分析能力。同时，学生还能够解释模型的决策规则和预测结果，从而了解如何利用模型进行实际应用和解释分析结果。

综上所述，通过用逻辑回归算法分析微博数据进行实训的主要目的在于培养学生的机器学习算法应用能力、模型评估和结果解释能力，以及对文本分类和情感分析方法的掌握。通过本实训任务的实践，学生能够将理论知识转化为实际应用，从而提升他们在数据分析和机器学习方面的实践能力。

实训要求

要求学生将数据集划分为训练集和测试集，并使用逻辑回归算法对训练集进行模型训练，并能够调整逻辑回归模型的超参数。对训练好的模型进行评估，计算准确率、精确率、召回率、F1值等指标，并解释评估结果，分析模型的性能。

实训方法

（1）逻辑回归算法。
（2）海鳗云旅游大数据教学实训平台。

操作步骤

1. 导入数据

准备一批微博评论数据且做好标注，打开海鳗云旅游大数据平台，在数据分析模块训练画布中导入准备好的训练数据，如图5-32所示。

2. 中文分词

中文分词是自然语言处理中的一项重要任务，主要是将连续的中文文本切分为一个个单独的词语或词组。中文是以字为单位书写的语言，而且相邻的汉字之间没有明确的分隔符号。因此，没有进行分词的文本会造成词语模糊，难以正确理解和处理。分词也是机器翻译和自然语言处理的基础。在进行中文文本翻译和处理时，分词对于正确理解和转换源语言和目标语言之间的文本是非常重要的。因此，中文分词是中文文本处理的重要步骤，对于提高中文自然语言处理任务的准确性和性能具有重要意义。

在画布中拖入中文分词工具，并设置参数，如图5-33所示。

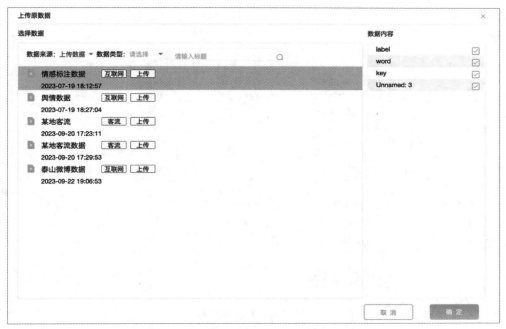

图 5-32　导入数据

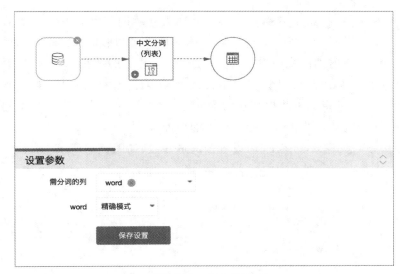

图 5-33　中文分词

3. 去除停用词

在文本处理和自然语言处理任务中,常常会对文本进行去除停用词的处理。停用词是指那些在文本中频繁出现但对文本的主题和含义贡献较小的词语。需要注意的是,停用词列表通常是根据具体任务和语料库定制的。不同的任务和领域停用词的定义会有所不同。因此,在去除停用词的过程中,需要考虑具体的应用场景,选择合适的停用词列表进行处理。

在观察分词结果后,在画布中拖入去除停用词工具,设置停用词参数,如图5-34所示。

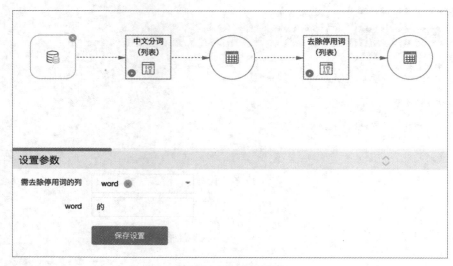

图 5-34　去除停用词

4. 词向量

词向量转换可以将文本数据中的词语转换为连续的向量表示。传统的文本处理方法往往以离散的符号形式表示词语,难以捕捉词语之间的语义关系。而通过词向量转换,可以将词语映射到高维向量空间中,使得语义相近的词在空间上距离较近,有助于更好地表示词语的语义信息。词向量转换为文本分类和情感分析等任务提供了更好的输入特征。通过将文本数据转换为词向量,可以较为准确地表示文本的语义信息和情感倾向,从而提升分类和情感分析模型的性能。

在画布中拖入词向量转换工具,设置词向量参数,如图5-35所示。

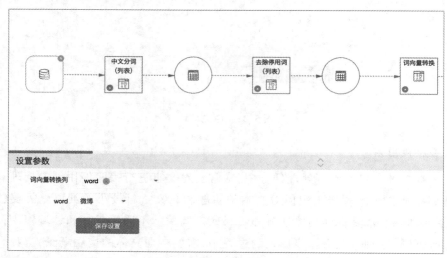

图 5-35　词向量转换

5. 逻辑回归算法

在画布中拖入逻辑回归算法,并设置参数(图5-36),具体的参数可以根据结果调整,并重新运行,直至获得理想模型。

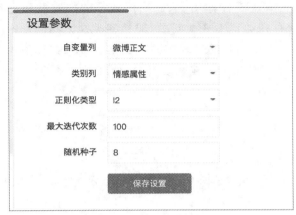

图 5-36 逻辑回归算法

6. 获得训练结果,并解读模型

在画布右上角点击运行,将得到模型结果,如图5-37所示。

		precision	recall	f1-score	support
2	0.0	0.6534653465346535	0.631578947368421	0.6423357664233577	209
3	1.0	0.6541353383458647	0.6373626373626373	0.6456400742115027	273
4	2.0	0.86875	0.9084967320261438	0.8881789137380192	306
5	accuracy	0.7411167512690355	0.7411167512690355	0.7411167512690355	0.7411167512690355
6	macro avg	0.7254502282935061	0.7258127722524007	0.7253849181242931	788
7	weighted avg	0.7372978487235581	0.7411167512690355	0.7389475419368192	788

图 5-37 逻辑回归训练模型

(1) precision:精确率,预测为正的样本中,实际为正样本的比例。

(2) recall:表示实际为正样本中,预测为正样本的比例。

(3) f1-score:f1值,是精确率和召回率的调和平均数。

(4) accuracy:准确率表示所有的预测样本中,预测正确的比例。

(5) support:支持项,代表有多少数据参与了计算,这里指的是测试集的大小。

(6) macro avg:先对每一个类统计指标值 P、R、f1,然后再对所有类求算术平均值。

(7) weighted avg:对宏平均的一种改进,考虑了每个类别样本数量在总样本中占比。

7. 基于该模型对微博数据进行情感分析

登录海鳗云旅游大数据教学平台,打开数据分析模块,导入任意景区的微博评论数据,并使用已训练好的模型进行分析,点击运行即可分析出每条微博评论的情感属性。

实训总结:通过逻辑回归算法可以对微博数据进行情感分析,了解用户的情绪和观点倾向,以及对某一话题或事件的态度。这对于舆情监测和了解社会声音具有重要意义。在进行数据分析过程中,微博数据的质量、准确性和实时性对于确保分析结果的准确性和及时性具有决定性作用,因此确保数据的准确性和完整性至关重要。此外,微博数据中常常存在类别不平衡问题,即标签类别之间的样本数量差异较大。这会导致模型在预测少数类别时的表现较差。虽然逻辑回归算法本身具有较强的解释性,能够揭示特征变量对结果的影响程度,但在处理复杂微博数据时,可能需要更复杂的模型或算法来提高解释能力。

实训任务六
基于大数据的景区客流分析与预警

实训预习

据统计,中国已成为世界最大的国内旅游市场和世界最大的国际旅游消费国。随着旅游总体规模的快速增长,旅游景区的压力(空间、设施、生态、心理、社会等方面的压力)持续增加。国内居民收入增加,旅游活动逐渐常态化,节假日集中化使得游客大量集聚。在春节长假、"五一小长假"、"十一黄金周"等高峰时段,游客的规模巨大,热门景区面临游客"爆满""井喷""拥堵"等问题。总之,旅游活动的常态化和节假日的集中化两大因素促使游客集聚效应的出现。

"小长假"与"黄金周"期间,各地的旅游交通枢纽、景区售票点、游玩等候区、出入口、卫生间、餐厅等场所都会出现游客爆满的现象。大规模的游客集聚导致安全风险剧增,极易发生旅游安全事故。由此可见,在客流统计与预测的基础上探索景区客流管控策略,对于提升管控策略的科学性、合理性和实用性具有重要意义。

实训目的

通过海鳗云旅游大数据教学实训平台对客流数据进行预测,并运用价格杠杆调节、旅游线路推荐、建立应急队伍等方法来预防和控制游客集聚。

实训要求

根据某旅游景区历史客流数据预测该景区节假日客流数据,判定集聚风险的基准。

实训方法

海鳗云旅游大数据教学实训平台—数据分析模块。

操作步骤

1. 导出历史客流数据

在海鳗云旅游大数据平台的历史客流大屏中，导出这一景区8—10周的客流数据。

2. 旅游景区客流量预测

打开海鳗云旅游大数据教学实训平台，在数据分析模块导入历史客流数据，并使用灰色预测设置参数，如图5-38所示。

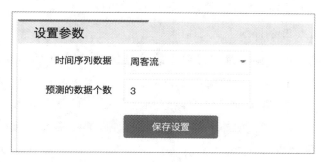

图5-38 灰色预测

点击运行之后将得到客流数据预测结果，如图5-39所示。

查看数据　保存至数据资源　下载至本地

1	预测值	发展系数	灰色作用量	后验差比
2		-0.04813780631072037	17734.427786729917	0.02960344181842916
3	26609.79783323256			后验差比<=0.35，模型精度等级为好
4	27922.066602614592			

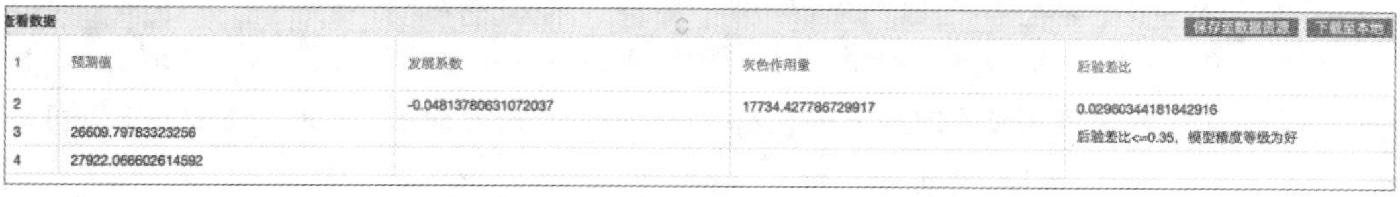

图5-39 灰色预测结果

需要注意的是，灰色预测方法在预测客流数据时，对数据的连续性和可靠性要求相对较高。若存在较多的异常值、数据缺失或不连续点，则需要预先进行数据处理和修复，以提高预测的准确性和可靠性。

3. 划定集聚风险控制区

判定集聚风险的基准是最大承载量。首先，参考《景区最大承载量核定工作导则》(LB/T 034—2014)，根据景区类型及风险点的历史数据，核定景区的最大承载量，并设定安全边际系数、黄色警报系数、橙色警报系数和红色警报系数，计算景点的安全承载量。安全承载量是指在多种风险同时出现的情况下都不会造成安全问题的游客数量。每个景点的安全边际系数不尽相同，一般不超过0.60，黄色警报系数通常设定为0.70，橙色警报系数通常设定为0.80，红色警报系数通常设定为0.90。集聚风险控制区划定如表5-1所示。

表 5-1　集聚风险控制区划定

区域	承载量	风险等级	管控措施
红色警报区	红色警报承载量＝最大承载量×红色警报系数	高风险	警报区：疏解
橙色警报区	橙色警报承载量＝最大承载量×橙色警报系数	较高风险	
黄色警报区	黄色警报承载量＝最大承载量×黄色警报系数	中风险	预警区：控制
蓝色警报区	蓝色警报承载量＝最大承载量×蓝色警报系数	较低风险	
绿色警报区	绿色警报承载量＝最大承载量×绿色警报系数	低风险	安全区：预防

针对不同的集聚风险等级，需要分类采取应对措施。

4. 游客集聚的成因分析

在游客集聚到产生风险并最终导致事故的过程中，有若干因素在起作用。需要对游客集聚的风险发生机理进行系统梳理，摸清诱发集聚风险的因素，并采取切断风险链条的管控措施。人群集聚的具体原因包括人群短时间急剧流入、人群流出速度不足、游客面对风险过度乐观、意外事件激发群体恐慌、通道变窄或设计不当、人流流动方向差异、人群流动速度差异等。

5. 划定景区的重点管控区域

容易发生游客集聚风险的区域划定为重点管控区域。游客游玩的场所（如观景点、展室等），游客经过的、逗留的、休憩的场所都可能因为游客聚集而产生风险。常见的风险点包括：①任何通道变窄的地点，如出口、入口、拐角、走廊、桥梁、过道等；②任何可能导致行进速度下降的地点，如楼梯台阶、斜坡、光滑地面、阴暗处等；③任何可能引发恐慌的地点，如鬼屋、怪坡等。

6. 制定景区游客集聚的应对措施

基于景区客流监控和分析统计数据，从预防、控制和疏解三个方面提出应对游客集聚的对策建议。

（1）游客聚集的预防措施：根据景区客流预测数据，采取限制人数、门票价格杠杆调节等方式控制客流量，在重点管控区域建立空间区隔，制定停车场、景区车辆、休息区域等旅游基础设施的应急措施。

（2）游客聚集的控制措施：根据景区尤其是重点管控区域的实时客流数据，对景区整体和重点管控区域的集聚风险等级进行预警，并通过官方网站、微信公众号、App 等信息平台发布人口热力图和预警信息。还可以构建风险直报系统，让游客通过直报系统将人群集聚的信息（如文字、图片、语音、视频等）直接报送景区应急部门。

（3）游客集聚的疏解措施：当游客集聚达到警报水平时，应启动疏解措施，如依据景点热度优化旅游线路，启动备用停车场，利用现场广播、应急警铃和显示屏发送风险信息，启用应急队伍等。

项目小结

本项目主要介绍了旅游大数据在旅游管理和运营中的应用,采用项目化教学,以任务为导向,理实一体,通过案例分析等教学方法,完成了四个学习任务,依次为旅游管理部门大数据应用、旅游景区大数据应用、旅游酒店大数据应用及旅行社大数据应用,通过本项目的学习和实训,使学生了解和掌握大数据在旅游管理部门、景点景区、酒店、旅行社等领域的分析应用场景、技术方法、模型构建、策略制定,以及大数据的价值与影响,此过程旨在培养学生从管理运营角度出发,具备获取、分析、应用旅游大数据的综合素质和能力。

项目训练

一、知识训练

请扫描边栏二维码答题。

在线答题

二、能力训练

1. 依托某一旅游管理部门政务网站,收集、洞察、分析游客投诉大数据并应用,提出本区域旅游舆情处理方案。

2. 依托某一智慧旅游大数据综合管理平台,采用可视化技术,分析某一旅游景区游客消费行为。

3. 依托某一旅行社大数据管理平台,采用数据挖掘技术,对某一个旅游团的旅游服务质量开展监控与评估,并撰写分析报告。

项目六
基于大数据的旅游服务

 项目描述

本项目详细介绍了基于大数据的旅游服务中所涉及的游前服务、游中服务、游后反馈服务、基于UGC数据的旅游目的地形象感知和基于网络评论数据的游客满意度评价。

 项目目标

知识目标

1. 了解基于大数据的游前服务；
2. 了解基于大数据和AI的游中服务；
3. 了解基于口碑大数据的游后反馈服务；
4. 掌握基于UGC数据的旅游目的地形象感知；
5. 掌握基于网络评论数据的游客满意度评价。

能力目标

1. 能够运用大数据技术完成旅游目的地形象感知；
2. 能够运用大数据技术完成游客满意度评价。

素养目标

1. 培养数据驱动决策意识；
2. 培养学生的思辨和解决问题的能力；
3. 培养终身学习意识。

知识导图

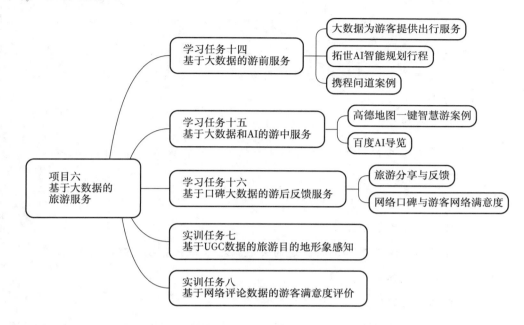

项目引入

智慧文旅的先锋：美团旅游的大数据革新之旅

随着数字化转型的浪潮席卷全球，美团正以其大数据技术引领中国文旅行业的创新与发展。通过智慧文旅产品和服务，美团不仅提升了游客的体验，也为景区管理带来了革命性的变化。

一、背景介绍

在2020年中国国际旅游交易会上，美团展示了其在智慧文旅建设方面的多项创新成果。其中，"文旅大脑"作为一项核心大数据产品，通过数据大屏为政府和文旅局展现了区域内景区的综合调度情况，实现了游客洞察分析、文旅消费分析及评论分析等功能，极大提升了游客的参观体验。

美团还与宝鸡市人民政府签署了战略合作协议，共同推进文旅领域的新基建、景区预约旅游合作等项目，旨在提振宝鸡市的文旅形象，促进文化旅游产业的高质量发展。

二、核心策略

1. 智慧预约服务

美团通过数字化技术帮助景区建立预约服务系统，实现无接触检票和快速入园,优化游客体验。

2. 战略合作

与多个地区文旅部门建立合作,共同探索文旅市场发展的新动能。

3. 人才培养

美团大学美景学院成立,旨在培养智慧旅游高素质人才,推动文旅行业的整体进步与发展。

4. 整合营销

通过多样化的营销策略,如与珠海长隆度假区的联动,创造新流量,激发消费群体出游意向。

三、分析与思考

1. 技术与服务的融合

美团的案例展示了如何将先进的大数据技术与旅游服务深度融合,提升服务效率和游客体验。

2. 数据驱动的决策

"文旅大脑"等产品通过数据分析为政府和景区管理者提供决策支持,体现了数据驱动决策的重要性。

3. 人才培养的重要性

美团大学美景学院的成立,反映了在数字化转型过程中,人才培养是推动行业发展的关键因素。

4. 合作模式的创新

与政府及景区合作为文旅市场的发展提供了新思路,展现了政企合作在推动行业发展中的潜力。

5. 持续创新的必要性

面对不断变化的市场需求,美团持续加强科技创新,展现了企业在适应市场变化中的灵活性和创新能力。

四、启发

美团旅游的大数据应用案例为文旅行业提供了宝贵的经验。通过智慧文旅产品和服务的创新,美团不仅提升了用户体验,还推动了行业的数字化转型。未来,随着技术的不断进步,大数据将继续在文旅行业中发挥更大的作用,为行业的创新发展提供强大动力。

(案例来源:https://new.qq.com/rain/a/20201117A0H8R700,有改动)

学习任务十四　基于大数据的游前服务

任务描述

旅游和互联网被广泛认为是满足人们美好生活需求的两大"法宝"。旅游大数据的成功应用不仅消除了旅游业和互联网发展之间的壁垒，还实现了两者的相互融合和促进。基于大数据的旅游服务以游客为核心，依托智能旅游技术和先进的智能化手段，将大数据的科技成果融入游客服务的各个环节，这种融合带来了许多优势，使游客在旅行的各个阶段获得更好的体验和便利的服务。在游客出发之前，大数据满足他们对信息的需求。通过收集和分析大量个性化的旅游数据，大数据能够为游客规划行程并提供决策支持，帮助他们做出更明智的选择。这样，游客可以提前了解目的地的情况，制订行程计划，并获取实时的旅游信息。

任务目标

利用大数据分析游客的需求和行为，结合用户生成内容，为游客提供个性化的旅游计划和线路推荐，以提升旅游体验和满意度。

一、大数据为游客提供出行服务

大数据在旅游领域的应用日益广泛，通过深入了解游客需求、分析信息并进行预测，为游客提供了多种产品和服务，帮助游客做出理想的旅游计划。在这一过程中，用户生成内容（User-Generated Content，UGC）在互联网平台上发挥着重要作用，为大数据提供丰富的信息资源。

UGC是用户通过各在线平台分享自己的旅游经历、意见和建议的内容。这些内容包括游客的旅行照片、游记、评论和评分等。互联网上的大量UGC，构成了海量的数据。这些数据在旅游业中具有重要的参考价值，可以揭示游客的兴趣、偏好和行为模式，为旅游服务提供更精确的定制化建议和推荐。

通过分析UGC，大数据可以识别热门旅游目的地、受欢迎的景点和活动，帮助游客选择合适的行程和线路。例如，通过分析用户的评论和评分，可以明确广受好评的餐厅和住宿服务，为游客提供高质量的推荐。此外，大数据还可以预测旅游需求趋势，为旅游业提供市场洞察和决策支持。

另外，大数据的应用还可以提供实时的旅游信息和导航服务，帮助游客更好地规划和调整旅行计划。通过收集和分析实时数据,如交通状况、天气预报和景点拥堵情况数据,为游客提供准确的导航指引和旅行建议,提高他们的旅行体验。

大数据借助用户生成内容的丰富资源,为游客提供个性化的旅游建议和服务。通过分析 UGC 内容,大数据可以洞察游客需求和行为模式,帮助他们做出更好的旅行决策。

二、拓世 AI 智能规划行程

旅行业迎来了人工智能(AI)的革新,AI 已成为游客的得力助手。通过智能算法、大数据分析和机器学习,AI 能够根据游客的兴趣、偏好和需求,为他们提供个性化的旅行建议,包括路线规划、酒店选择、餐厅推荐和活动安排等,极大地提升了游客的旅游体验,使旅程更加愉悦且难忘。

一款名为拓世 AI 的产品能在规划旅游行程之前与游客互动,旨在了解游客的旅行偏好、兴趣爱好和预算。通过与游客的一系列交流,拓世 AI 能够更好地了解游客的需求,并为他们提供相应的旅行建议。这种个性化的对话体验,让游客感觉就像在与一位贴心的旅行顾问沟通一样,只不过这位顾问是一位精通 AI 技术的虚拟助手。

拓世 AI 能为游客推荐适合的目的地,充分考虑每位游客的偏好和兴趣。无论是喜欢探索自然风光、体验历史文化,还是享受美食之旅,AI 都会提供个性化的目的地推荐,并综合考虑季节、气候等因素,确保游客的旅游体验尽善尽美。

拓世 AI 还可以规划详细的行程安排,结合每个目的地的独特景点和活动,考虑交通、住宿等因素,制定合理的行程。游客可以得到每天的活动建议,包括景点参观、餐厅推荐等。这种个性化的行程规划让游客的旅程变得更加充实,不再担心错过任何精彩瞬间。

在旅游过程中,游客可以随时与拓世 AI 交流,寻求实时建议并对行程进行灵活调整。AI 能及时响应游客需求,无论是尝试当地特色美食、参加特定活动,还是应对突发情况,拓世 AI 都能提供相关信息和建议,像是一位随时待命的导游,随时为游客提供帮助,确保旅程一切顺利。

除了行程规划,拓世 AI 还为游客提供旅行小贴士和实用信息,内容涵盖当地的文化礼仪、交通指南和紧急联系方式等,使旅程更加便捷和安全。AI 技术的融入为旅行业带来了新机遇,为广大游客创造更加个性化和贴心的旅行服务。

慎思笃行

科技力量带来智慧旅游新体验——文旅产业转型升级步伐愈发坚定有力

近年来,随着文旅融合的深入,当前以数字化、网络化、智能化为特征的智慧旅游走进大众日常,其蓬勃发展为游客提供了多元化、高质量的体验和服务,成为文旅产业转型升级的重要推手。

"十四五"规划纲要明确提出,要深入发展智慧旅游,创新旅游产品体系,改善旅游消费体验。各地也围绕"旅游＋科技"展开了诸多探索实践,积累了丰富的经验。

智慧旅游作为一个系统工程,平台建设成为代表、委员关注的焦点。今年,山东省文化和旅游厅"十大行动"中专门提出"科技赋能行动",丰富数字文旅新场景,完善"好客山东 云游齐鲁"智慧文旅平台建设,提升智慧化文旅服务。"在全域旅游不断拓展的背景下,智慧旅游既是提升游客满意度、获得感的必然要求,这是推动文旅产业提质升级的必由路径。科技赋能正在推动山东文旅融合高质量发展。"孔维克建议,各地要加快智慧旅游基础业态建设,通过深化"互联网＋"旅游场景化,推出更多智慧旅游景区、项目,不断丰富智慧文旅新场景。

"四川也正在加快建设'智游天府',打造一个政府、企业和公众游客信息共享的平台。"宋秋介绍,前端的信息营销、过程中的监管以及售后服务都可以通过智慧旅游不断优化和完善。汇集数据为产业发展和游客服务做好指导,为企业引流赋能,也为游客带来更好的消费体验。

宋秋特别提到"拥抱技术",她建议,政府要做好政策引导,鼓励企业在数字化转型中,以符合老百姓文旅消费需求为投资方向,推出更多高质量的智慧文旅产品。

在数字技术的加持下,具有浓郁历史感和鲜明地方风情的历史文化街区也能焕发出新的活力。2023年,全国政协委员、黑龙江省政协副主席迟子建就带来了《关于建立历史文化街区数字化联盟的提案》。

"历史文化街区多设有特定场景和时段的现场表演,但由于受场地、时间和表演方式等方面的限制,此类文化活动的传播力不够广泛。"迟子建建议,大力开发数字化应用场景,提供场景地图、语音讲解、线上体验式历史文化展厅等服务功能,实现对历史文化街区的数字化呈现。同时,开通街区文创产品、特色食品等线上购买渠道,进一步弘扬民族文化,激发文旅消费市场活力。

"科技的应用,让旅游预订、导览、排队等环节变得更加高效,大大丰富了文旅场景,裸眼3D、全息影像及元宇宙等技术,让'诗与远方'好看好玩、有趣有料。"全国政协委员、河北旅游投资集团总会计师韩谦认为,相关数据将为之后的个性化、定制化旅游提供科技支撑,提升旅游营销,激活新市场。韩谦介绍,河北旅游投资集团专门组建数字科技公司负责开发拓建集团智慧景区、智慧营销数字化信息平台等。他建议,伴随新科技的不断涌现,政府和相关企业一定要重视旅游数据的深入挖掘,把旅游数据当成一种重要的战略资产。

作为知名的智能语音和人工智能上市企业,科大讯飞近年来在智慧文旅场景中进行了不少实践。"我们的AI虚拟人已经应用于不少景区。"全国人大代表、科大讯飞董事长刘庆峰介绍,AI虚拟人可以开展虚拟讲解、艺术普及和交互体验等数字化服务。比如,以新颖、特别的讲解形式推介景区特色、行程路径、美食介绍等；通过开发沉浸式体验项目，为游客提供全面的咨询服务。

AI赋能文旅行业，有着无限可能。刘庆峰建议，应加强塑造中国文化特色的原创IP开发和转化，打造更多具有广泛影响力的数字文化品牌，推动数字艺术在重点领域和场景的应用创新，更好传承中华美学精神。

（资料来源：https://www.mct.gov.cn/preview/special/2023lh/9684/202303/t20230314_940607.htm）

三、携程问道案例

2023年7月17日携程发布了首个旅游行业垂直大模型——携程问道，为游客带来可靠的内容和精准的推荐。携程问道通过筛选200亿高质量非结构性旅游数据，并结合携程的结构性实时数据、机器人技术和搜索算法进行训练开发，以提供优质的服务。

携程问道的核心模块实现了三个方面的升级：首先是服务场景升级，新增了国际旅行救援服务和国际医疗救援服务，覆盖了各类游客求助需求；其次是服务触点升级，支持24种服务语言，并扩大到27个全球援助中心和78个当地办公室，覆盖了超过100万家医疗合作机构；最后是服务范围升级，只要通过携程旅行App发起求助，都能得到相应的服务。

目前，携程问道已经具备了两大方面的能力：一方面，在用户需求明确时，用户可以通过文字或语音以自然语言的形式向携程问道提出包含复杂条件的机票和酒店产品查询请求，该模型将直接提供智能查询结果；另一方面，当游客对旅游目的地和住宿选择尚不明确时，他们可以向携程问道提出自己的想法，如期望的旅行地点和酒店类型等，携程问道便根据地域、主题特色等维度为他们推荐合适的旅游目的地、酒店、景点及行程规划，甚至包括实时优惠信息。

携程问道的推出为游客带来了更便捷、个性化的旅游服务体验，无论他们的需求是明确的还是模糊的，都能得到满意的解决方案。

学习任务十五　基于大数据和AI的游中服务

任务描述

随着互动终端的普及和技术的进步，智慧旅游服务的技术手段日益多样化。这些服务提供了全方位的旅游体验，涵盖了食、住、行、游、购、娱等方面，以提升游客在旅途中的满意度，赋予旅行更多的意义。在旅行过程中，游客需要及时查询订购信息、购买产品、获得导览和目的地信息等，而基于大数据的旅游体验服务不仅可以帮助游客随时获取所需信息,还提供智能导览服务,节省时间并助力游客做出决策。

AI研究的一个主要目标是让机器完成原本需要人类智慧才能完成的复杂任务。在旅游行业中,AI技术的应用可以有效整合处于割裂状态的旅游应用系统,通过大数据有效处理和充分利用丰富的旅游信息资源,为游客提供便捷而完美的旅游体验。在游客旅行途中,AI通过旅游信息推送、自助导览功能、标识识别软件和智能语音助手等服务,为游客提供智能化的旅游体验,推动了智能旅游的整体发展。

借助大数据和AI技术,我们能够收集并整理旅游目的地的相关信息,进而对这些信息进行排名与个性化分析,为游客推荐最相关的景点及其个性化介绍。在游客游览完一个景点后,可以根据他们所在的位置、时间和预算等因素,智能地推荐下一个景点。此外,智能旅游语音助手可提供语音问答、翻译和预订等服务,专业的翻译软件还可以为出国游客提供更多便利。目前已有产品成功运用这些技术,为游客提供了优质的服务,并展现了大数据和AI技术在提升智慧旅游体验满意度方面的巨大潜力。

任务目标

了解智慧旅游服务如何通过大数据和AI技术提升游客的旅游体验和满意度,包括提供多样化的旅游服务、个性化的智能导览、便捷的旅游信息推送和语音助手等服务。这些技术手段可以有效地处理和利用旅游信息资源,为游客带来智能化的旅游体验,促进智能旅游的发展。

一、高德地图一键智慧游案例

2022年4月12日,在"桃醉平谷·花海休闲"北京平谷第二十四届国际桃花节暨阿里巴巴·平谷云上桃花节开幕式上,高德地图"平谷一键智慧游"宣布即日起正式上线。每年4月中旬,平谷的万亩桃园盛开,形成壮观的桃花海,吸引了众多游客。作为北京市平谷区与阿里巴巴集团合作的重要项目,高德地图为平谷区量身打造了一套集食、住、行、游、购、娱于一体的数字化解决方案,旨在助力该区域成为旅游数字合作的典范。

"平谷一键智慧游"是基于高德地图的数字化能力开发的,它整合了平谷区内酒店、景点、美食、厕所等旅游关键要素,并将其集中呈现在一个平台上,为用户提供便利的数字化服务。用户只需在高德地图App中搜索"平谷一键智慧游",即可体验该服务。此功能不仅帮助用户轻松查找平谷区内各景点的美食、厕所等实用信息,还支持在线预订门票和酒店服务。目前,高德地图的一键智慧游已经广泛覆盖了全国多个景点,为广大游客提供方便、快捷的高质量服务。

高德地图的"平谷一键智慧游"为游客提供了便利的旅游解决方案,使他们能够更好地观赏平谷桃花节和其他景点的美景。通过数字化的方式整合各类旅游信息和服务,高德地图助力平谷区成为旅游数字合作的典范。

智慧旅游令人耳目一新

在博物馆里遇到"会讲故事"的文物,"穿越"到唐朝的市坊酒肆与李白、杜甫打个招呼,打开手机小程序查看当前城市的数字文旅地图……

随着人们的旅游需求从简单观光向深度体验转变,混合现实、光影技术、人机交互等数字科技正在积极融入旅游景区、文博机构、休闲街区等,创造互动性与沉浸感并存的新场景,为游客带来耳目一新的游玩体验。

文化和旅游部公布首批全国智慧旅游沉浸式体验新空间培育试点,博物馆、度假区、主题公园等类别的24个项目入选,旨在探索具有数字科技显著特征的智慧旅游新产品发展之路。这些"数字+文旅"的旅游产品有哪些玩法?为文旅产业转型发展提供了怎样的思路?

一、历史文化活起来

红军战士脚下是浮桥,桥下是鲜血染红的湘江水;头顶有飞机,无情的炮弹如雨点般坠落……在中国共产党历史展览馆的"4D+6面"全景影院中,观众通过6面LED巨幕和1面互动平台,能够身临其境地感受长征途中血战湘江的场景。

伴随着红军爬雪山、过草地的过程,馆内的智慧云中控系统触发了风、雪等环境模拟效果,寒冷的体感让观众与红军战士"感同身受",更加体会到长征的艰苦卓绝、可歌可泣。

"在这里我目睹了战士们的流血牺牲,一想到他们牺牲时和我年纪差不多大,就忍不住想流泪。"来自中国人民大学的本科生小张告诉记者,数字化的展陈方式让革命历史更加立体可感,也让党史学习教育更加深入人心。

而在江苏扬州的中国大运河博物馆,数字技术将文物背后的故事以可视化、可互动的方式呈现,观众能在特定场景中获取新知。在"运河上的舟楫"展厅,各个时期的运河船只模型陈列其中,观众如果对某一艘船感兴趣,只需将一种AI仪器对准船只,就能够看到船的内部结构。站在模拟复原的"沙飞船"甲板上,观众能感受河流涌动,看到古时大运河畔的繁华景象,听见运河岸边的说书声与叫卖声。

此外,依托裸眼3D技术的"5G+VR大运河沉浸式体验"、以"知识展示+密室逃脱"模式进行角色扮演的"大明都水监之运河迷踪"、包含全景影院设备的城市历史景观再现区域"大运河街肆印象"等数字科技体验项目,让参观博物馆从静态欣赏转变为积极互动、主动求知的"乐学"体验。

北京联合大学旅游学院的曾教授认为,文博展览等景点往往深奥枯燥,难以打动游客,通过数字科技的活化演绎,人文景观变得生动起来,文物变得鲜活起来,历史文化才更容易走进人们内心深处,从而提升历史文化遗存的活态生命力。

二、旅游演艺选择多

"这次来郑州玩,就是为了看看'戏剧幻城'。一天之内看了这么多不同种类的戏剧,现在我确实有种入戏的幻觉。"在进入"只有河南·戏剧幻城"观演之前,"95后"戏剧爱好者小沈并不清楚何为"戏剧幻城",多重空间、高度沉浸的观剧体验让她找到了答案。

这座"戏剧幻城"从盲盒中创意取材,用夯土城墙合围出方正的空间,并划分出56个完全不同的格子,打造了21个剧场和不同风格的景观院落。游客可以在格子中穿行,分别进入不同时期、不同主题的戏剧空间观演。置身其中,在LED光影技术、"声光电画"一体化数控系统的辅助下,游客可以回到红庙学校,重温童年时的课堂时光;"穿越"到1942年,体验李家村人逃荒的艰辛;来到"天子驾六遗址坑"与想要预见未来的周天子进行"时空对话"。

科技与艺术的相互融合,让舞台演艺营造出更加奇幻的感官体验,各具特色的演艺活动成为备受欢迎的旅游吸引物。数据显示,2023年2月至4月,全国旅游演艺观演人次比上年同期上升184%,旅游演艺成为拉动文旅消费的重要引擎。

在湖北武汉,"夜上黄鹤楼"光影演艺项目通过动画、音乐、激光等技术手段,结合真人演出,再现黄鹤仙子、岳飞点兵等黄鹤楼文化故事,为这座千年名楼新添"夜间玩法";在江苏无锡,拈花湾景区的"拈花一笑"借助动态雕塑、无人机、AR等特效与设备,将表演者、音乐、山水与光影融为一体,展现拈花湾唐风宋韵的江南水乡园林建筑风格。

业内人士认为,依托数字技术、围绕游客"五感体验"推出的旅游演艺新产品,不仅提升了游客的旅游体验,还有利于带动文化IP、景区景观等文旅产业链其他环节的升级,助力文旅产业向智慧化、精品化方向发展。

三、城市空间再探索

2023年暑期,随着电影《长安三万里》热映,古都西安再次成为唐代文化爱好者的出游首选目的地。走出西安火车站,映入眼帘的便是大明宫国家遗址公园米黄色的建筑群,游客李女士忍不住感叹:"感觉一下子到了长安!"

在遍布名胜古迹的西安市内,还有一座"平行时空里的长安"。走进长安十二时辰主题街区,游客不仅可以身着唐代服饰穿行在市井街区,还能手握"开元通宝"代币,到酒肆里买壶好酒,观看歌舞。

据了解,长安十二时辰专门研发了智能收银系统,打造了一套"开元通宝"交易体系,街区内所有的零售业务都可以通过定制软件实现代币、手机扫码等多种形式的支付,让游客既享有现代生活的便捷,又能获得"梦回长安"的愉悦体验。

近年来,许多城市通过建设休闲街区、修缮老建筑等方式,既完成了城市更新与旧城改造,又积极推出文旅新产品、新业态,将旅游场域扩展到更广阔的城市空间。

在北京，曾遭污染的亮马河经过改建驳岸、水体治理和照明亮化等修复改造后，蝶变为亮马河国际风情水岸。围绕周边商圈与文化资源，通过布设数字创意光影场景、开设观光航线，亮马河形成了"文商旅＋科技"综合夜游品牌，让游客与市民共享亮马河之夜的魅力与精彩。

数字场景构建与智能交互，是城市型文商旅融合发展项目的共同特点。文化和旅游部产业发展司副司长表示，数字化已成为文旅产业发展的重要方向和强大引擎，拓展了文旅产业的发展空间，要拥抱新技术，拓展新场景，开辟新赛道，塑造新优势，不断推动数字文旅产业高质量发展。

（资料来源：http://ent.people.com.cn/GB/n1/2023/0831/c1012-40067602.html）

二、百度AI导览

2023年9月13日，在武汉举行的2023百度联盟大会上，百度向联盟伙伴和开发者推出了AI组件商店，并介绍了全球首创的导览BOT产品，为景区、美术展览馆和博物馆提供了一站式解决方案。这次发布是百度在与文化和旅游部签署合作框架协议后，推动数字文化产业和旅游业数字化发展，为社会公众提供高质量文化和旅游信息服务的又一次重要举措。

导览BOT是一种数字人工导游，当游客进入景区时，可以激活导览BOT，立即开始"提问回答游"。在游览过程中，导览BOT能像真人导游一样介绍文物和建筑，同时游客可以随时打断并提出问题，快速获得更多拓展知识的答案。

此外，导览BOT还能与游客进行快速互动，直观展示景区的核心卖点。游客在获取有效信息后，可以自主判断和选择景区内容，并获得专业详尽的文化和历史讲解。同时，导览BOT为游客提供个性化解决方案，让他们享受到"专属"的体验。即使游客在景区漫步，也可以随时获取多种随机路线触发的方案，包括餐饮服务、公共设施、交通路线等基本信息服务。

值得一提的是，得益于百度联盟AI在交互方式上的创新，游客在与导览BOT的互动中能够体验到与真人沟通无异的自然、顺畅感。游客能够获得深度体验和有温度的互动，使得"沉浸式体验"逐渐成为景区核心竞争力的一部分。

在合作模式方面，百度利用自身在人工智能和大模型方面的优势，深度开发适用于文旅场景的大模型，并整合多种前沿AIGC技术。百度专注于后端技术能力的提升和模型训练，通过接口将多种能力提供给合作伙伴。而传统的智慧景区、智慧城市以及旅游系统开发者则负责前端页面设计、营销、呈现和产品运营。这种积木式的创新模式，通过合作伙伴的产品和渠道与景区合作，将AIGC技术迅速、高效地服务于广大游客。

项目六　基于大数据的旅游服务

学习任务十六　基于口碑大数据的游后反馈服务

 任务描述

基于大数据的旅游服务不仅让游客获得了全方位的旅游体验,还为他们提供了多种分享旅游经历的方式。游客可以在旅游网站或其他互动平台上通过图片、视频和游记等形式分享他们的旅游体验,并与其他用户交流。这些旅游记录不仅表达了游客的个人感受,也为其他人提供参考和借鉴。同时,这些评论和评价以多种形式存在,形成了目的地的口碑,具有很强的说服力。

另外,基于口碑大数据的游后反馈机制能够有效联动运营商和游客,优化流程,降低成本,提高效率。运营商可以根据游客的反馈改善自身的服务,满足游客的个性化需求,提高他们的旅游体验满意度。这种基于口碑的反馈机制,使运营商的营销更具精准性,有助于他们更好地满足游客需求,增强市场竞争力。

此外,这些评价和看法都是基于用户亲身感受和自我体验的原创内容,没有商业色彩,因此具有较高的可信度,有时甚至超越广告的影响力。游客既是信息传播者,也是信息接收者,他们可以在评价网站上浏览相关信息,这些信息有时会影响他们的决策,进而影响整个旅游供应链。运营商可以有效整合游客的评价和分享信息,为策划相关产品和服务提供参考。

通过大数据和口碑反馈机制,旅游服务可以更好地满足游客的需求,为游客提供个性化的体验,同时也使运营商能够精确地了解市场需求,改进自身的服务。这种互动和信息共享的模式,为智慧旅游的发展注入了新的活力。

 任务目标

基于游后反馈机制的口碑大数据分析,实现运营商与游客之间的紧密联动,能显著优化流程、降低运营成本、提高营销效率。通过充分利用游客的反馈信息,运营商能精准地开展营销活动,同时改进服务,满足游客的个性化需求,提升他们的旅游体验和满意度。

一、旅游分享与反馈

旅游行业正面临着日益多元化的旅游需求,为提升游客的旅游服务质量,旅游回顾分享服务成为重要途径。如今,游客可以通过多种途径分享和反馈旅游经历。

在旅游社区平台方面,马蜂窝是一个集合旅行文化、社区氛围和自由行理念的旅游服务App。马蜂窝聚焦自由行,主打旅行UGC,实现了从攻略、信息到交易平台的全方位一体化发展,其核心竞争力在于信息、大数据和交易平台的结合,形成了以"内容+交易"为特点的平台型电商模式。

另外,社交媒体也是分享和反馈旅游经历的重要渠道之一。以小红书为例,它是一个生活方式平台和消费决策入口,通过机器学习实现对海量信息和用户的精准匹配。游客可以轻松在小红书上分享旅行经历,该平台以简洁、符合年轻人习惯的表达方式和高度原创性的内容而闻名。此外,通过微博等社交媒体,旅游企业可以关注游客的需求,为他们提供个性化服务。

结合移动客户端和互联网的优势,旅游分享和反馈机制为游客提供了更客观、公正的信息。游客可以根据自己的个性化需求,轻松获取休闲娱乐、购物、餐饮等方面的商户信息,并发布消费评价。这种机制为游客提供了可靠的参考和决策依据。

慎思笃行
Shensi Duxing

生态旅游带富瑶乡

"外面来的游客越来越多,家里的土鸡、茶叶供不应求,3个月卖了6000多元。"广西壮族自治区桂林市资源县河口瑶族乡葱坪村坪水屯贫困户小曹一边打油茶一边开心地说,"在家养土鸡、摘茶叶、种稼子,再整理几间空房接待外来游客,比外出务工强多了。"

这是资源县创建广西特色旅游名县,大力推进生态旅游助力脱贫攻坚的一个缩影。近年来,该县以"创特"为契机,充分利用生态资源优势,结合红军长征过资源、少数民族风俗等,开发红色历史文化、民俗风情、生态休闲等旅游线路。

坪水屯是资源县河口瑶族乡葱坪村的一个自然屯,至今已有200年历史,该屯依山势连片而建的清一色木瓦结构建筑就有37座,2018年列入第五批国家级传统古村落。坪水屯四面环山,进屯的山路蜿蜒陡峭,交通制约着它的发展,它曾经是有名的深度贫困村,2015年识别贫困户有17户66人。

为进一步推进生态旅游发展,助力脱贫攻坚,资源县河口瑶族乡结合当地实情,组织驻村工作组深挖少数民族风俗及当地特色资源禀赋,强基础、抓品牌,先后10余次邀请桂林旅游学院教授组成的专家团深入瑶乡调研指导生态旅游发展工作。

坪水屯的瑶族群众积极响应政府号召,利用房前屋后的老茶树及浓郁的盘瑶特色文化,从2018年开始举办以"闻茶香·品坪水·助脱贫"为主题的采茶节,邀请四方嘉宾前来赏古树、品古茶。通过举办采茶节推进"特色产业+文化+旅游+互联网"融合发展,打造以坪水屯为代表的"山清水秀、休闲农家"旅游品牌,推动坪水屯由卖农产品到卖风景、卖文化,已成为该县瑶族特色文化乡村旅游示范点。

"酒香不怕巷子深,茶香引得客青睐。"2018年,梧州的茶叶老板当场拍板,要和村里合作。随后,茶叶老板送来制茶机器,教村民甄选、加工茶叶。"梧州的茶老板也被吸引了过来,看到我们的古茶树喜欢得不得了。"村民骄傲地说。

如今,该屯通过线上直播、制作VR全景地图等创新手段,进一步强化品牌的宣传推广,让生态旅游搭上"互联网+"的"快车"。2020年上半年,虽然受到疫情影响,但该屯的土猪、土鸡、茶叶、油茶等农产品销量不减。目前,该屯17户贫困户66人已全部脱贫。

(资料来源:https://www.chinastory.cn/PCzwdbk/detail_v2/20200710/1006000000039761594362351581424209_1.html)

案例分析

二、网络口碑与游客网络满意度

口碑传播是指通过口口相传的方式,使信息迅速传递。研究表明,游客在进行旅游决策时,通常会参考亲朋好友的经验,并高度信任他们提供的口碑信息。因此,游客之间的口碑传播对旅游资源满意度评价具有重要影响。口碑传播具有覆盖范围广、数据客观且数量大、收集成本相对较低、文本信息挖掘技术成熟等特点,这些因素是建立旅游资源满意度评价体系的关键。

如今,第三方点评成为一种普遍现象,用户可以通过网站以第三方视角对商户提供的产品或服务进行评价。这些评论客观地反映了用户的真实感受,这是第三方评论网站的核心特色。因此,游客不再被动地接受商家发布的信息,而是能够主动发表评论,表达自己的观点和看法。游客在行程结束后发布的评论和旅游经历分享构成了旅游资源满意度的评价体系。

网络评价对游客来说具有极高的参考价值,它能客观地反映游客的真实感受,从公众视角对旅游资源进行评价,有助于构建旅游资源满意度评价体系。网络评价通过集中反映游客的意见,增强了游客的黏性和忠诚度。同时,在旅游营销传播中,网络口碑也具有重要作用。旅游景区应重视网络口碑的传播力量,积极参与网络平台上的口碑讨论,起到正向引导的作用。

实训任务七
基于UGC数据的旅游目的地形象感知

实训预习

随着互联网和Web 2.0技术的迅猛发展,用户生成内容(UGC)的概念逐渐兴起,越来越多的用户通过网络平台发布自己的原创内容。与此同时，越来越多的游客通过社交网络、攻略社区等UGC平台收集和分享旅游信息，海量的UGC已成为影响游客目的地形象感知和旅游决策的主要渠道。其中，图片以直观的信息传递方式成为UGC的重要组成部分，同时也成为游客对旅游目的地形象感知过程中的关键传播媒介，对于旅游目的地形象的传播与构建具有极高的参考价值。

实训目的

基于用户UGC数据，运用爬虫工具对游客的游后反馈数据进行采集，并对数据进行预处理，使用ROST CM6对采集到的数据进行分析，根据结果完成对旅游目的地的形象感知。

实训要求

要求学生运用八爪鱼采集器对游客评论进行采集，并对数据进行统一同义词处理，使用ROST CM6对采集到的数据进行分析并完成对旅游目的地的形象感知。

实训方法

八爪鱼采集器。

操作步骤

基于用户UGC数据，运用爬虫工具对游客的游后反馈数据进行采集，并对数据进行预处理，使用ROST CM6对采集到的数据进行分析，根据结果完成对旅游目的地的形象感知。

1. 研究区域

嵩山少林寺位于河南省登封市，是中国佛教禅宗的发源地之一，也是中国功夫的发源地之一。登封"天地之中"历史建筑群（包括少林寺建筑群）于2010年7月列入我国第39处世界文化遗产，是全国重点文物保护单位和国家5A级旅游景区。少林寺作为宗教遗产类旅游资源，在宗教界和文化界具有重要的影响力，并且因中国功夫而享誉海内外。

少林寺景区拥有丰富的人文景观和奇特的自然景观。游客可以探索中国现存规模最大、数量最多的塔林，以及中国最早的石阙——少室阙，还能深入体验武术馆、达摩洞、初祖庵、二祖庵、十方禅院和甘露台等特色景点。少室山三皇寨则汇聚了众多自然景观，是嵩山世界地质公园最佳观景处，其中的猴子观天、云峰虎啸、御寨落日和少室秋色等景观令人流连忘返。

嵩山少林寺因其高知名度和广泛的网络关注度，在各大主流旅游网站上积累了大量关于该寺的游记、旅游攻略和景区评论等网络文本数据。这些宝贵的数据不仅为研究嵩山少林寺景区游客满意度提供了有力支持，还便利了网络文本数据的获取。这种信息共享和互动的模式不仅让游客能够更深入地了解和体验少林寺,也为景区的发展和改进提供了宝贵的参考依据。

2. 采集步骤

在携程旅行网首页点击"攻略·景点",在搜索框内输入"少林寺",在结果页中选择少林寺景点,采集目的地景点的相关评论,如图6-1至图6-3所示。

示例网址为"https://you.ctrip.com/sight/dengfeng1014/7954.html"。

在首页左上角点击"新建"—"自定义任务",将复制好的一批同类网址,粘贴进网址输入框中,并点击"保存设置",八爪鱼中内置的浏览器会自动打开第一个网页。同时可以看到,流程中已自动创建"循环"—"打开网页"步骤,如图6-4至图6-6所示。

图6-1 在携程旅行网首页点击"攻略·景点"

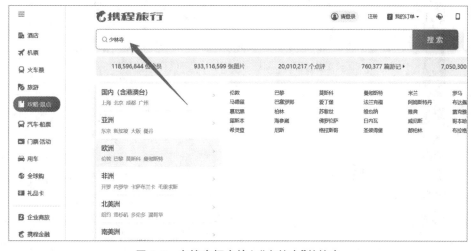

图6-2 在搜索框内输入"少林寺"并搜索

图6-3 点击页面中的点评

图6-4 首页左上角点击"新建"—"自定义任务"

图6-5 复制网址到输入框中

图 6-6 自动创建"循环"—"打开网页"

打开网页后,开始进行数据采集。为了更好地与其他景点数据进行区分,我们另外采集少林寺、网址、总评分三组数据。鼠标左键点击相应的文字,系统会自动框选,点击"提取数据"下方的"文本内容","少林寺"就出现在了下方的数据预览区域,如图 6-7、图 6-8 所示。

图 6-7 点击"文本内容"

图6-8 提取目标出现在下方的数据预览区域

对于当前页面网址的采集,需要点击添加字段图标,选择"添加当前网页信息"—"网址",如图6-9所示。

图6-9 添加"网址"字段

总评分的采集与上面操作相同,点击"4.4",在右边出现的提示框中选择"文本内容",如图6-10所示。

图 6-10 提取评分字段

对评论区域进行数据采集,选定某个游客的评论,直至方框完全覆盖整个区域,点击方框后在右侧出现的提示框中点击"选中全部子元素",子元素会出现在下方的数据预览区域,如图 6-11 至图 6-13 所示。

图 6-11 选定游客评论

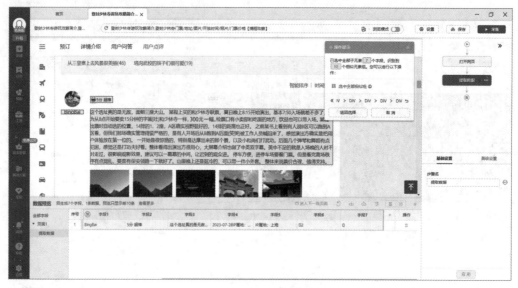

图 6-12　子元素采集选择完毕

序号	字段1	字段2	字段3	字段4	字段5	字段6	字段7
1	BingBai	5分 超棒	这个选址真的是无敌…	2023-07-28IP属地：…	IP属地：上海	02	0

图 6-13　数据预览

此时我们点击提示框中的"选中全部相似组"之后，再点击右上角的删除按钮，将不需要的字段4、字段5、字段6和字段7删除（时间和IP属地在之后进行单独提取），如图6-14所示。

字段4	字段5	字段6	字段7
2023-07-28IP属地：…	IP属地：上海	02	0
2023-08-15IP属地：…	IP属地：河南	02	0
2023-05-23IP属地：…	IP属地：安徽	06	0
2023-06-24IP属地：…	IP属地：河南	03	0
2023-08-19IP属地：…	IP属地：浙江	0点赞	0
2023-08-06IP属地：…	IP属地：山西	0点赞	0

图 6-14　删除无效字段

点击"操作提示"中的"元素中数据内容"，如图6-15、图6-16所示。

项目六　基于大数据的旅游服务

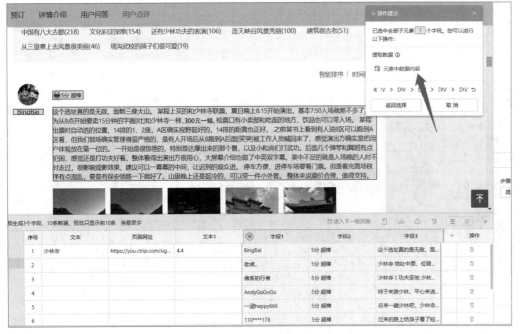

图 6-15　点击"元素中数据内容"

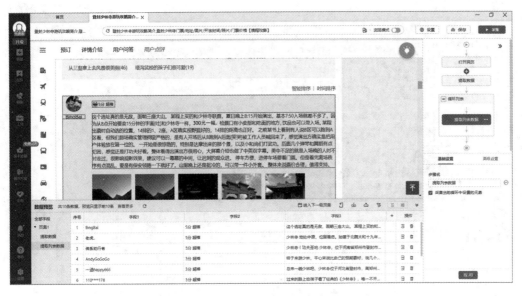

图 6-16　页面中所有目标字段处于选择状态

再次选中方框内容，在"操作提示"中选择"文本内容"，将单个游客的整个评论区域的数据全部提取出来，并复制一份，便于之后对评论时间和游客 IP 属地进行提取，如图 6-17 至图 6-19 所示。

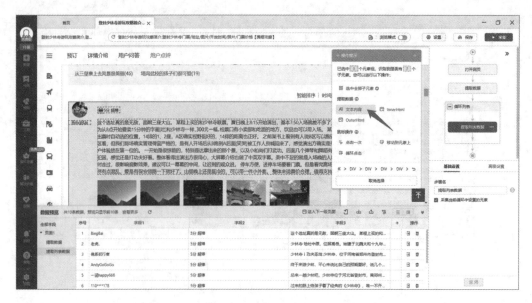

图 6-17　点击"文本内容"

图 6-18　整个评论区域数据全部提取一份

字段3	文本2	文本2_复制	+	操作
这个选址真的是无敌，面朝三...	BingBai 5分 超棒 这个选址真的...	BingBai 5分 超棒 这个选址真的...		
少林寺 地处中原，位居嵩岳。...	老虎.. 5分 超棒 少林寺 地处中...	老虎.. 5分 超棒 少林寺 地处中...		
少林寺丨功夫圣地 少林寺，位...	佛系初行者 5分 超棒 少林寺丨...	佛系初行者 5分 超棒 少林寺丨...		
终于来游少林，平心来说比自...	AndyGoGoGo 5分 超棒 终于来...	AndyGoGoGo 5分 超棒 终于来...		
总来一趟少林吧，少林寺位于...	一涵happy666 5分 超棒 总来...	一涵happy666 5分 超棒 总来一...		
过来的路上给孩子看了经典的...	110****178 5分 超棒 过来的路...	110****178 5分 超棒 过来的路...		

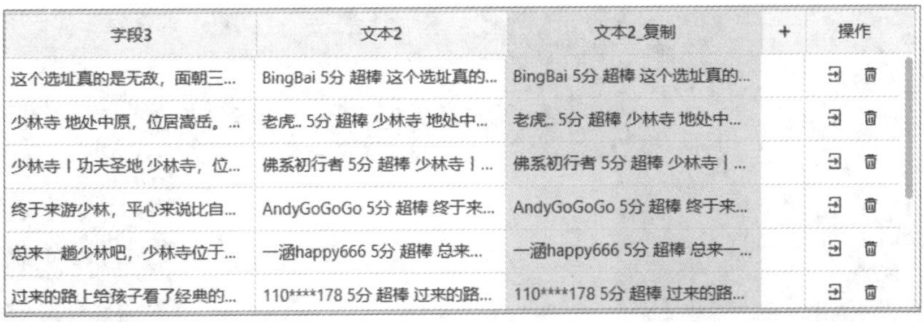

图 6-19　复制一次

点击“文本 2”字段右侧的更多字段操作按钮，点击“格式化数据”，如图 6-20 所示。

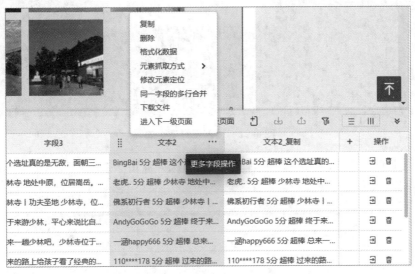

图 6-20　点击“格式化数据”

点击“添加步骤”按钮，选择“正则匹配”，在正则表达式输入框中输入用于匹配时间的正则表达式“ \d{4}－\d{2}－\d{2}”，如图 6-21、图 6-22 所示。

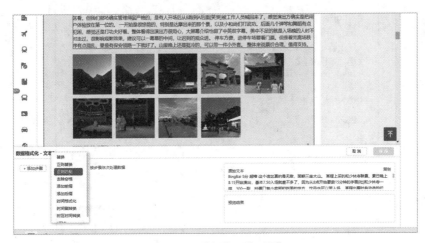

图 6-21　选择“正则匹配”

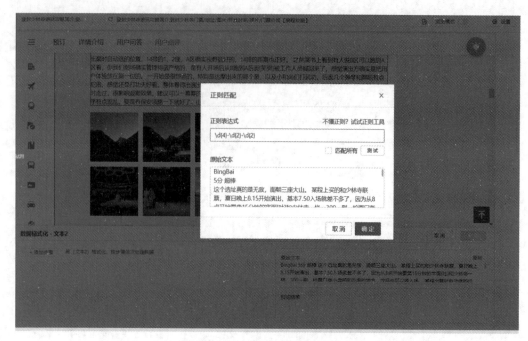

图 6-22 输入正则表达式

点击测试,匹配结果显示正确,证明提取无误。点击"确定"—"应用",如图 6-23、图 6-24 所示。

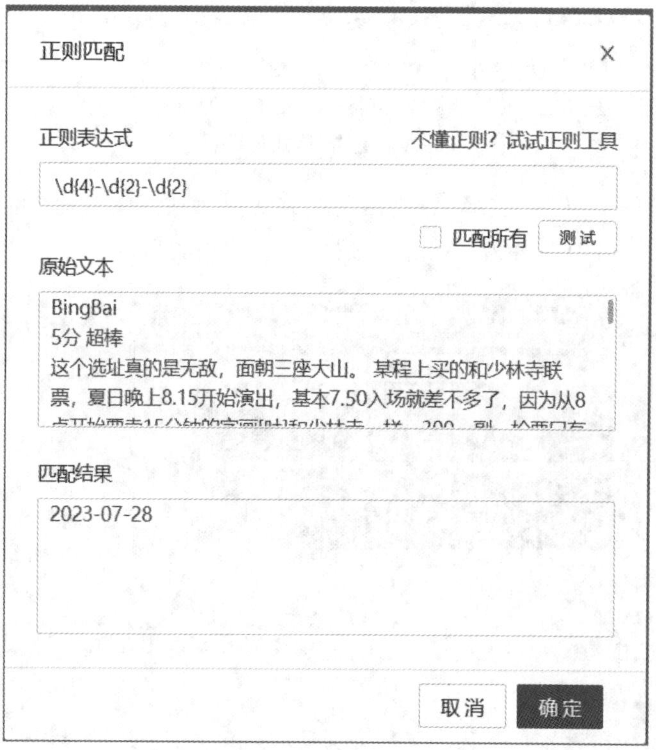

图 6-23 点击"确定"按钮

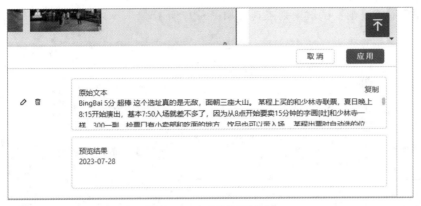

图 6-24 点击“应用”按钮

成功提取时间，如图 6-25 所示。

字段3	文本2	文本2_复制	+	操作
这个选址真的是无敌，面朝三...	2023-07-28	BingBai 5分 超棒 这个选址真的...		
少林寺 地处中原，位居嵩岳。...	2023-08-15	老虎.. 5分 超棒 少林寺 地处中...		
少林寺丨功夫圣地 少林寺，位...	2023-05-23	佛系初行者 5分 超棒 少林寺丨...		
终于来游少林，平心来说比自...	2023-06-24	AndyGoGoGo 5分 超棒 终于来...		
总来一趟少林吧，少林寺位于...	2023-08-19	一涵happy666 5分 超棒 总来一...		
过来的路上给孩子看了经典的...	2023-08-06	110****178 5分 超棒 过来的路...		

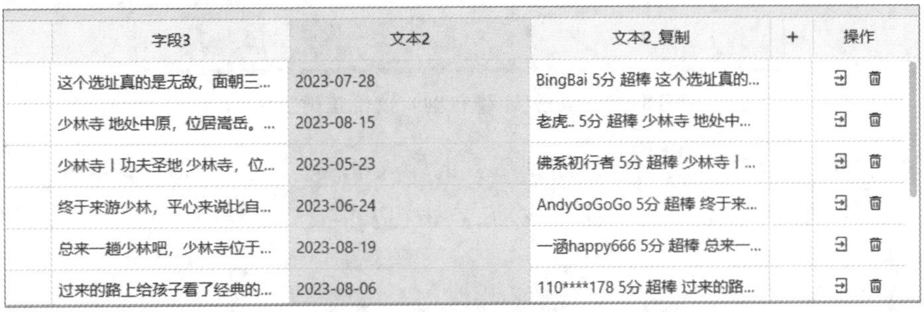

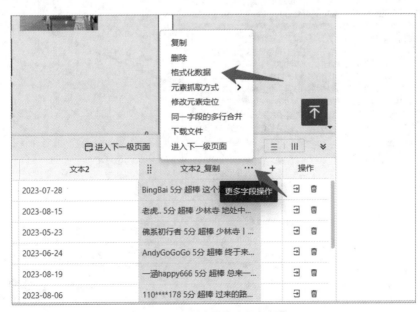

图 6-25 成功提取时间

点击“文本 2_复制”字段右侧的更多字段操作按钮，选择“格式化数据”—“正则匹配”，如图 6-26 所示。

图 6-26 选择“格式化数据”

点击"不懂正则？试试正则工具"，如图6-27所示。

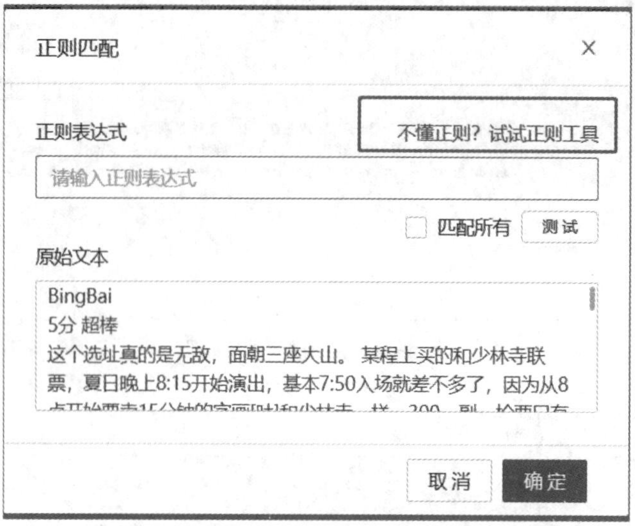

图 6-27 点击"不懂正则？试试正则工具"

勾选"开始"，将"IP属地："复制到后方的输入框中，点击"生成"—"匹配"，匹配结果中显示IP属地"上海"，证明提取成功，点击"应用"—"确定"—"应用"，如图6-28、图6-29所示。

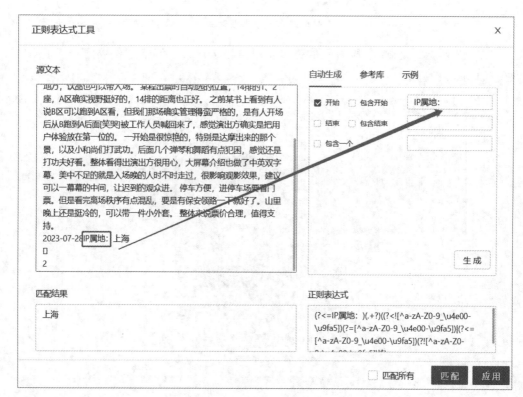

图 6-28 将"IP属地："复制到输入框

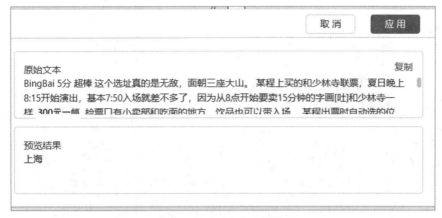

图 6-29　点击"应用"按钮

至此,IP属地也成功提取出来,如图 6-30 所示。

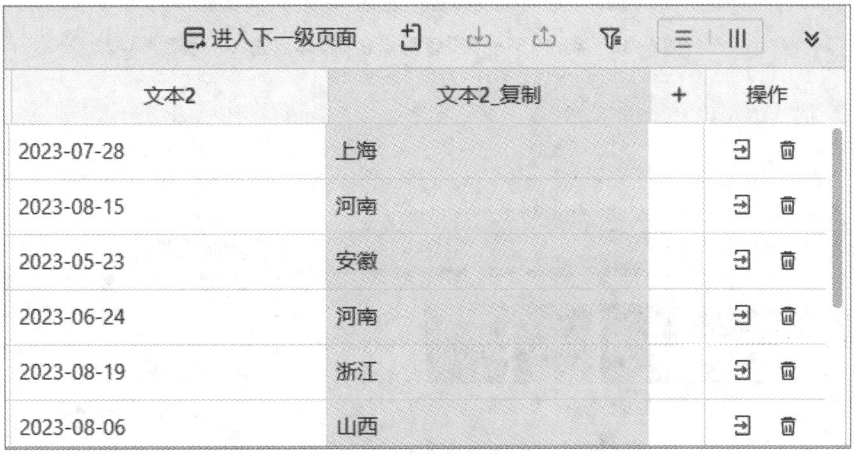

图 6-30　IP 属地成功提取

3. 编辑字段

在当前页面数据预览面板中双击字段名称,依次修改所需字段的字段名称,如图 6-31 所示。

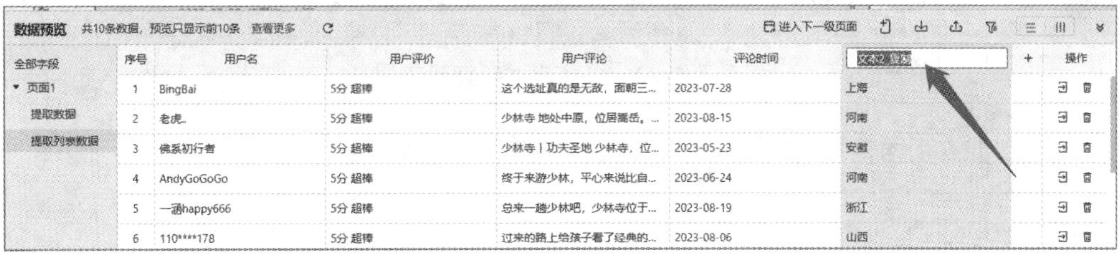

图 6-31　修改字段名称

将网页滚动至底部,点击"下一页",在右侧的提示框中点击"循环点击下一页"。如图 6-32、图 6-33 所示。

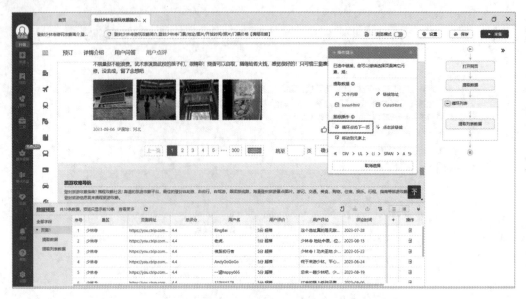

图 6-32　点击"下一页"后再点击"循环点击下一页"

图 6-33　成功建立翻页循环

先点击右上角的"保存",再点击"采集",如图 6-34 所示。

项目六　基于大数据的旅游服务

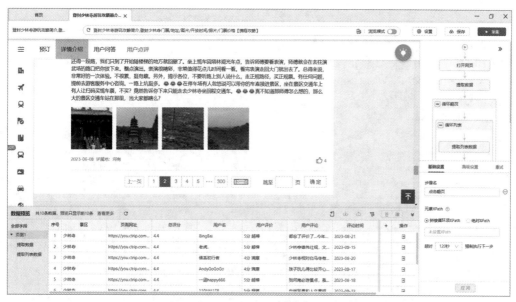

图 6-34　点击"保存"再点击"采集"

普通用户选择"本地采集"中的"普通模式"即可采集数据,如图 6-35、图 6-36 所示。

图 6-35　选择"本地采集"中的"普通模式"

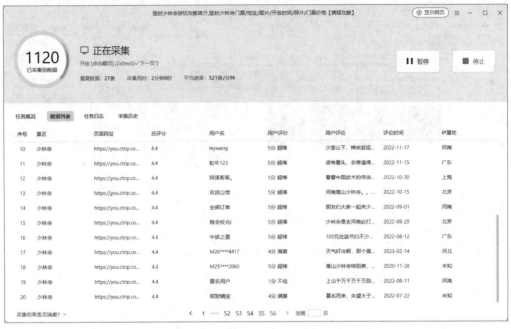

图 6-36　开始采集数据

达到自己需要的数据量后停止,根据提示导出数据,如图 6-37、图 6-38 所示。

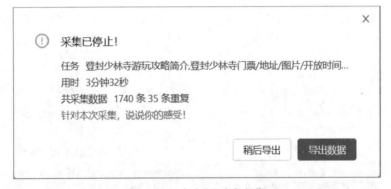

图 6-37　点击"导出数据"

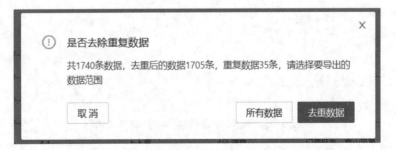

图 6-38　根据需要选择"所有数据"或"去重数据"

可选导出的方式有 Excel(xlsx)、CSV 文件、HTML 文件和 JSON 四种,这里我们选择"Excel(xlsx)",如图6-39所示,导出后的文件如图6-40所示。

图 6-39　以 Excel 方式导出　　　　　　　　图 6-40　导出后的文件

4. 少林寺景区游客评价的词频分析

在这一部分中,我们将使用ROST Content Mining System 6.0(ROST CM6)对少林寺景区的游客评价进行词频分析。ROST CM6是武汉大学沈阳教授研发的国内目前唯一的大型免费社会计算平台,旨在辅助人文社会科学研究。该软件具备多项功能,包括微博分析、聊天分析、全网分析、网站分析、浏览分析、分词、词频统计、英文词频统计、流量分析和聚类分析等,能够进行全面的文本分析工作。

由于此次分析只需要使用游客评论数据,因此我们将之前导出的Excel文件中的游客评论复制出来,放在新建的txt文档中,如图6-41所示。

图 6-41　复制游客评论到 txt 文档

再点击"文件"—"另存为",然后更改编码格式,选择ROST CM6软件可识别的ANSI编码的txt格式文件,如图6-42所示。

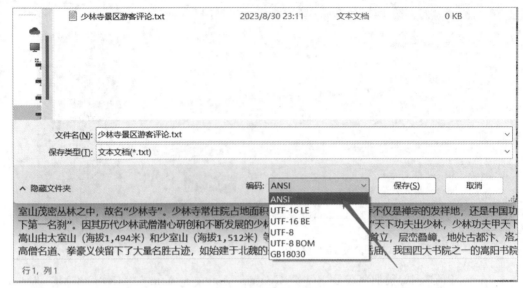

图 6-42　更改编码格式

使用记事本中的替换功能,对文档进行如下操作。

(1) 统一相同语义词,如将"寺庙""寺院""常住院"统一用"常住院"表示,将"武术""武功""功夫"统一用"功夫"表示,将"缆车""索道"统一用"索道"表示等,如图 6-43 所示。

图 6-43　使用"替换"功能统一相同语义词

(2) 将"排队""贵""电瓶车""不值"等与满意度相关的词汇添加进分词自定义词表并保存,将"整个""下来""一路"等与满意度关联度低的词汇放入分词过滤词表并保存,最后点击"重载自定义词表",如图 6-44 至图 6-46 所示。

项目六 基于大数据的旅游服务

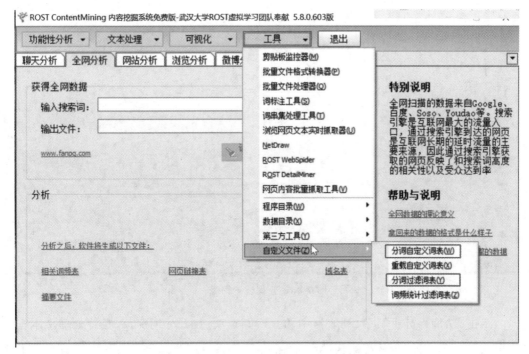

图 6-44 将相关词汇分别放入对应词表中

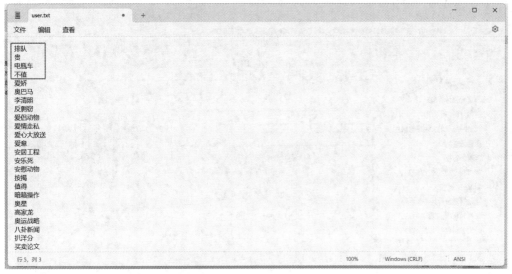

图 6-45 分词自定义词表

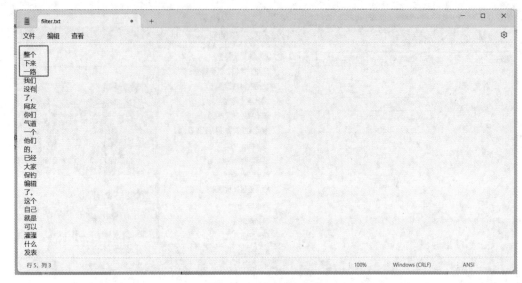

图 6-46　分词过滤词表

点击"功能性分析"下拉列表框中的"分词"选项,打开分词窗口,在待处理文本框中载入待处理文件"少林寺景区游客评论.txt",则系统按照程序目录下的 User 目录下的 User.txt 文档,自动在输出文件框中生成"少林寺景区游客评论_分词后.txt"文件,获得以空格分离的分词后文档,如果原来文档中有空格的位置保留空格,点击"确定"按钮即可打开该文档,如图 6-47 至图 6-49 所示。

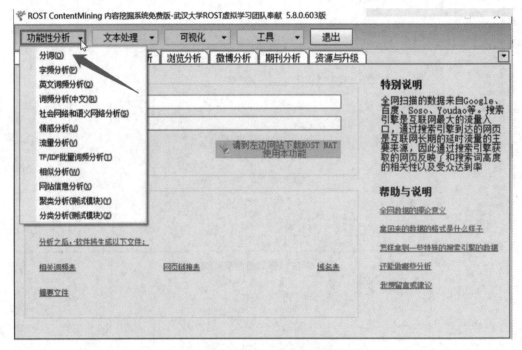

图 6-47　点击"分词"

项目六 基于大数据的旅游服务

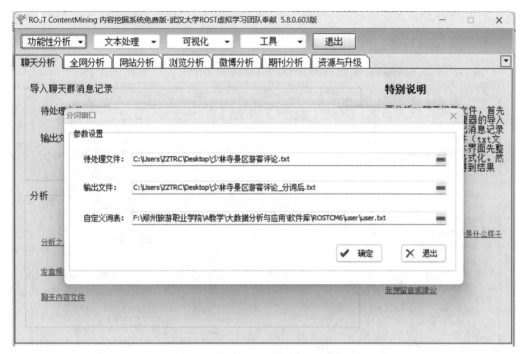

图 6-48 载入待处理文件

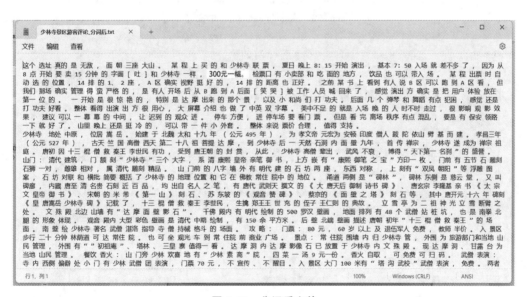

图 6-49 分词后文件

分词完成后,开始进行词频分析。点击"功能性分析"下拉列表框中的"词频分析(中文)"选项,打开汉语词频统计窗口,在分词后待统计词频文件文本框中载入分词后的文件,如"少林寺景区游客评论_分词后.txt",则系统自动载入过滤词表,并在输出文件文本框中生成词频统计文件"少林寺景区游客评论_分词后_词频.txt"。输出名词数量可设定为自己所需要的数量。在归并词群表文本框中载入归并词群表,还可以对文档中的词进行归并。在保留词表文本框中载入保留词表，则可以将文档中在保留词表中的词保留下来，如图6-50至图6-52所示。

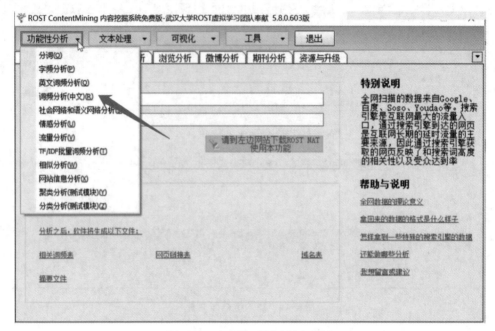

图6-50　点击"词频分析（中文）"

图6-51　载入分词后的文件

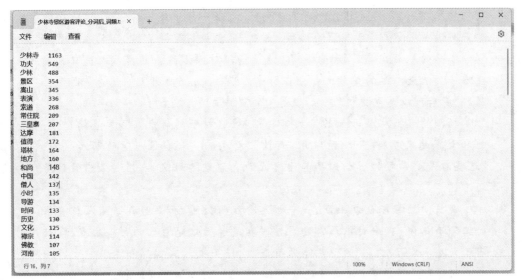

图 6-52　词频分析完成

根据高频词的分析结果,我们可以总结出少林寺的四大主题形象。

首先作为武术的故乡,"少林寺"作为旅游地的名称在游客中被提及最多,"功夫"一词排名第二,反映了游客对少林寺作为武术发源地的认知。此外,排名第六的词为"表演",表明少林寺的武术表演对游客具有较高的吸引力,"僧人"和"和尚"作为寺庙中重要的元素也受到游客的关注。

其次是神秘的人物传说,一些与少林寺相关的人物,如禅宗始祖达摩、乾隆、慧可和李世民等,这些人物的故事和传说使得他们在游客中具有较高的知名度。

再次是千年的名寺,"古刹""千年""寺庙"等词语表明少林寺作为一座历史悠久的寺庙,在游客心中有着深厚的文化底蕴。

最后是独特的建筑景观和旅游景点,排名第五的"嵩山"和排名第九的"三皇寨"反映了少林寺所处的地理位置和知名度,而排名第十二的"塔林"则是游客关注的景点之一。此外,"山门""大雄宝殿"和"达摩洞"等景点也展现了少林寺独特的建筑景观和旅游景点。

综合以上分析,我们可以将少林寺的形象总结为四个主题:武术的故乡(功夫、表演、习武、僧人、和尚、塔沟等)、神秘的人物传说(达摩、乾隆、慧可、李世民等)、千年的名寺(古刹、千年、寺庙等)以及独特的建筑景观和旅游景点(塔林、山门、大雄宝殿、达摩洞等)。

慎思笃行
Shensi Duxing

"悬崖村"上的网红们:互联网就是他们出村的"天梯"

"悬崖村"通了网络后,彝族小伙儿杨阳(彝名某色苏不惹)成为当地第一批主播,每天他直播三四个小时,介绍悬崖村如今的变化。

杨阳在2017年11月底开通了直播账号,在一段十几秒的视频里,一个彝族老阿妈在几乎平行于崖壁的钢梯上攀爬,这段视频获得了120万的点击量。

单一的红底文字,简洁的配乐,这是杨阳对搬上镜头的彝族人民日常生活唯一的渲染。他的视频大部分在新建的钢梯上录制,村民们背着东西向上攀爬,身后可以是电视机、洗衣机,也可以是牛或羊,甚至可以是小孩。

杨阳的直播从最开始的带大家爬钢梯、逛村子到后来在家里直播日常,他和大家越来越聊得开,他常用"老铁""没毛病""666"等当时的网络热词,"这些都是要学习的。"杨阳从其他网红的直播里学到这些,用起来感觉效果还不错。

镜头中的杨阳开朗幽默,一一解答粉丝的提问,和平时判若两人。"直播时必须有话说,我平时很严肃的。"杨阳向笔者回忆起自己的第一次直播,只有十几个人观看,害羞的他几乎没有露脸,镜头里只有钢梯和远山。"大家一般都说我这个人真实,让我一直做下去,我想他们应该是喜欢我这一点吧。"

除了每天两三个小时的直播外,杨阳其他的时间都在干农活。2018年1月,央视晚间新闻栏目邀请杨阳做了回连线主播,节目中他以网络直播的形式,带观众看天梯、聊"悬崖村"的变化,在电视上,杨阳的家人第一次看到他做主播的样子。

通过直播,杨阳还向网友推销自己采的野蜂蜜,加上打赏收入,直播每个月能为他带来额外收入。

拉博是村里的另一位知名网红,他比杨阳"成名"还要早,他在2016年8月份开通了直播账号。开始直播那会儿,村里人不理解他对着手机说话,说他"像个疯子"。随着村里越来越多的年轻人拿起自拍杆,直播这件事在"悬崖村"变得平常。

"直播能让我快乐,感觉太不可思议了!"拉博这样评价和网友们聊天的体验,参加直播后,他的聊天对象突破了家人和村里几个朋友的狭小范围。

在直播中,拉博被问得最多的问题就是为什么他们不离开村庄,他每次都耐心地解释:村民已在这里世代居住了200多年,早就适应了这里的环境。

钢梯修完了,山底的路还有待完善。拉博现在在参与修路,没事的时候他总会去钢梯上看看,义务帮助游客上山下山。

互联网为"悬崖村"打开了新世界,村民们利用它走出了大山,这次握在他们手中的不是藤蔓,而是绽放在云端的希望。

(资料来源:https://www.chinastory.cn/PCzwdbk/detail_v2/20200526/1006000000039761560308551264623194_1.html,有改动)

案例分析

教学互动
Jiaoxue Hudong

"悬崖村"的网络直播为当地居民带来了哪些改变?

实训任务八
基于网络评论数据的游客满意度评价

实训预习

游客满意度又称为游客情感满意度,是指游客在游玩旅游目的地后,根据其体验与旅游前期望进行比较后形成的一种心理态度。作为评价旅游目的地的指标,游客满意度对游客的决策心理具有显著影响,如是否增加消费、是否再次选择该目的地,以及是否向他人推荐等。

具备科学性和实用性的游客满意度调查和分析是评估旅游目的地服务水平非常有效的方法。行政监管者与旅游服务企业一直将如何创建让游客满意的旅游地作为主要任务和目标。

实训目的

基于用户的景区评论数据,运用ROST CM6完成对景区游客满意度的分析。

实训要求

要求学生利用实训任务七中得到的少林寺景区游客评论完成对景区游客满意度的分析。

实训方法

ROST CM6。

操作步骤

1. 社会网络和语义网络分析

点击"功能性分析"下拉列表框中的社会网络分析选项,打开"ROST语义网络和社会网络生成工具"对话框,在待处理文本框中载入待处理文件(待处理文件格式可以是一行一句的未分词文件,比如聊天记录、全网分析中的摘要文件等,也可以是一句若干词的已分词文件,还可以是多行有关联的已分词文件)。点击"提取高频词"按钮,可以生成高频词表;点击"过滤无意义词"按钮,可以生成过滤后的高频词和共现矩阵词表;点击"提取行特征"按钮,可以生成行特征词;点击"构建网络"按钮可以生成语义网络的 VNA 文件和 txt 文件,如果进一步点击"启动 NetDraw"按钮,则可以打开 NetDraw 工具,查看图形结果;点击"构建矩阵"按钮则可以生成共享矩阵文件。双击文件框可查看相应结果。 如果想进行快速分析,则载入待处理文件后,点击"快速分析"按钮,即可一次生成上述文件,如图6-53、图6-54所示。

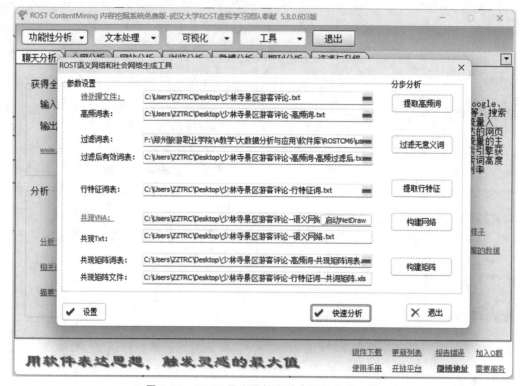

图6-53 ROST语义网络和社会网络生成工具

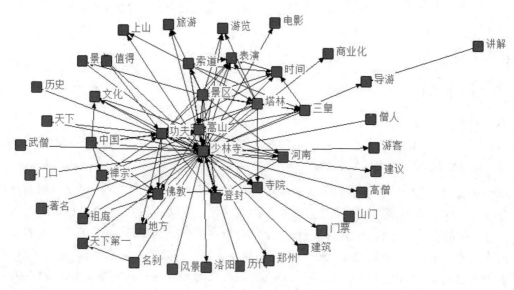

图6-54 生成的语义网络图

语义网络图清晰地展示了共词矩阵中所有词汇之间的语义关系和关联程度。图中的椭圆形结构呈现出发散的形态，高频词彼此通过线条相互连接，形成了"核心词汇-偏好词汇-边缘词汇"的结构。"功夫""嵩山""少林寺"等词语成为核心词汇，代表着嵩山少林寺作为独具特色的旅游吸引点。偏好词汇如"佛教""文化""禅宗"等则反映了游客对嵩山少林寺的形象感知。而边缘词汇则涵盖了游客对嵩山少林寺景区的感受,包括对景点、服务管理、基础设施和活动项目的满意度。

语义网络图中的核心词汇和偏好词汇代表了游客的旅游动机和对景区形象的感知,为嵩山少林寺景区的未来发展提供了科学的指导。而边缘词汇则进一步扩展了核心词汇的内涵和外延,可能成为景区创新发展的新热点。

整个高频词汇以"少林寺"为核心,形成了三个圈层。第一层是核心层,包括"功夫""嵩山"等词语,体现了少林功夫和嵩山是嵩山少林寺的典型元素,激发了游客去嵩山少林寺景区的旅游动机。第二层是次核心层,衍生和扩展了核心词汇,与"功夫"相关的词语如"寺院""塔林""表演",与"嵩山"相关的词语如"索道",以及与"少林寺"相关的词语如"文化""禅宗""佛教"等,这表明嵩山少林寺景区的悠久历史和少林武术是游客体验的重要元素,也是影响游客满意度的重要因素。第三层是边缘层,分为两类词语:一类是游客在嵩山少林寺景区参与的旅游活动,如"上山""游览""旅游"等;另一类是游客对景区的体验和感知,如"值得""商业化""著名""天下第一""名刹"等词语。

慎思笃行
Shensi Duxing

河南洛阳:一个古今辉映、诗和远方相会的地方

临黄河而知中国,临河洛而知华夏。

洛阳,八大古都之一,丝绸之路、隋唐大运河在此交汇,十三个王朝的荣辱兴衰在此上演,五千年历史文明在此起源,历史文化名城,是洛阳的一张亮丽名片。

工业重镇,是洛阳另一个著名标签。"一五"期间,国家156项重点工程有7项布局于此。如今,洛阳推动文旅融合,加快产城互促,传统产业不断转型升级、新兴产业方兴未艾,民生福祉不断增强。

人民网"看见中国"融媒体采访团队曾走进洛阳,感受这座千年古都在传统中汲取养分,在发展中焕发新机。

华灯初上,洛阳老城区内,洛邑古城似乎刚刚苏醒。

入口处,人们排成长龙,不时踮起脚尖向里张望。城门内,文峰塔挺立,新潭水荡漾,亭台楼阁在烟雨中朦胧。忽有琵琶声起,若珠玉落盘,宫装美人舞于岸边。游人屏息,如痴如醉。

走在古城内,仿佛穿越时空。唐代的酒楼、宋代的商铺,一不留神走过了明清,抬头就是民国的旧墙。然而洛邑古城真正的魅力,却在藏身古街中的百态非遗。

传统音乐、传统美术、传统医药、曲艺民俗……国家级、省级、市级200多种非遗令人惊叹。"以前没想过进景区,觉得旅游产品都是小年轻喜欢的,跟我们不搭边。"刘潇丹是"汝阳刘"毛笔第67代传承人,她坦言,洛邑古城以非遗文化为特色"颠覆"了她的观念。

非遗抱团取暖,文化、经济双丰收。首先是文化传承。"直接跟游客互动,传播面一下变大了。"刘潇丹说,以前"汝阳刘"只在书法爱好者圈内有名,如今游客现场体验,了解更深入,使"汝阳刘"知名度更高。

用旅游的方式传播文化,让文化看得见、摸得着、品得出味道。

(资料来源:https://www.henan.gov.cn/2021/01-29/2087262.html,有改动)

2. 情感分析工具

点击"功能性分析"下拉列表框中的"情感分析"选项,在待分析文件路径文本框中载入待分析的文件,点击"分析",然后双击各文本框后的"查看"按钮,即可查看情感分析详细结果、情感分段统计结果、正面情绪结果文件、中性情绪结果文件、负面情绪结果文件、情感分布统计视图,如图6-55、图6-56所示。

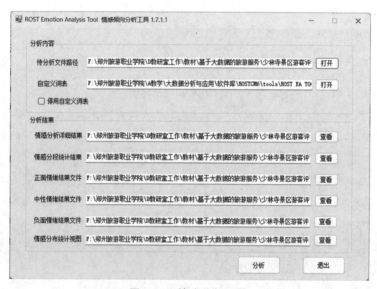

图6-55 情感分析工具

图6-56 情感分析工具所生成的文件

情感分析详细结果、情感分段统计结果如图6-57、图6-58所示。

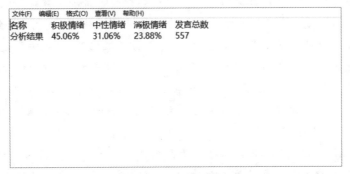

文件(F) 编辑(E) 格式(O) 查看(V) 帮助(H)

分析结果:

积极情绪:	251条	45.06%	
中性情绪:	173条	31.06%	
消极情绪:	133条	23.88%	
其中，积极情绪分段统计结果如下:			
一般（0—10）:		178条	31.96%
中度（10—20）:	57条	10.23%	
高度（20以上）:	16条	2.87%	
其中，消极情绪分段统计结果如下:			
一般（-10—0）:	108条	19.39%	
中度（-20—-10）:	21条	3.77%	
高度（-20以下）:	2条	0.36%	

图6-57 情感分析详细结果

文件(F) 编辑(E) 格式(O) 查看(V) 帮助(H)

名称	积极情绪	中性情绪	消极情绪	发言总数
分析结果	45.06%	31.06%	23.88%	557

图6-58 情感分段统计结果

游客情感是游客对旅游目的地的旅游景观和服务满意度的直接体现，它直接反映了游客在旅游过程中的情绪变化，以及旅游体验结束后对旅游目的地的评价，是反映游客满意度的重要指标之一。我们使用ROST CM6软件中的“功能性分析”下的“情感分析”选项，对收集到的嵩山少林寺景区的有效评论数据进行情感分析，得出了嵩山少林寺景区游客情感分析的结果。

分析结果显示，在所有的网络评论数据中，游客对嵩山少林寺的评论中，有251条表达了积极情绪，占比为45.06%；有133条表达了消极情绪，占比为23.88%；而有173条表达了中性情绪，占比为31.06%。这表明游客对嵩山少林寺的旅游体验和感知情况较好，满意度较高。虽然消极情绪所占比例相对较低，但也提醒景区管理和运营者需要关注导致游客产生消极情绪的因素，并采取相应的优化和提升措施，防止中性情绪转化为消极情绪。

具体来说，在积极情绪的45.06%中，一般满意、中度满意和高度满意的比例分别为31.96%、10.23%和2.87%；而在消极情绪的23.88%中，一般不满意的占比为19.39%，中度不满意和高度不满意的占比为3.77%和0.36%。这表明提升景区的运营管理水平对优化游客的体验可能会产生积极影响。有针对性地优化和改进运营策略将有助于将游客的消极情绪转变为积极情绪，从而提高嵩山少林寺景区的整体满意度。

教学互动

针对不同类型和主题的景区,如何调整和优化情感分析的模型和参数以提高准确率?

项目小结

本项目深入探讨了大数据在游前、游中和游后三个阶段所能够发挥的作用。在实训任务中又安排了基于用户生成内容(UGC)数据的旅游目的地形象感知实训,以嵩山少林寺景区为实证案例,通过运用八爪鱼数据采集工具,高效获取了旅游平台及社交媒体上关于少林寺的丰富评论数据。随后,借助文本分析工具ROST CM6,对海量评论进行深度挖掘与情感分析,全面剖析游客对嵩山少林寺景区的形象感知,包括其历史文化魅力、旅游服务质量、自然景观体验等多个维度。此研究不仅为旅游目的地的形象塑造与营销策略提供了科学依据,也促进了旅游研究在数字化时代的新发展。在后续的实训任务中又详尽阐述了如何实现基于网络评论数据的游客满意度评价。通过实训任务中收集到的关于嵩山少林景区的游客评论,借助文本分析工具ROST CM6,精准提炼出游客对于景区各个方面的满意度反馈。这一研究不仅揭示了游客满意度的关键驱动因素,还为景区管理方提供了优化服务、提升游客体验的宝贵建议,对推动旅游业的可持续发展具有重要意义。

项目训练

一、知识训练

请扫描边栏二维码答题。

二、能力训练

1. 任务中将"寺庙""寺院""常住院"统一用"常住院"表示,将"武术""武功""功夫"统一用"功夫"表示的作用是什么?
2. 游客的口碑传播在旅游资源满意度评价中具有什么样的地位?

项目七
基于大数据的旅游营销

 项目描述

　　本项目主要探讨了大数据在旅游营销中的应用与价值。首先,了解大数据背景下的旅游营销,解析大数据与旅游营销的关系,介绍大数据背景下旅游营销面临的挑战和变革。然后,深入研究大数据在旅游营销中的应用,包括基于大数据的旅游消费者行为分析、基于大数据的旅游产品营销策略及大数据技术支持下的游客关系精细化管理。最后,学习基于大数据的旅游需求预测,深入了解大数据背景下旅游需求预测的内涵及意义,以及大数据技术在旅游需求预测中的具体应用。

　　本项目的学习能使学生掌握大数据在旅游营销领域的应用技术,培养其数据分析与营销策划的能力,为其未来在旅游行业的职业发展奠定坚实的理论与实践基础。

 项目目标

知识目标

1. 了解大数据背景下的旅游营销关系、数据维度与来源;
2. 熟悉旅游营销数据分析流程与方法,从数据收集到分析的完整步骤;
3. 掌握基于大数据的旅游产品营销策略分析,制定和优化营销策略;
4. 理解基于大数据的旅游消费者行为分析,运用大数据技术进行游客画像;
5. 熟悉大数据在旅游需求预测中的应用,使用大数据工具预测市场趋势和机会。

能力目标

1. 熟练运用数据分析工具进行旅游营销数据的收集、整理、分析和解读;
2. 基于大数据进行旅游产品营销策略分析,制定有效的营销策略;
3. 利用大数据进行游客画像构建,提升市场研究和竞品分析能力;
4. 通过目标客户分析,提高理解和描绘旅游消费者行为和需求的能力;
5. 运用统计学理论和方法进行旅游数据分析和市场预测,以支持决策制定。

素养目标

1. 培养学生理解和关注旅游行业带来的社会影响,利用大数据保护和传承文化遗产;
2. 培养诚信经营和法治经营意识,让学生了解数据安全与隐私保护的法律法规;
3. 树立正确的大数据应用伦理观,关注旅游营销中的伦理道德问题,防范可能出现的负面事件;
4. 加强学生对本土文化资源的理解和利用能力,增强文化自信;
5. 培养学生利用大数据开展创新旅游营销策略,寻找新商业机会,提升创新创业能力。

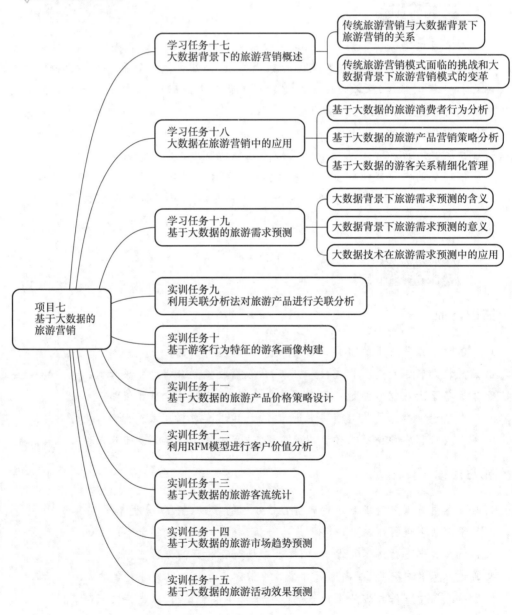

项目七 基于大数据的旅游营销

 **项目引入**

旅游大数据营销案例分析——美团旅游

近几年,大数据在各行各业的应用越来越广泛,旅游业也不例外。下面以中国知名的生活服务电子商务平台——美团为例,探讨大数据如何在旅游营销中发挥作用。

美团作为中国较大的在线旅游服务平台之一,拥有大量的用户数据和旅游资源。通过对用户行为数据的收集和分析,美团实现了对旅游市场的精准掌控。利用大数据技术,美团对用户的搜索、预订、浏览等行为进行深度挖掘和分析,了解用户的需求和偏好,然后根据用户的需求和偏好,推送个性化的旅游产品和服务,提升用户的消费体验。

美团还通过大数据对旅游市场进行细分,以便更精准地定位目标客户。例如,美团发现,"90后"和"00后"游客更倾向于体验式、互动式的旅游产品,如主题公园、VR体验等,而"60后"和"70后"游客则更喜欢传统的观光旅游。因此,美团可以根据这些信息,为不同年龄段的游客推送不同的产品,从而提高营销效果。

此外,美团还利用大数据进行旅游营销预测。通过分析历史数据,美团可以预测未来的旅游市场趋势,如热门目的地、旅游季节等。这些预测对于提前布局、优化资源配置、制定营销策略都有着重要作用。

剖析

学习任务十七 大数据背景下的旅游营销概述

 **任务描述**

在本学习任务中,我们将深入探讨大数据如何影响和改变旅游营销。首先,我们详细解析大数据与旅游营销的关系,探讨如何运用大数据技术提升旅游营销的效率和效果,以及如何从大量的数据中洞察消费者行为和市场趋势。其次,我们将探讨在大数据背景下旅游营销面临的挑战和变革,包括传统旅游营销模式面临的挑战以及大数据背景下旅游营销模式的新变革。在学习完这个任务之后,学生将具备基于大数据进行旅游营销的基本认识,能够利用大数据洞察市场,提升旅游产品的营销效果。

任务目标

通过本任务的学习,学生能了解传统旅游营销的基本概念、特点和方法,明确大数据背景下旅游营销的主要区别和联系;熟悉大数据在旅游市场营销中的具体应用,如市场研究、产品开发、定价策略和促销广告等;认识传统旅游营销模式面临的困境和主要挑战,了解大数据背景下旅游营销模式的变革和新的营销策略;掌握应对传统旅游营销模式挑战的方法,利用大数据技术推动旅游营销模式的创新和变革,从而提升营销效果和市场竞争力。

慎思笃行

大数据引领旅游市场创新——马蜂窝的创新策略

马蜂窝,一家领先的旅游服务平台,在2023年借助大数据开展了创新的旅游营销策略,为中国的旅游市场带来了新的商业机会,并提升了旅游业的创新创业能力。

马蜂窝利用大数据分析了2023年春节期间的旅游趋势,并发布了一份深度报告。这份报告通过分析热度趋势、热搜关键词、用户画像等,全方位解析了春节旅游的热点、发展态势和旅行人群的行为偏好。

利用这些信息,马蜂窝创新了旅游营销策略。比如发现出境游热度持续高涨,许多游客利用春节假期"拥抱世界"。为了满足这一新的消费需求,马蜂窝加强了与各大出境游目的地的合作,并针对春节假期推出了一系列的出境游产品和服务。

另外,马蜂窝发现云南、广东、海南等地备受游客青睐,尤其是香港地区深受"亲子人群"的喜爱,因此开发了一系列的家庭旅游产品,以满足这一特定人群的需求。

除了对旅游需求进行细致分析,马蜂窝还借助大数据实现精准营销。马蜂窝根据用户的行为数据和兴趣,进行个性化推荐,帮助用户更快地找到自己喜欢的旅游产品,同时利用用户数据开展精准广告投放,提高了营销效果。

大数据的运用使马蜂窝能够在旅游市场中找到新的商业机会,并增强了其创新创业能力。这一案例充分展示了大数据在旅游业的应用,以及它如何推动旅游市场的创新和发展。

(资料来源:根据网络资料整理)

一、传统旅游营销与大数据背景下旅游营销的关系

(一)旅游营销概述

旅游营销是指通过研究和分析市场需求、消费者行为和竞争者策略,以及利用营销的原则和技术,为旅游企业或目的地制定并执行有效的市场营销策略,以吸引和维

系消费者,增加销售量,提高品牌知名度和市场份额,从而实现旅游企业或目的地的长期繁荣和可持续发展。旅游营销涵盖了以下七个方面。

1. 市场研究与分析

了解和分析旅游市场的需求和趋势,包括目标市场的选择、消费者的需求和偏好分析、竞争对手分析等。

2. 产品开发

根据市场需求和消费者偏好,开发和优化旅游产品和服务,如旅游路线、旅游项目、住宿和餐饮等。

3. 定价策略

制定和优化旅游产品和服务的价格策略,以满足消费者的期望,同时保证企业的盈利。

4. 促销和广告

通过各种渠道和方法,如社交媒体、线上广告、线下活动等,宣传旅游产品和服务,增加消费者的认知和兴趣。

5. 销售与配送

通过线上和线下的销售渠道,如旅游代理商、OTA(在线旅游代理商)、直销等,销售旅游产品和服务。

6. 客户关系管理

通过维护和深化与消费者的关系,提高消费者的满意度和忠诚度,促进重复购买和口碑推荐。

7. 评估与优化

通过对营销活动的效果进行评估和分析,及时调整营销策略,以提高营销效果和投资回报率。

(二)大数据对旅游营销的影响

大数据技术的运用已经极大地改变了旅游市场营销的面貌,为旅游企业提供了丰富的信息和新的市场营销手段。根据上面介绍的旅游市场营销所涵盖的七个方面,大数据技术在旅游营销中的价值主要表现如下。

1. 市场研究与分析

大数据技术能够实时收集和分析大量的市场数据,帮助旅游企业更准确地了解市场需求、消费者行为和竞争对手策略,为市场决策提供有力的数据支持。

2. 产品开发

通过分析消费者的在线行为和反馈,大数据可以揭示消费者的需求和偏好,为旅游产品的开发和优化提供指导。

3. 定价策略

大数据技术可以帮助旅游企业实时监控市场价格变化，采用动态定价策略，以最有竞争力的价格吸引消费者。

4. 促销和广告

大数据分析可以帮助旅游企业更精准地定位目标消费者，定制个性化的营销信息，提高广告和促销活动的效果。

5. 销售与配送

大数据技术可以优化销售渠道和物流配送，提高销售效率和客户满意度。

6. 客户关系管理

通过分析消费者的购买历史和在线行为信息，大数据技术可以帮助旅游企业深化与消费者的关系，提高消费者满意度和忠诚度。

7. 评估与优化

大数据可以实时监测和评估营销活动的效果，为营销策略的优化和调整提供数据支持。

综上所述，大数据技术应用在旅游市场营销中，能为企业提供更为精准、快速和全面的市场信息，帮助企业在市场研究、产品开发、定价策略、促销广告、销售配送、客户关系管理和评估优化等方面做出更为明智的决策，从而提高市场竞争力，增加销售收入，提升客户满意度和忠诚度。

（三）传统旅游营销与大数据背景下旅游营销的区别

传统旅游营销和大数据背景下旅游营销的区别主要表现在以下五个方面。

1. 目标市场定位

在传统旅游营销中，目标市场的定位倾向于依靠人们的经验和直觉，通常针对大众市场或某个特定的细分市场，其局限性在于难以发现并利用潜在的市场机会。例如，有些旅游公司可能会过分侧重吸引年轻家庭出游，但忽略了休假人群对旅游的需求。

而在大数据背景下的旅游营销中，通过收集和分析海量数据，可以更准确地了解不同目标市场，并实现更精细的市场细分。这有助于企业更有针对性地开发产品和制定营销策略。比如，利用大数据分析，某旅游公司发现休闲人群对旅游的兴趣比较高，进而针对这一群体推荐适合他们的旅游产品和营销活动。

2. 营销策略

在传统旅游营销中，营销策略通常是固定的，如传统的"4P"（产品、价格、地点、促销）策略。这种策略在一定程度上忽略了消费者的个性化需求。例如，某旅游企业推出一个传统的旅游产品，其价格和促销活动对所有客人都是相同的。

借助于大数据技术，旅游企业可以根据客户的个性化需求制定更准确和灵活的营销策略。通过大数据分析,企业可以发现消费者的喜好、行为习惯等信息,从而实现个性化推荐和定制化服务,进而提升客户的购买意愿和满意程度。

3. 渠道与平台

传统旅游营销主要依靠线下渠道,如旅行社宣传、报纸广告、户外广告等,这些渠道的覆盖范围有限,营销效果难以量化。

在大数据技术的加持下,旅游营销的数字化渠道和平台的使用逐渐成为主流,如社交媒体、搜索引擎、移动应用等。这些渠道和平台具有覆盖范围广、实时互动性强和可计量的营销效果。例如,山西文旅集团通过微信公众号"山西文旅年卡"推送旅游产品信息,用户可以直接在平台上购买,并实时参与互动和咨询,如图7-1所示。

图7-1 "山西文旅年卡"公众号平台

4. 客户关系管理

在传统旅游营销中,客户关系管理主要依赖人工服务,如电话沟通、面对面咨询等。这些方式效率比较低,而且难以满足客户个性化需求。以前很多旅游公司都设有客服热线,用户需要拨打电话进行咨询和预约,客服人员难以满足每个客户的具体需求。

大数据背景下的旅游营销,客户关系管理得到了极大的优化。利用大数据和人工智能技术,企业可以实现个性化客户服务,提高客户满意度和忠诚度。例如,旅游企业可以采用智能客服系统,通过对用户行为和历史数据的分析,为用户提供个性化的产品推荐和服务。同时,智能客服可以实现7×24小时在线服务,提高了服务效率。

5. 营销效果评价

传统旅游营销的营销效果评价通常缺乏准确性和可计量性。企业难以准确了解营销活动对营销业绩的影响,以及哪些策略在实际操作中更有效。很多情况下是旅游企业在电视等传统媒体平台投放广告,但难以准确衡量广告投放对产品销售的整体影响。

在大数据背景下,旅游营销效果评价变得更加准确和可计量。通过对数据的收集和分析,企业可以实时掌握各种营销活动的实际成效,进而对整体策略进行优化。例如,某旅游企业通过网络广告投放,可以实时追踪广告的点击率、转化率等指标,及时调整广告投放策略,提高投资回报率。

总之,大数据背景下的旅游营销在目标市场定位、营销策略、渠道与平台、客户关系管理以及营销效果评价等多个维度上,相对于传统旅游营销有着更高的效率。随着大数据和人工智能技术的快速发展,旅游营销将朝着更智能化、个性化和高效化的方向发展。

二、传统旅游营销模式面临的挑战和大数据背景下旅游营销模式的变革

(一)传统旅游营销模式面临的挑战

当前,中国传统旅游营销模式面临着多方面的困境和挑战,主要表现在以下几个方面。

1. 消费者行为变化

随着互联网和移动设备的普及,消费者的信息获取渠道和购买行为发生了根本性变化,传统的营销渠道和手段难以满足消费者的需求。

2. 数字化转型的压力

数字化已成为旅游行业发展的必然趋势,但许多传统的旅游企业在数字化转型过程中面临着技术、人才和资金等多方面的挑战。

3. 竞争日益激烈

互联网的发展使得市场门槛降低,新的旅游企业和在线旅游平台不断涌现,增加了市场的竞争压力。

4. 个性化需求增加

当前的消费者越来越注重旅游体验和个性化服务,而传统的旅游营销模式往往难以满足这些需求。

5. 法律法规和政策环境的变化

我国旅游行业的法律法规和政策不断完善和调整,使得传统的旅游营销模式需要适应新的法律法规和政策环境。

6. 外部经济环境的影响

国内外的经济环境变化、突发公共卫生事件(如疫情)等,对旅游行业产生了巨大的影响,传统的旅游营销模式在应对这些外部冲击时显得力不从心。

7. 客户信任度下降

一些传统旅游企业由于服务质量不高、信息不透明等问题,导致消费者对其信任度下降。

8. 大数据和人工智能技术的应用不足

与新兴的在线旅游平台相比,许多传统的旅游企业在大数据和人工智能技术的应用上还存在很大的差距。

为了应对这些困境和挑战,传统的旅游企业需要加快数字化转型的步伐,利用新技术优化营销策略和服务模式,以满足消费者的需求,提高市场竞争力。同时,也需要密切关注行业法律法规和政策环境的变化,以确保企业的合规运营。

(二)大数据背景下旅游营销模式的变革

随着大数据技术的发展,越来越多的行业开始利用大数据进行商业变革。旅游业作为全球较大的产业,在大数据技术加持下也迎来了营销变革的契机,主要体现在以下三个方面。

1. 旅游产品个性化

在大数据技术的支持下,旅游产品开始向个性化发展。旅游企业可以通过分析用户的搜索记录、浏览记录、消费习惯等信息,为用户提供个性化的旅游产品推荐。这种个性化的推荐模式不仅能满足消费者的独特需求,还可以增加消费者的满意度和忠诚度。

例如,某旅行社推出了一款名为"私人定制"的旅游产品。该产品可以根据消费者的兴趣爱好、出行时间、预算等因素,为消费者量身定制独特的旅行计划,用户只需在该旅行社的平台上填写相关信息,系统就会根据用户的个人特点和要求生成一份独一无二的旅游行程。

2. 旅游营销策略优化

大数据技术的应用使得旅游企业制定的营销策略更精准。旅游企业可以通过大数据分析,了解消费者的喜好、旅行习惯等信息,从而制定更为精准的营销策略。这种策略不仅可以提高广告的投放效果,还可以降低营销成本。

例如,某在线旅游平台运用大数据技术,对用户的行为数据进行深入挖掘和分析,发现在特定节假日期间,部分用户对短途游、亲子游等产品的需求较大。因此,该平台针对这一特点,在节假日前期推出了针对性的营销活动,吸引了大量用户的关注,实现了销售额的大幅提升。

3. 旅游服务智能化

大数据技术还可以帮助旅游企业提升服务质量,实现服务智能化。例如,通过大数据分析,旅游企业可以预测客流量的变化,提前采取措施调整资源配置,从而避免景区拥挤、酒店供应紧张等问题。此外,旅游企业还可以利用大数据技术为用户提供实时的旅游信息、天气预报等,帮助游客更好地规划行程。

例如，某知名酒店集团通过大数据分析，发现了不同客户群体在酒店入住时间、房型偏好等方面的规律，从而提前调整房间价格、优化房间布局，实现了客房资源的合理利用。同时，该酒店集团还利用大数据为客户提供个性化的服务，如根据客户的历史消费记录为其推荐餐饮、SPA等服务，提高了客户满意度。

总之，在大数据技术背景下，旅游行业的营销变革已经成为不可逆转的趋势。通过旅游产品个性化定制、优化旅游营销策略、提升旅游服务智能化水平等一系列变革，旅游企业可以更好地满足消费者的需求，提高市场竞争力。在未来，随着大数据技术的不断发展和创新，旅游行业的营销变革将不断深化，为消费者带来更加丰富、多样的旅游体验。

学习任务十八　大数据在旅游营销中的应用

任务描述

在本学习任务中，我们将深入探讨大数据如何应用于旅游营销。大数据技术不仅可以帮助旅游企业理解和分析消费者行为，也能为旅游产品的营销和客户关系管理提供有力支持。具体而言主要包括以下三个方面。①基于大数据的旅游消费者行为分析：学习如何通过消费者行为分析洞察消费者的需求和偏好，以及如何为旅游产品的开发和营销提供指导。②基于大数据的旅游产品营销策略分析：探讨如何基于大数据分析结果，制定和优化旅游产品的营销策略，以提高市场占有率和营销效率。③基于大数据的游客关系精细化管理：学习如何通过大数据技术实现游客关系的精细化管理，包括客户细分、个性化服务和客户满意度分析等。通过精细化的客户关系管理，实现旅游企业的持续发展和市场成功。

任务目标

通过本任务的学习，使学生理解大数据技术在帮助旅游企业理解消费者需求和市场趋势中的关键作用，提高旅游营销的效果。熟悉使用Python和聚类分析模型等工具进行游客行为特征分析的方法。掌握利用大数据技术评估旅游产品市场表现和竞争力的方法，基于分析结果制定和优化营销策略。理解RFM模型在游客关系管理中的应用，并能进行精细化客户管理。培养学生运用大数据技术解决旅游营销问题的创新思维和实际操作能力。

旅游平台客户数据安全事件

2022年，一旅游企业因服务器配置错误导致大量用户信息泄露。这家企业主要为客户提供旅游行程规划、酒店预订、导游以及旅游活动等服务，拥有大量用户数据，包括姓名、联系方式、地址、订单历史、支付方式等信息。

服务器配置错误导致敏感信息泄露，随后被黑客恶意利用，对用户造成了巨大的影响，不仅仅是经济上的损失，更对用户的身份安全和隐私安全造成威胁。这一事件引起了社会的广泛关注，让人们开始审视旅游企业在用户数据处理方面的安全漏洞。

（来源：根据网络内容整理）

一、基于大数据的旅游消费者行为分析

（一）基于大数据的旅游消费者行为分析的意义

基于大数据进行旅游消费者行为分析对旅游企业和景区具有重要的战略意义，它不仅能够帮助旅游企业更好地理解市场和消费者，提升消费者满意度和忠诚度，还可以为企业带来更高的收益和更强的市场竞争力，其意义表现在以下几个方面。

1. 提升消费者满意度

通过深入了解消费者的需求和偏好，旅游企业和景区可以提供更符合消费者期望的产品和服务。

2. 优化产品和服务

基于消费者行为分析的结果，旅游企业和景区可以对其产品和服务进行持续的优化和创新。

3. 提高营销效果

通过对消费者行为的分析，旅游企业可以更精准地进行目标市场定位，提高广告和促销活动的效果。

4. 增强竞争力

在日益激烈的旅游市场竞争中，对消费者行为的深入分析和理解成为旅游企业和景区获得竞争优势的重要手段。

5. 预测市场趋势

基于大数据技术的消费者行为分析还可以帮助旅游企业和景区预测市场的发展趋势，从而进行前瞻性的战略规划。

6. 降低运营成本

准确的消费者行为分析可以帮助旅游企业和景区更合理地分配资源,减少无效投资和浪费,从而降低运营成本。

(二)基于大数据的旅游消费者行为分析的概念

基于大数据的旅游消费者行为分析是指通过收集、处理和分析大规模的旅游相关数据,揭示并深入理解消费者在旅游选择、购买和体验过程中的行为模式和偏好。这一过程通常利用大数据技术,如数据挖掘、机器学习和预测分析等,对旅游市场进行深入洞察,支持旅游企业在产品开发、营销策略和客户关系管理等方面做出更为明智和有效的决策。

在具体操作中,基于大数据的旅游消费者行为分析通常包括但不限于以下几个方面。

1. 消费者购买行为分析

分析消费者的购买历史、购买频率、购买偏好等,以了解消费者的需求和购买动机。

2. 消费者搜索和浏览行为分析

分析消费者在在线旅游平台上的搜索和浏览行为,以了解消费者的信息需求和兴趣偏好。

3. 消费者评价和反馈分析

分析消费者的在线评价和反馈,以了解消费者的满意度和旅游产品或服务的优缺点。

4. 消费者旅游路径分析

分析消费者的旅游路径和停留时间,以了解消费者的旅游体验和行为模式。

5. 消费者社交网络分析

分析消费者的社交网络和口碑传播,以了解消费者的社交影响和旅游决策过程。

通过对大量旅游相关数据的分析,旅游企业和目的地可以更好地把握消费者的需求和偏好,设计更符合消费者期望的旅游产品和服务,制定更有效的营销策略,提高消费者满意度和忠诚度,促进旅游市场的持续发展,为企业的长远发展奠定坚实基础。

慎思笃行
Shensi Duxing

龙门石窟景区:大数据助力精准营销与文化传播

龙门石窟景区通过收集游客的行为数据、购买数据和反馈数据,利用大数据技术进行深度分析,洞察游客的需求和偏好。景区结合自身丰富的历史文化资源,利用大数据的分析结果,精准定位市场目标,推出了一系列符合游客需求的旅游产品和服务。同时,利用数字孪生、云计算、物联网、人工智能和虚拟现实等技术,使文化遗产"活"起来,增强了游客与文物保护之间的情感连接。此外,通过大数据技术,景区成功推动文化IP传播,提升了文化遗产保护的公众认知和支持。

(资料来源:根据网络资料整理)

案例分析

(三)基于大数据的游客画像生产流程

在基于大数据的旅游消费者行为分析中,游客画像是一种重要的手段,可以帮助旅游企业了解游客的兴趣、行为和需求,从而为游客提供更精准、个性化的旅游产品和服务。基于大数据的游客画像生产流程主要包括以下环节。

1. 数据收集

数据收集是游客画像生产流程的第一步,主要包括从各种渠道收集的游客信息和行为数据,具体包括以下几个方面。

(1)内部数据:旅游企业自身的订单数据、会员数据等,可以从企业内部系统中获取。

(2)外部数据:社交媒体、评论平台、旅游论坛等网络渠道上的游客数据,可以通过爬虫技术、API接口等方式获取。

(3)公开数据:政府、行业协会等公开发布的旅游数据,可以从相关网站或数据库中获取。

2. 数据预处理

在收集海量游客数据之后,首先要对数据进行预处理,解决噪声、缺失值、重复项等问题,具体操作如下。

(1)数据清洗:去除无关项、填补缺失值、纠正错误值等。

(2)数据整合:将来自不同渠道、格式的数据进行整合,形成统一的数据集。

(3)数据转换:将数据转换为适合分析的格式,如数值化、标准化等。

(4)数据降维:通过主成分分析(PCA)等方法,对高维数据进行降维处理。

3. 特征提取

特征提取是从预处理后的数据中挖掘与游客画像相关的关键信息,如游客的性别、年龄、兴趣等,具体如下。

(1)基本特征:如游客的个人信息(如性别、年龄、职业等)、消费习惯(如消费水平、购买频次等)。

(2)行为特征:如游客在社交媒体上的互动行为(如点赞、评论、转发等)、浏览行为(如页面访问、停留时间等)。

(3)偏好特征:如游客对不同旅游产品的喜好程度、旅游目的地的偏好等。

4. 模型构建

根据提取出的特征,可以构建机器学习模型,用于对游客进行分类、聚类、预测等,具体如下。

(1) 分类模型:如决策树、逻辑回归、支持向量机等,用于预测游客的性别、年龄等基本特征。

(2) 聚类模型:如 K-means、DBSCAN 等,用于将游客分为多个群体,以便针对不同群体制定个性化策略。

(3) 预测模型:如时间序列分析、回归分析等,用于预测游客的购买行为、旅游目的地等。

5. 游客画像生成

基于模型的分析结果,可以生成游客画像,具体包括以下几个方面。

(1) 基本信息:游客的性别、年龄、职业等。

(2) 消费习惯:游客的消费水平、购买频次等。

(3) 行为特征:游客在社交媒体上的互动行为、浏览行为等。

(4) 偏好特征:游客对不同旅游产品的喜好程度、旅游目的地的偏好等。

(5) 群体特征:游客所属的群体类型,如高消费、频繁购买等。

6. 基于游客画像的旅游营销应用

生成的游客画像可以应用于旅游营销的各个环节,实现精准营销、提高客户满意度,具体包括以下几个方面。

(1) 产品开发:根据游客的喜好特征,开发符合他们需求的旅游产品。

(2) 价格策略:根据游客的消费习惯,制定合适的价格策略。

(3) 促销活动:针对不同游客群体,进行有针对性的促销活动。

(4) 渠道管理:根据游客的行为特征,选择合适的营销渠道。

(5) 客户服务:提供个性化、高质量的客户服务,提高客户满意度。

二、基于大数据的旅游产品营销策略分析

基于大数据的旅游产品营销策略分析主要指运用大数据技术,从海量、多样化的旅游数据中提取有价值的信息,以指导旅游企业更精准地制定旅游产品的营销策略。在这一过程中,旅游企业需要通过收集和分析游客的行为数据、消费偏好、旅游目的地热度等信息,以便深入挖掘市场潜在需求。旅游企业可以根据这些分析结果优化旅游产品设计,制定差异化的定价策略,实施有针对性的营销推广活动,从而提高旅游产品的市场竞争力,实现旅游企业的可持续发展。

(一) 旅游产品类型分析

随着科技的发展,大数据技术在各个行业中的应用越来越广泛,旅游行业也不例外。

1. 旅游产品类型

旅游产品是旅游业中的核心要素,可以分为以下几类。

(1) 交通产品:包括航空、铁路、公路、水路等各种交通工具的运输服务。

(2) 住宿产品:包括酒店、民宿、度假村等各种类型的住宿服务。

(3) 餐饮产品:包括餐厅、快餐店、特色餐饮等各种餐饮服务。

(4) 旅游景点:包括自然景观、人文景观、主题公园等各种旅游景点。

(5) 旅游线路:包括自由行、跟团游、定制游等各种旅游线路产品。

(6) 旅游服务:包括导游服务、旅游咨询、旅游保险等各种旅游服务。

2. 大数据技术对于优化旅游产品类型的作用

大数据技术对于优化旅游产品类型的作用主要体现在以下几个方面。

(1) 市场分析:通过对大量的旅游数据进行分析,可以更准确地了解市场需求,从而有针对性地开发和优化旅游产品。

(2) 个性化推荐:通过分析用户的行为数据,可以为用户提供个性化的旅游产品推荐,提高用户满意度和购买率。

(3) 价格优化:通过对旅游产品价格的实时监测和分析,可以实现动态定价,提高产品的竞争力。

(4) 营销策略优化:通过对旅游营销活动的数据分析,可以优化营销策略,提高营销效果。

(5) 服务质量提升:通过对用户评价数据的分析,可以发现旅游产品的不足之处,从而改进服务质量。

3. 运用大数据技术优化旅游产品类型

(1) 收集和整合数据:首先需要收集各种旅游相关数据,包括用户行为数据、市场数据、竞争对手数据等,然后进行整合,形成一个完整的数据体系。

(2) 数据分析和挖掘:运用大数据分析技术,对收集的数据进行深入分析和挖掘,发现潜在的市场需求和商机。

(3) 产品开发和优化:根据数据分析结果,有针对性地开发和优化旅游产品,满足市场需求。

(4) 个性化推荐:利用大数据技术,为用户提供个性化的旅游产品推荐,提高用户满意度和购买率。

(5) 动态定价:通过对旅游产品价格的实时监测和分析,实现动态定价,提高产品的竞争力。

(6) 营销策略优化:根据数据分析结果,优化营销策略,提高营销效果。

慎思笃行

Shensi Duxing

旅游企业,运用大数据技术优化旅游产品类型

"旅行家"是一家国内知名的旅游企业,面临着市场竞争加剧和用户需求日益个性化的挑战,为了保持竞争优势并满足不断变化的市场需求,"旅行家"决定运用大数据技术,优化其旅游产品类型。

首先,"旅行家"通过强大的网络平台收集各种旅游相关数据,包括用户行为数据、市场数据、竞争对手数据等,并将这些数据整合形成一个完整的数据体系。

其次,"旅行家"运用大数据分析技术,对收集的数据进行深入分析和挖掘,发现潜在的市场需求和商机。例如,采用大数据可视化技术对数据进行相关性分析。

根据数据分析结果,"旅行家"有针对性地开发和优化旅游产品,满足市场需求。同时,利用大数据技术,为用户提供个性化的旅游产品推荐,提高用户满意度和购买率。

此外,"旅行家"通过对旅游产品价格的实时监测和分析,实现动态定价,提高产品的竞争力。同时,根据数据分析结果,优化营销策略,提高营销效果。

"旅行家"在运用大数据优化产品的过程中,坚持社会主义核心价值观,将文化自信、人文情怀、生态和谐、品牌创新等元素融入产品设计之中,不仅增强了产品的文化底蕴,也赢得了广大消费者的认同和喜爱。

(资料来源:根据网络资料整理)

(二)旅游产品定价策略

在数字经济背景下,旅游产品的定价策略需要更加精细化和个性化。

1. 大数据背景下旅游产品的定价策略

具体来说,旅游产品定价策略可以从以下几个方面展开。

(1)需求导向:根据市场需求和消费者行为动态调整旅游产品价格,以提高产品竞争力。例如,在旅游旺季时提高价格,淡季时降低价格,以吸引更多消费者。

(2)竞争分析:分析竞争对手的定价策略,制定有针对性的价格策略。例如,通过比较竞争对手的产品价格和服务质量,确定自身产品的合理价格区间。

(3)成本考虑:在保证利润的前提下,合理控制成本,以提高价格竞争力。例如,通过优化供应链管理、降低运营成本等方式,实现产品价格的优化。

(4)价格分级:根据消费者的不同需求和付费能力,设计不同档次的旅游产品,满足不同消费者群体的需求。例如,提供高端、中端和低端三个档次的旅游产品,以覆盖更广泛的市场。

(5)动态定价:运用大数据技术,根据市场需求、消费者行为和竞争态势的实时变化,动态调整旅游产品价格。例如,结合旅游景点的客流量、天气情况等因素,实时调整景点门票价格。

2. 大数据技术在旅游产品定价中的作用

大数据技术可以从多个方面助力旅游企业制定更有针对性的定价策略。

(1) 收集和整合多维度数据：大数据技术可以帮助旅游企业收集和整合来自不同渠道的数据，如市场需求数据、消费者行为数据、竞争对手信息等，这些数据为旅游企业制定定价策略提供了有力的支持。

(2) 挖掘消费者需求和偏好：通过对消费者的搜索记录、预订记录、点评数据等进行分析，大数据技术可以揭示消费者的需求偏好，在此基础上，旅游企业可以制定更有针对性的定价策略，满足不同消费者的需求。

(3) 预测市场趋势和需求：通过对历史数据的挖掘和趋势分析，大数据技术可以预测旅游市场的发展趋势和客户需求变化，这有助于旅游企业提前做好市场布局，优化定价策略。

(4) 分析竞争对手信息：大数据技术可以帮助旅游企业收集竞争对手的定价信息，进行竞争分析，这有助于旅游企业了解市场竞争状况，制定有针对性的定价策略。

(5) 实现动态定价：借助大数据技术的实时数据分析功能，旅游企业可以根据市场需求、消费者行为和竞争态势的实时变化，动态调整旅游产品价格。这有助于旅游企业提高产品竞争力，降低库存风险。

三、基于大数据的游客关系精细化管理

基于大数据的游客关系精细化管理是一种运用大数据技术和方法，对游客的行为、消费习惯、偏好等多维度信息进行深入挖掘和分析的过程。通过广泛收集和整合社交媒体、在线评论、消费记录等游客数据，分析师可以全面、深入地了解游客的需求和期望，从而为旅游企业提供有针对性的营销策略和产品优化建议。

游客关系精细化管理的核心在于游客价值分析，即识别高价值游客群体，以便更有效地吸引和留住这些客户，提高企业的市场竞争力和盈利能力。同时，通过对游客数据的实时监测和分析，旅游企业可以快速响应市场变化，灵活调整营销策略，实现持续增长。

（一）基于大数据进行游客关系精细化管理的作用

在旅游管理领域，基于大数据进行游客关系精细化管理，其作用主要表现在以下几个方面。

1. 提高营销效益

大数据技术可以帮助旅游企业深入挖掘游客的消费习惯、旅游偏好、活动轨迹等信息，从而实现精准营销。通过对游客数据的分析，旅游企业可以制定更符合目标市场需求的营销策略，提高广告投放的精准度，降低营销成本，提高投入产出比。此外，基于大数据的预测分析可以帮助旅游企业提前预测市场趋势，及时调整营销策略，抢占市场先机。

2. 优化产品设计

运用大数据技术进行游客价值分析，可以为旅游产品设计提供有力支持。旅游企

业可以根据游客需求、消费习惯等信息,设计更符合市场需求的旅游产品。通过对游客数据的深入挖掘,旅游企业可以发现目标市场的潜在需求,开发出差异化、个性化的旅游产品,提升产品竞争力。

3. 提升游客体验

大数据技术可以帮助旅游企业实时监测游客的行为、需求、反馈等信息,为提升游客体验提供有力支持。旅游企业可以根据游客的实际需求,精准调整服务内容,提升服务质量。同时,通过对游客数据的分析,旅游企业可以预测潜在风险,及时采取措施,降低游客投诉率。此外,基于大数据的智能推荐系统可以为游客提供个性化的旅游服务,提高游客满意度。

4. 助力智慧旅游发展

大数据技术在游客价值分析中的应用,为智慧旅游提供了有力支持。智慧旅游依托信息化手段,将旅游资源、服务、管理进行整合,提升旅游业的整体竞争力。运用大数据技术进行游客价值分析,可以为智慧旅游的规划、建设、运营提供数据支持,推动旅游业的可持续发展。

(二)游客关系精细化管理价值分析模型——RFM模型

RFM模型是衡量客户价值和客户创造利益能力的重要工具和手段。模型利用通用交易环节中最核心的三个维度——最近消费(Recency)、消费频率(Frequency)、消费金额(Monetary)细分客户群体,从而分析不同群体的客户价值。

(1)最近消费:表示客户最近一次消费时间间隔。一般认为最近一次消费的时间间隔越近,客户价值越高,因为客户在短期内刚有过购买行为,产生二次消费的可能性越大。

(2)消费频率:表示一个时间段内用户的消费次数。一般来说,用户消费频率越高忠诚度越高,相应客户价值越大。

(3)消费金额:表示一个时间段内用户的消费金额,用户消费总金额越高,客户价值越大,越应该重点关注。

RFM模型是以最近消费为 X 轴,消费频率为 Y 轴,消费金额为 Z 轴形成的一个三维立体模型,这一模型通过这三个维度将客户细分为八种不同价值类型。R、F、M各维度都需要设定一个阈值作为划分客户在该维度的价值高低的标准。这些阈值可以使用中位数、平均数或者根据行业标准设置,例如,可以采用R、F、M各维度的平均数来划分。在客户价值分类中,最重要的是满足最近有消费且消费总金额大、频次较高的重要价值客户,其次依次为重要发展客户、重要保持客户、重要挽留客户、一般价值客户、一般发展客户、一般保持客户、一般挽留客户。针对不同的价值客户,企业应采用不同的营销手段,最大限度地实现低价值用户向高价值用户的转化和升级。RFM模型如图7-2所示。

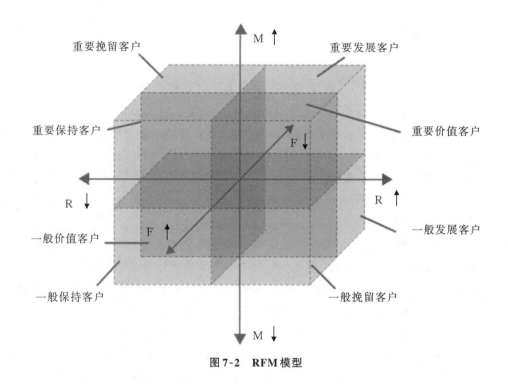

图7-2　RFM模型

学习任务十九　基于大数据的旅游需求预测

任务描述

本学习任务主要讨论大数据在旅游需求预测中的应用。首先,我们了解大数据背景下旅游需求预测的内涵。其次,我们将深入探讨大数据技术对于旅游需求预测的价值和意义。最后,系统总结大数据技术在旅游需求预测中的具体应用场景及用到的大数据分析模型和工具。

任务目标

通过本任务学习,使学生理解大数据背景下旅游需求预测的含义,认识大数据技术在旅游需求预测中的价值和意义,掌握大数据技术在旅游需求预测中的具体应用及相关数据模型和工具。

慎思笃行

从"渡难关"到"谋发展",酒店数字化营销该怎么做?

为探索高星级酒店数字化营销的方法论和意义,并与社会各行业分享认知,促进共同发展,北京直客通与《人民日报》数字传播联合发布了《2021年度中国高星级酒店数字化营销创新发展趋势报告》(以下简称《报告》)。《报告》以直客通多年深耕酒店旅游行业积累的创新营销大数据和实战经验为基础,借助《人民日报》的影响力,对社会经济、行业趋势、营销提升的方法论做了深度分析和探索。

报告数据样本来自2021年度高星级酒店消费者千份问卷调查、2021年度直客通营销大数据分析、行业专家和酒店高管的专访和其他机构各类研究资料及成果,全面、严谨、深刻地展示了行业发展的特点。

《报告》分析认为,中国高星级酒店行业变化始于10年之前,规模和营收告别高增长,行业进入存量时期。2020年因疫情,行业变化加剧;目前营销体系日臻完善,营销机遇充分显现;行业数字化应用领先全球,数字化营销规模不断壮大;当前最具潜力的数字化营销渠道是微信数字化专项营销。

《报告》对近年来在高星级酒店消费过的用户,从基本特征、品牌认知、消费动机、酒店类型和产品偏好、预订和购买渠道、疫情前后消费对比等角度进行了深刻剖析,呈现了高星级酒店消费者群体的年龄、性别、学历、职业、收入、婚姻生育、生活地域等基本信息,并根据信息做了交叉分析。

从调研中看,去高星级酒店消费的消费者家庭月收入高于1万元,超过3万元的占比高达83.3%;本科及以上学历(含研究生以上)占到60.2%,其次是专科29.6%;71.5%的高星级消费者的职业是企业/公司人员;71%的消费者已结婚,未婚消费者中19.9%的已有对象;66.6%的消费者已育。

大部分消费者都来自一、二线城市。一、二线城市有较好的工作机会和创造较高收入的空间,同时一、二线城市也有更多可以体验的高星级酒店。

在消费者出行和消费动机上,度假、商务仍然占据前两位。同时,至少有1/4消费者以高星级酒店作为出行终点,他们认为高星级酒店值得体验。

在喜爱的酒店类型和活动上,除度假类型的酒店外,最鲜明的特点是"人人都爱科技",高达70.2%的消费者对搭载智能科技的智慧型酒店感兴趣,71.4%的消费者喜欢高星级酒店举办一些科技体验活动。在产品方面,特色餐饮、主题特色房间、康体休闲娱乐是消费者喜爱的前三类产品。

在预订和购买渠道方面,高星级酒店已将微信生态中的公众号、小程序、企业微信等私域渠道视为新媒体购买的首选,消费者选择率高达72.8%。然而,明星和网红的效应并未显著激发消费者的购买热情。

在去高星级酒店消费过程中,与家人一起是第一选择。以家庭为单位的消费者，正成为当前高星级酒店的重要客群。

《报告》表明，2021年度，81.4%的受调消费者在疫情得到有效控制后去高星级酒店消费过，但从消费程度上看，61.4%的消费者消费变少，持平的仅为26.3%。在特别群体分析上，女性在旅游决策和消费决策上占据主要地位，因此在高星级酒店消费中，女性消费者值得重视。

（资料来源：https://baijiahao.baidu.com/s?id=1727967038527406384&wfr=spider&for=pc，有改动）

一、大数据背景下旅游需求预测的含义

在大数据技术的加持下，旅游需求预测已经超越了传统的统计分析方法，成为一种更为综合、深入和精确的预测方式。基于大数据的旅游需求预测可以为旅游行业的持续增长和稳定提供了强大的支持。旅游企业和政府部门可以利用这些预测结果，更为精确地进行决策，提高资源利用效率，优化产品和服务，从而实现更高的客户满意度和经济效益。结合国内外的研究和结论，基于大数据的旅游需求预测的含义主要涵盖以下几个方面。

（一）需求分析与识别

利用大数据技术，可以收集和分析大量的旅游相关数据，如历史游客流量数据、在线搜索数据、社交媒体数据等，以识别和理解旅游需求的变化趋势和模式。

（二）精准预测

通过分析大数据，可以对旅游需求进行更为精准和准确的预测。例如，通过分析过去的数据，可以预测特定时间、地点或事件对旅游需求的影响。

（三）时间与空间的预测

大数据可以用于预测不同时间和空间的旅游需求。例如，可以预测特定节假日或季节的旅游需求，也可以预测不同地区或旅游景点的游客流量。

（四）辅助决策

旅游需求预测能为旅游企业和政府部门的决策提供重要的支持。例如，通过预测未来的游客流量，可以帮助旅游企业管理者制定更有效的市场营销策略、人流管理方案和应急预案。

（五）旅游市场监测与优化

实时监测和分析旅游市场的需求变化，可以帮助旅游企业和景区优化产品和服务，提高市场竞争力。

（六）统计与模型验证

大数据预测需求的过程中，需要对数据进行科学的统计分析和模型验证，确保预测结果的准确性和可靠性。

总的来说，基于大数据技术的旅游需求预测是一种综合、实时、精确和前瞻性的预测方法，它结合了多种数据来源和分析技术，为旅游企业和政府部门提供了强大的决策支持，帮助他们更有效地应对市场挑战，把握市场机会。

二、大数据背景下旅游需求预测的意义

在大数据背景下，旅游需求预测的意义和价值体现在以下几个方面。

（一）提高预测准确性

通过大数据技术，获取和分析更为丰富和多维的数据，从而提高旅游需求预测的准确性和可靠性。大数据可以提供过去的行为数据、实时的市场动态和多种相关变量信息，为需求预测提供更为全面的支持。

（二）支持决策制定

准确的旅游需求预测能为旅游企业和政府部门的决策提供重要支持。无论是市场营销策略的制定，还是旅游资源的分配和管理，准确的预测都能帮助决策者做出更为明智的选择。

（三）优化资源配置

通过旅游需求预测，旅游企业和景区可以更好地分配和利用资源，如合理安排人力、优化交通和住宿资源，提高资源利用效率，降低运营成本。

（四）增强市场竞争力

准确的需求预测能帮助旅游企业和景区更好地了解市场趋势和游客需求，提前制定和调整市场策略，增强市场竞争力。

（五）提升游客满意度

通过预测旅游需求，旅游企业和景区可以提前布局、精心准备，为游客提供更符合其需求和期望的产品与服务，从而提高游客满意度和忠诚度。

（六）促进旅游行业的可持续发展

准确的需求预测能帮助旅游企业和景区更好地平衡经济效益和社会效益，从而支持可持续旅游发展的战略目标。

（七）推动创新与发展

大数据技术的应用不仅可以提高旅游需求预测的准确性，还能推动旅游企业和景

区在产品开发、市场营销和服务优化等方面的创新与发展。

三、大数据技术在旅游需求预测中的应用

基于大数据的旅游需求预测在旅游行业中具有广泛的应用场景。准确的预测可以帮助企业更有效地分配资源、制定策略,从而提高服务质量。大数据技术在旅游需求预测中的主要应用场景,以及需要使用的大数据分析模型与工具介绍如下。

(一)市场趋势分析与预测

1. 应用场景

分析历史的旅游数据,预测未来的市场趋势,如旅游目的地的热门程度、旅游消费的季节性变化等。

2. 模型与工具

时间序列分析、趋势分析,使用工具如R、Python的Pandas和SciPy库。

(二)旅游流量预测

1. 应用场景

通过分析过往的游客流量数据,预测特定时间或事件的旅游流量,帮助旅游景区和企业合理安排资源。

2. 模型与工具

回归分析、神经网络模型,使用工具如Python的TensorFlow、Keras库。

(三)价格优化与需求预测

1. 应用场景

分析游客对价格变化的反应,预测不同价格策略对旅游需求的影响,帮助旅游企业制定更有效的定价策略。

2. 模型与工具

价格弹性模型、优化算法,使用工具如Python的Scikit-learn库、Gurobi。

(四)事件效应分析与预测

1. 应用场景

通过分析游客的搜索、浏览和购买行为,预测游客的需求和偏好,提供个性化的旅游产品和服务。

2. 模型与工具

关联分析、聚类分析,使用工具如SQL、Python的Scikit-learn库。

（五）舆情分析与需求预测

1. 应用场景

通过分析社交媒体和在线评价，预测舆情对旅游需求的影响，及时调整市场策略。

2. 模型与工具

文本分析、情感分析，使用工具如Python的NLTK、TextBlob库。

（六）旅游产品推荐与需求预测

1. 应用场景

通过分析游客的历史购买数据和评价数据，预测游客对不同旅游产品的需求，提供个性化的产品推荐。

2. 模型与工具

协同过滤、深度学习，使用工具如Python的TensorFlow、Keras库。

通过综合利用各种大数据分析模型和工具，旅游企业和景区可以从多个维度对旅游需求进行准确的预测和分析，从而制定更为科学和有效的市场策略，提升市场竞争力，满足游客需求，促进旅游业的发展。

实训任务九
利用关联分析法对旅游产品进行关联分析

实训预习

1. 基本概念

关联分析法（Association Analysis）是数据挖掘中的一种重要技术，主要用于发现大数据集中的有意义的关系、模式和规则。它的基本思想是通过寻找频繁项集和关联规则来发现数据集中的潜在关系。

当将关联分析法应用于旅游营销领域，特别是针对旅游产品的分析时，我们可以用它来揭示不同旅游产品之间的隐藏关系和模式。这些信息对制定营销策略、优化产品组合、提升客户满意度和增加销售额都具有重要价值。涉及的主要概念如下：

（1）事务（Transaction）：在这里，一个事务可以是一个客户的旅游套餐购买记录或特定旅行的预订详情。

（2）项（Item）：指的是旅游产品，如特定的酒店住宿、航班、旅游景点门票、旅游套餐等。

（3）项集（Itemset）：表示一组旅游产品的组合。

2. 关键指标

(1) 支持度(Support):项集在所有事务中出现的频率。计算方式为特定项集出现的次数除以总事务数。例如,某个旅游产品组合("巴黎+罗马旅游套餐")在所有事务中出现的频率。

计算公式为:$Support(X) = $ 项集X出现的次数/总事务数。

(2) 置信度(Confidence):表示在包含某个项集X的事务中同时也包含另一个项集Y的概率。它反映了规则的可靠性。例如,一个客户购买了某个产品(如"巴黎旅游套餐"),他们也购买另一个产品(如"罗马旅游套餐")的概率。

计算公式为:$Confidence(X \Rightarrow Y) = Support(X \cup Y) / Support(X)$。

(3) 提升度(Lift):衡量项集X的出现对项集Y的出现概率的影响。提升度大于1意味着X的出现增加了Y的出现概率。在对旅游产品关联分析中,表示一个产品的购买是否会增加购买另一个产品的概率。例如,购买"巴黎旅游套餐"是否增加购买"罗马旅游套餐"的可能性。

计算公式为:$Lift(X \Rightarrow Y) = Confidence(X \Rightarrow Y) / Support(Y)$。

3. 应用流程

(1) 数据收集:收集客户的旅游预订和购买数据。

(2) 数据预处理:清洗数据,识别和组织不同的旅游产品。

(3) 运用关联分析算法:发现频繁出现的旅游产品组合。

(4) 分析结果:提取和分析关联规则,比如发现购买某个城市旅游套餐的游客很可能会购买与之关联的活动或服务。

实训目的

通过利用关联分析法,挖掘旅游产品之间的关联关系,进而为旅游企业提供有针对性的产品组合和推荐策略。

实训要求

某国际旅游公司,提供各种旅游目的地的套餐、酒店住宿、观光旅行、文化活动等服务。该公司的目标是通过分析历史预订和购买数据,找出旅游产品之间的关联规则,以便更好地设计营销策略。

表7-1所示为该公司收集的过去一年的客户预订数据。数据包括客户ID、预订的旅游套餐、酒店、活动等信息。这里我们截取其中10个样本数据来进行关联分析。

表7-1 公司用户预订数据记录

客户ID	预订的旅游套餐	酒店	活动
001	巴黎周末游	高级酒店	塞纳河游船
002	罗马历史之旅	舒适酒店	罗马斗兽场
003	巴黎周末游	豪华酒店	卢浮宫参观

续表

客户ID	预订的旅游套餐	酒店	活动
004	巴厘岛探险	海滨别墅	潜水活动
005	东京文化之旅	市中心酒店	浅水湾游
006	巴黎周末游	浪漫客栈	埃菲尔铁塔参观
007	罗马历史之旅	历史酒店	梵蒂冈参观
008	纽约市探险	豪华酒店	自由女神像游览
009	巴厘岛探险	海滨别墅	沙滩排球
010	东京文化之旅	市中心酒店	上野公园赏樱

实训方法

（1）Apriori算法：通过逐层搜索频繁项集的方法来发现关联规则。它基于一个事实，即如果一个项集是频繁的，那么它的所有子集也都是频繁的。

（2）Python语言。

操作步骤

1. 数据准备

我们需要将提供的数据转换为适合进行关联分析的格式。这里我们将原始数据转换为以下形式的事物数据集，每个事务包含了客户购买的所有项目：

["巴黎周末游", "高级酒店", "塞纳河游船"]

["罗马历史之旅", "舒适酒店", "罗马斗兽场"]

⋮

["东京文化之旅", "市中心酒店", "上野公园赏樱"]

2. 计算频繁项集

我们计算各个项集的支持度，以确定哪些项集是频繁的。假设我们的最小支持度阈值为0.2(20%)。

（1）计算单项频繁项集。

我们首先统计每个独立项目在所有事务中出现的次数，并计算它们的支持度。这里我们借助Python语言来进行数据计算。计算代码如下：

```
import pandas as pd
# 定义数据集
dataset = [
    ["巴黎周末游", "高级酒店", "塞纳河游船"],
    ["罗马历史之旅", "舒适酒店", "罗马斗兽场"],
    ["巴黎周末游", "豪华酒店", "卢浮宫参观"],
    ["巴厘岛探险", "海滨别墅", "潜水活动"],
    ["东京文化之旅", "市中心酒店", "浅水湾游"],
```

```python
    ["巴黎周末游", "浪漫客栈", "埃菲尔铁塔参观"],
    ["罗马历史之旅", "历史酒店", "梵蒂冈参观"],
    ["纽约市探险", "豪华酒店", "自由女神像游览"],
    ["巴厘岛探险", "海滨别墅", "沙滩排球"],
    ["东京文化之旅", "市中心酒店", "上野公园赏樱"]
]
# 计算单项频繁项集
item_counts = {}
for transaction in dataset:
    for item in transaction:
        if item in item_counts:
            item_counts[item] += 1
        else:
            item_counts[item] = 1
# 总交易数
total_transactions = len(dataset)
# 计算单项项目的支持度
support_single_items = {item: count / total_transactions for item, count in item_counts.items()}
# 筛选出满足最小支持度阈值的单项频繁项
min_support = 0.2  # 20%
frequent_single_items = {item: support for item, support in support_single_items.items() if support >= min_support}
# 将频繁单项项集转换为 DataFrame
frequent_single_items_df = pd.DataFrame(list(frequent_single_items.items()), columns=["Item", "Support"])
frequent_single_items_df
```

根据计算的结果,我们得到如表7-2所示的单项频繁项集及其支持度。

表7-2 单项频繁项集及其支持度

项目集	支持度
巴黎周末游	0.3
罗马历史之旅	0.2
豪华酒店	0.2
巴厘岛探险	0.2
海滨别墅	0.2
东京文化之旅	0.2
市中心酒店	0.2

(2)计算双项频繁项集。

我们考虑项目的双项组合,并计算这些组合的支持度。Python语言实现代码如下：

```
from itertools import combinations
import pandas as pd
# 计算双项组合的出现次数和支持度
# 统计每个双项组合的出现次数
pair_counts = {}
for transaction in dataset:
    # 在每个交易中生成所有双项组合
    pairs = combinations(transaction, 2)
    for pair in pairs:
        pair = tuple(sorted(pair))  # 排序保证一致性
        if pair in pair_counts:
            pair_counts[pair] += 1
        else:
            pair_counts[pair] = 1
# 计算双项组合的支持度
support_pairs = {pair: count / total_transactions for pair, count in pair_counts.items()}
# 筛选出满足最小支持度阈值的双项频繁项集
frequent_pairs = {pair: support for pair, support in support_pairs.items() if support >= min_support}
# 将频繁双项项集转换为 DataFrame
frequent_pairs_df = pd.DataFrame(list(frequent_pairs.items()), columns=["Pair", "Support"])
frequent_pairs_df
```

我们得到如表 7-3 所示的双项频繁项集及其支持度。

表 7-3 双项频繁项集计算结果

双项频繁项集组合	支持度
巴厘岛探险 & 海滨别墅	0.2
东京文化之旅 & 市中心酒店	0.2

通过这一计算过程，我们可以识别出哪些项目组合在客户购买中经常出现，从而为营销策略和产品捆绑提供有价值的见解。在实际应用中，这些计算通常由专门的数据挖掘工具或编程语言自动完成，以便于处理更大规模的数据集。

3. 生成关联规则并计算置信度

下面我们基于频繁项集生产关联规则并计算这些规则置信度。用 Python 语言实现代码如下：

```
# 生成基于频繁项集的关联规则以及计算这些规则的置信度
# 定义一个函数来计算关联规则的置信度
```

```python
def calculate_confidence(pair, pair_count, item_counts):
    # 分解双项组合
    item1, item2 = pair
    # 计算置信度
    confidence_1_to_2 = pair_count / item_counts[item1]
    confidence_2_to_1 = pair_count / item_counts[item2]
    return confidence_1_to_2, confidence_2_to_1
# 存储关联规则和置信度
rules = []
# 对于每个频繁的双项组合，生成关联规则
for pair, pair_support in frequent_pairs.items():
    confidence_1_to_2, confidence_2_to_1 = calculate_confidence(pair, pair_support * total_transactions, item_counts)
    rules.append((pair[0], pair[1], confidence_1_to_2))
    rules.append((pair[1], pair[0], confidence_2_to_1))
# 将规则转换为 DataFrame
rules_df = pd.DataFrame(rules, columns=["Antecedent", "Consequent", "Confidence"])
rules_df
```

根据计算的结果，我们得到了如表7-4所示的基于频繁项集的关联规则及其置信度。

表7-4 基于频繁项集的关联规则及其置信度

前项	后项	置信度
巴厘岛探险	海滨别墅	1.0
海滨别墅	巴厘岛探险	1.0
东京文化之旅	市中心酒店	1.0
市中心酒店	东京文化之旅	1.0

这些关联规则显示了特定项目组合之间的关系。例如，规则"巴厘岛探险 => 海滨别墅"的置信度为1.0，这意味着在所有包含"巴厘岛探险"的交易中，100%的交易也包含"海滨别墅"。同样，规则"东京文化之旅 => 市中心酒店"也表明这两项产品在交易中高度相关。

这些关联规则可以为营销策略提供有价值的洞察，例如在推广某一产品时同时推荐与之高度相关的其他产品，或者设计捆绑销售和交叉销售策略。在实际应用中，对这些规则的解释应结合业务知识和市场状况进行。

实训任务十
基于游客行为特征的游客画像构建

实训预习

游客画像是对旅游目的地或景区的潜在游客进行细致刻画的一种方法,通过收集和分析游客的行为、兴趣、需求和偏好等多维度信息,为旅游营销策略提供有针对性的依据。构建游客画像的目的在于更好地了解目标市场,提高营销活动的有效性,从而实现景区的品牌推广和经济效益最大化。

实训目的

通过使用K-means模型进行聚类分析,对游客进行分群,从而描绘出不同类型游客的行为特征,帮助我们了解游客的兴趣、行为和需求,从而为他们提供更精准、个性化的旅游产品和服务。

实训要求

某旅游公司目前主要提供度假酒店、旅游线路、景点门票等产品。公司希望通过对游客在网站上的行为数据进行分析,挖掘游客的兴趣偏好,从而制定个性化的产品推荐和营销策略。

目前,公司收集了一段时间内游客在旅游网站上的行为数据,包括游客ID、访问日期、浏览产品类型(如度假酒店、旅游线路、景点门票等)、页面停留时间、搜索关键词。

实训方法

(1) K-means。
(2) Python数据分析语言。

操作步骤

具体游客画像的构建步骤如下。

1. 选择数据分析模型

该公司使用K-means模型进行聚类分析,对游客进行分群,从而描绘出不同类型游客的行为特征。

2. 定义数据集合,并收集原始数据

以下是该公司定义的数据集合。
(1) 浏览产品类型。
(2) 页面停留时间(单位:秒)。

(3) 购买行为。

(4) 购买产品类型。

(5) 购买数量。

(6) 购买金额(购买的总金额)。

3. 数据预处理

使用 Python 对收集到的原始数据进行预处理。

(1) 去除无关项：删除不相关的列数据，如访问日期等。

(2) 填补缺失值：对缺失的数据进行填充，如将缺失的购买行为填充为"0"。

(3) 数据转换：将非数值型数据转换为数值型。浏览产品类型(度假酒店＝1,旅游线路＝2,景点门票＝3);页面停留时间(单位:秒);购买行为(没有购买＝0,购买了＝1);购买产品类型(度假酒店＝1,旅游线路＝2,景点门票＝3);购买数量(购买的数量);购买金额(购买的总金额)。

最终得到游客网站行为数据集合，部分数据内容如表 7-5 所示。

表 7-5　游客网站行为部分数据

游客 ID	浏览产品类型	页面停留时间	搜索关键词	购买产品类型	购买数量	购买金额
1	3	46	1	1	5	292
2	1	32	3	2	3	135
3	3	20	3	1	4	333
4	3	19	2	1	3	115
5	1	51	1	1	3	219

4. 特征提取

基于预处理后的数据，提取游客的行为特征。

(1) 浏览行为特征：如浏览产品类型、页面停留时间等。

(2) 搜索行为特征：如搜索关键词。

(3) 购买行为特征：如购买产品类型、购买数量、购买金额等。

5. 聚类分析

使用 K-means 算法对游客进行聚类，分析不同类型游客的行为特征。

在进行 K-means 聚类分析之前，我们需要确定聚类的数量。这里我们使用肘部法则(Elbow Method)来决定最优的聚类数量。肘部法则是一种经验法则，它通过观察不同聚类数量下的簇内误差平方和(Within-Cluster-Sum of Squared Errors,简称 WSS)的变化，找到"肘部"的位置，即 WSS 下降速率突然放缓的位置。

(1) 计算 WSS 值。

这里我们用 Python 来计算 WSS 值，具体代码如下:

```
from sklearn.cluster import KMeans
```

```python
# 选择要进行聚类的特征
X = df[['浏览产品类型', '页面停留时间', '搜索关键词', '购买产品类型', '购买数量', '购买金额']]
# 初始化WSS值列表
wss = []
# 遍历不同的k值
for i in range(1, 11):
    kmeans = KMeans(n_clusters=i, random_state=42)
    kmeans.fit(X)
    wss.append(kmeans.inertia_)
wss
```

得到结果如下：
RESULT
[491138.3,
132692.09049773755,
55634.59999999999,
36858.817460317456,
22126.38412698412,
16141.31666666667,
11703.05,
9746.5,
7440.983333333333,
5835.2333333333345]

（2）确定最佳聚类数量。

根据上面计算得到的10个聚类的WSS值，将这些WSS值绘制成图形，找出"肘部"的位置，即最佳的聚类数量，这里依然通过Python来帮助我们实现，具体代码如下：

```python
import matplotlib.pyplot as plt
# 绘制图形
plt.figure(figsize=(10, 6))
plt.plot(range(1, 11), wss, marker='o')
plt.xlabel('Number of clusters')
plt.ylabel('WSS')
plt.title('Elbow Method')
plt.grid()
plt.show()
```

绘制的图形结果如图7-3所示。

从图中可以看出，当聚类数量为3时，WSS的下降速率开始变缓，因此我们选择3为最佳的聚类数量。

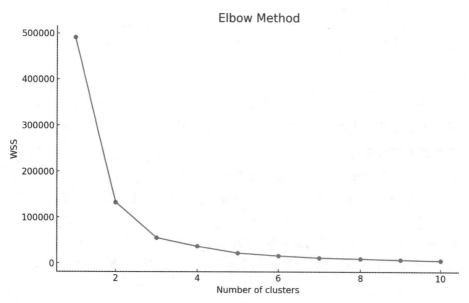

图 7-3　WSS值与聚类数量关系图

（3）使用K-means算法进行聚类。

使用K-means算法进行聚类,并查看每个聚类的中心。这些聚类中心代表了每个群体的行为特征。我们将把这些特征用于生成游客画像。这里依然使用Python来帮助我们实现,具体代码如下:

```
from sklearn.cluster import K-Means
import pandas as pd
# 使用最佳的聚类数量进行K-means聚类
kmeans = KMeans(n_clusters=3, random_state=42)
kmeans.fit(X)
# 输出每个聚类的中心
cluster_centers = pd.DataFrame(kmeans.cluster_centers_, columns=['浏览产品类型', '页面停留时间', '搜索关键词', '购买产品类型', '购买数量', '购买金额'])
cluster_centers['群体'] = ['群体' + str(i + 1) for i in range(3)]
cluster_centers = cluster_centers[['群体', '浏览产品类型', '页面停留时间', '搜索关键词', '购买产品类型', '购买数量', '购买金额']]
cluster_centers
```

具体结果如表7-6所示。

表7-6　聚类分析结果

群体	浏览产品类型	页面停留时间	搜索关键词	购买产品类型	购买数量	购买金额
群体1	2.083333	38.250	1.75	1.750	3.333333	141.33333
群体2	2.200000	23.600	2.20	1.600	3.500000	300.80000

续表

群体	浏览产品类型	页面停留时间	搜索关键词	购买产品类型	购买数量	购买金额
群体3	1.875000	36.125	2.25	2.125	3.375000	438.250000

自此得到了每个群体(聚类)的中心点,这些中心点代表了每个群体的平均行为特征。我们可以根据这些特征来构建游客画像,从而针对不同群体制定营销策略。

6. 生成游客画像

根据聚类结果,我们可以大致得出以下游客画像。

群体1:倾向于浏览和购买度假酒店和旅游线路,页面停留时间较长,购买金额较低。

群体2:倾向于搜索和购买度假酒店,页面停留时间较短,购买金额中等。

群体3:倾向于浏览和购买旅游线路和景点门票,页面停留时间较长,购买金额较高。

7. 制定营销策略

针对这些画像,该旅游公司制定了以下营销策略。

群体1:这一群体的购买金额较低,但页面停留时间较长,说明他们可能在寻找更优惠的产品。因此,可以向他们推送优惠券或者打折信息,提高他们的购买转化率。

群体2:这一群体的页面停留时间较短,说明他们可能更加明确自己的需求。因此,可以向他们推送与度假酒店相关的个性化推荐,提高他们的满意度和忠诚度。

群体3:这一群体的购买金额较高,说明他们可能对旅游产品的质量和服务有更高的要求。因此,可以向他们推送高品质的旅游线路和景点门票,同时提供优质的售后服务,提高他们的满意度和忠诚度。

通过实施针对不同游客画像的个性化营销策略,旅游公司能更好地满足游客的需求,进而提升购买转化率和客户满意度。同时,这些策略还有助于提高客户忠诚度,为公司带来长期且稳定的收益。

实训任务十一
基于大数据的旅游产品价格策略设计

实训预习

大数据背景下的旅游产品定价策略主要遵循以下步骤。

(1)数据收集:收集旅游企业内部数据(如成本数据、销售数据等)和外部数据(如市场需求数据、竞争对手数据等)。

(2)数据整合:将收集到的多维度数据整合在一起,形成完整的数据集。

(3) 数据分析：运用数据挖掘、机器学习等技术，对数据集进行深入分析，提取有价值的信息。

(4) 定价策略制定：根据分析结果，制定有针对性的旅游产品定价策略。

(5) 策略实施与评估：实施定价策略，并实时监控市场反馈，对策略进行优化调整。

实训目的

借助Excel数据分析工具，运用成本分析的方法，帮助旅游企业制定产品价格策略。

实训要求

某旅游企业主要提供国内游、跨境游和主题游三种旅游产品。为了提高产品的市场竞争力，企业希望借助大数据技术制定更科学、合理的定价策略。企业收集了过去一年内的销售数据、成本数据、市场需求数据和竞争对手数据，要求运用Excel进行数据分析，制定合理的价格策略。

实训方法

(1) 成本分析法。

(2) Excel。

操作步骤

1. 成本分析

计算每个产品的成本，包括直接成本（如景点门票、交通费等）和间接成本（如人力成本、管理费用等）。

在Excel中，创建一个名为"成本分析"的工作表，将收集到的成本数据整理成如表7-7所示的格式。

表7-7 成本分析表

产品	直接成本	间接成本	总成本
国内游	1000	500	1500
跨境游	2000	800	2800
主题游	1500	700	2200

在"总成本"列中，使用公式=B2+C2计算各项成本之和，得到总成本。

2. 销售分析

分析每个产品的销售情况，包括销售量、销售额和利润。在Excel中，创建一个名为"销售分析"的工作表，将收集到的销售数据整理成如表7-8所示的格式。

表 7-8　销售分析表

产品	销售量	销售额	利润
国内游	100	200000	
跨境游	50	150000	
主题游	80	180000	

在"利润"列中,使用公式=(销售额-总成本*销售量)计算每个产品的利润。例如,国内游的利润计算公式为=(C2—'成本分析'!D2*B2)。

3.市场需求分析

分析市场需求数据,如各季度的旅游人数、游客对各类型旅游产品的喜好等。在Excel中,创建一个名为"市场需求分析"的工作表,将收集到的市场需求数据整理成如表7-9所示的格式。

表 7-9　市场需求分析表

季度	旅游人数	国内游	跨境游	主题游
1	10000	40%	30%	30%
2	15000	50%	25%	25%
3	20000	60%	20%	20%
4	12000	45%	30%	25%

在Excel中,可以使用图表展示市场需求的变化趋势。例如,可以创建一个柱状图,展示各季度旅游人数的变化;或创建一个饼图,展示不同类型旅游产品的市场份额。

4.竞争对手分析

收集竞争对手的定价信息,进行竞争分析。在Excel中,创建一个名为"竞争对手分析"的工作表,将收集到的竞争对手数据整理成如表7-10所示的格式。

表 7-10　竞争对手分析表

竞争对手	产品	价格	市场份额
对手A	国内游	1800	30%
对手A	跨境游	2700	25%
对手A	主题游	2100	20%
对手B	国内游	1900	20%
对手B	跨境游	2800	30%
对手B	主题游	2200	25%

在Excel中,使用图表展示竞争对手的市场份额。例如,可以创建一个柱状图,展示不同竞争对手在各类旅游产品中的市场份额。

5.定价策略制定

根据成本分析、销售分析、市场需求分析和竞争对手分析的结果,制定合适的定价策略。在Excel中,创建一个名为"产品定价策略"的工作表,根据分析结果,设定新的产品价格,并计算预期销售额和利润,如表7-11所示。

表7-11 产品定价策略表

产品	新价格	预期销售量	预期销售额	预期利润
国内游	1850	110	203500	
跨境游	2750	60	165000	
主题游	2150	90	193500	

在"预期利润"列中,使用公式=(预期销售额-总成本*预期销售量)计算每个产品的预期利润。例如,国内游的预期利润计算公式为=(D2-'成本分析'!D2*C2)。

根据以上分析,综合考虑成本、销售、市场需求和竞争对手的情况,制定出新的产品定价策略。在此基础上,企业可以调整产品价格,提高市场竞争力。同时,企业还可以结合市场需求和竞争对手的情况,优化产品结构,提高产品质量和服务水平,进一步提升市场份额。

实训任务十二
利用RFM模型进行客户价值分析

实训预习

RFM模型是衡量客户价值和客户创造利益能力的重要工具和手段。模型利用通用交易环节中最核心的三个维度——最近消费(Recency)、消费频率(Frequency)、消费金额(Monetary)细分客户群体,从而分析不同群体的客户价值。

Excel是实现RFM模型的一个重要且十分直接的工具,只需要灵活使用Excel自带的函数就可以实现数据的汇总计算,得到RFM模型的三个指标值,从而将用户的价值类型提取出来,从而有针对性地开展营销策略。

实训目的

借助Excel数据分析工具,运用RFM模型,帮助旅游企业进行客户价值分析,进而为旅游企业提供有针对性的营销策略和产品优化建议。

实训要求

根据一段时期内(年或月以查询时间向前推一年(月)计算,以2021年5月为例)所有酒店预订客人的最近一次购买时间、消费频次及消费总金额。构建酒店用户价值模型,从而为不同客户群体后续的精细化运营打下基础。

实训方法

(1) RFM模型。

(2) Excel。

操作步骤

1.选取数据

查询一段时期内(年或月以查询时间向前推一年(月)计算,以2021年5月为例)所有酒店预订客人的最近一次购买时间、消费频次及消费总金额。一般来说,选定的时间段需要与当前时间段尽可能接近,且时间周期、选取的数据量需要尽可能地丰富与完善,选取时段应避开酒店非正常运营状态。

2.数据预处理

2021年5月某酒店历史订单数据量共有3989条,按照酒店会员名称对订单数据进行排序。首先需要关注数据是否需要预处理,如删除与RFM模型不相关的字段,然后查看数据的类型是否符合预期,字段名是否需要调整,缺失值是否需要填充,重复值是否需要去除等。

3.提取关键词字段,汇总计算RFM值

提取买家会员名、总金额、订单付款时间字段,并设置对应的数据类型,以便在Excel中进行RFM值的计算,如图7-4所示。

	A	B	C
1	买家会员名	总金额	订单付款时间
2	1425	58.51	2017-5-30 23:18
3	2163	20.7	2017-5-30 23:08
4	375	12.9	2017-5-30 23:03
5	2618	9.81	2017-5-30 22:54
6	2012	28.92	2017-5-30 22:53
7	2052	48.86	2017-5-30 23:18

图7-4　RFM模型数据格式

4.计算Recency、Monetary、Frequency

Recency:通过对买家会员名、总金额、订单付款时间三列数据做透视表,对订单付款时间求最大值,即最近消费时间,然后与观测时间进行求差运算,可得R值。

Monetary：对总金额下的客户不同消费进行平均值运算，即可获得该客户的M值。

Frequency：对订单付款时间进行计数运算，就是该客户的消费频次F值。

上述计算结果如图7-5所示。

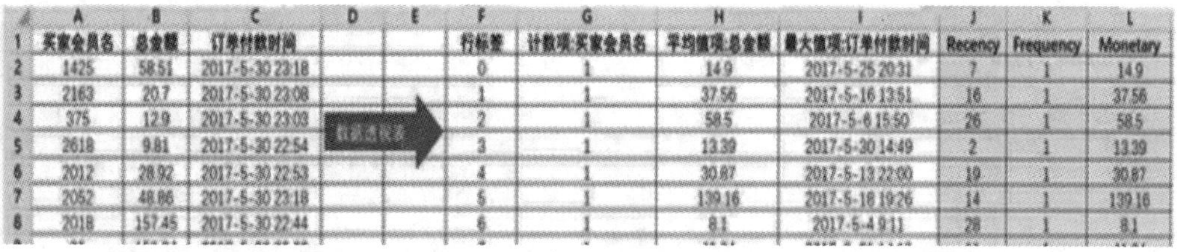

图 7-5　RFM模型数值计算结果

5. 客户RFM模型建立

首先计算R值、F值、M值的平均值，然后对客户的每个维度与该维度的平均值进行比较，如果超出平均值就定义为高，否则就是低。将三列字段通过"&"连接符连接起来，生成RFM辅助列，如图7-6所示。

依据价值模型参考表，生成用户价值模型，如图7-7所示。

最后通过Excel中的vlookup函数提取客户类型字段到计算表中，就实现了客户价值分析的最终结果，如图7-8所示。

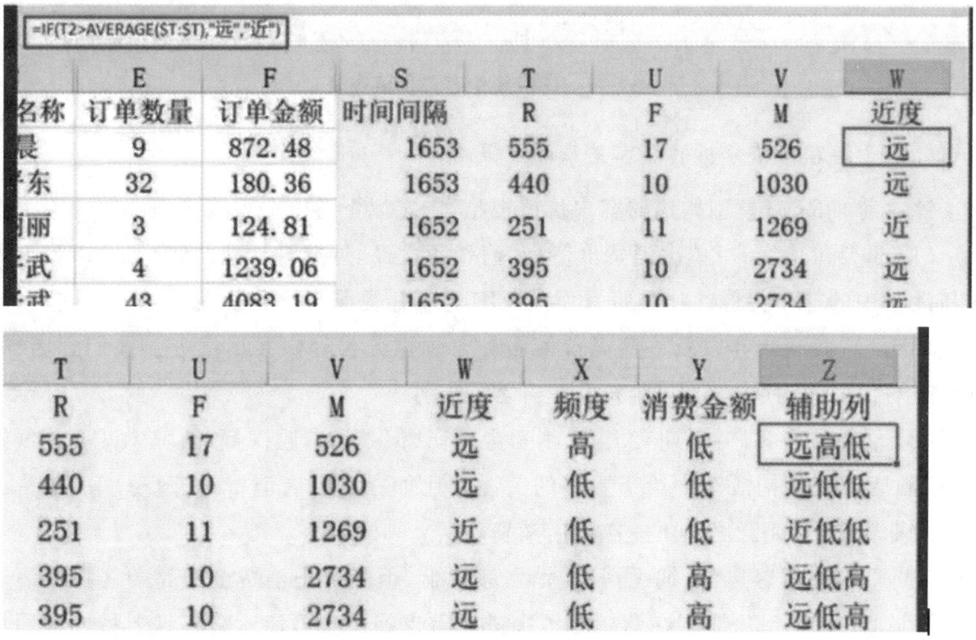

图 7-6　RFM模型数据计算过程

	A	B	C	D	E
	辅助列	R	F	M	客户类型
	近高高	近	高	高	重要价值客户
	远高高	远	高	高	重要保持客户
	近低高	近	低	高	重要发展客户
	远低高	远	低	高	重要挽留客户
	近高低	近	高	低	一般价值客户
	远高低	远	高	低	一般保持客户
	近低低	近	低	低	一般发展客户
	远低低	远	低	低	一般挽留客户

图 7-7　RFM 客户价值模型参考表

T	U	V	W	X	Y	Z	AA
R	F	M	近度	频度	消费金额	辅助列	客户类型
555	17	526	远	高	低	远高低	一般保持客户
440	10	1030	远	低	低	远低低	一般挽留客户
251	11	1269	近	低	低	近低低	一般发展客户
395	10	2734	远	低	高	远低高	重要挽留客户
395	10	2734	远	低	高	远低高	重要挽留客户
395	10	2734	远	低	高	远低高	重要挽留客户
929	3	1666	远	低	低	远低低	一般挽留客户
294	11	2252	近	低	高	近低高	重要发展客户
198	20	1789	近	高	高	近高高	重要价值客户
338	10	3704	近	低	高	近低高	重要发展客户

图 7-8　RFM 模型客户价值类型

6. 基于游客价值分析的游客关系管理策略

针对前面 RFM 模型构建的客户价值类型，制定以下游客关系管理策略。

（1）重要价值客户：单次消费价值高、消费频次高、近期有消费的客户，予以 VIP 礼遇与活动中的尊享待遇。比如每月发放 VIP 礼包并提醒客户到店使用，礼包内包含限量版周边、高额满减券以及一些高价值服务。锁定此类客户并尽量吸引他们到店，持续增强与他们的沟通互动，以维护并提升客户黏性。

（2）重要发展客户：近期有消费、消费金额高，但是消费频次低、品牌忠诚度较低的客户，酒店应在营销活动中给予更多的关注。比如在其到店消费时，赠送下次消费满减有效期券，从而刺激客户下一次到店消费。

（3）重要挽留客户：近期无消费、消费频次低，但是历史消费金额高的客户是酒店可能面临流失的客户，应当在营销活动中进行重点挽留。酒店应精心献上特别挽回优惠，比如推送特别的优惠活动等。

实训任务十三
基于大数据的旅游客流统计

实训预习

利用大数据统计旅游客流的基本指标主要包括以下几个方面。

(1) 客流量(Passenger Flow):用于评估景区的旅游吸引力,管理和优化景区的运营策略,以及分析旅游市场的需求和趋势。

(2) 客流密度(Passenger Density):用于评估景区的拥挤程度,为游客提供拥挤程度预警,同时为景区制定合理的客流控制策略提供依据。

(3) 停留时间(Dwell Time):用于评估游客对景区的满意度和兴趣程度,分析游客行为特征,优化景区的布局和服务。

(4) 游客来源地分布(Tourist Origin Distribution):用于评估景区在不同地区的市场推广效果,制定针对性的市场营销策略和目标客群定位。

(5) 游客年龄段分布(Tourist Age Distribution):用于了解游客的年龄特征,以便为不同年龄段的游客提供更精细化和个性化的旅游产品和服务。

(6) 游客性别比例(Tourist Gender Ratio):用于了解景区的性别结构,为不同性别的游客提供更有针对性的旅游产品和服务。

(7) 游客满意度(Tourist Satisfaction):用于了解游客对景区的评价,为提升景区的服务质量和旅游体验提供依据。

实训目的

通过对以上基本指标的统计和分析,帮助旅游企业或管理部门更好地了解游客的需求和行为特征,进而优化旅游产品和服务,提升旅游企业的整体竞争力。

实训要求

有一座位于城市中心的公园,希望通过大数据客流统计,了解游客的行为特征和需求,以便优化公园的运营管理,提升游客的旅游体验。

实训方法

(1) 统计分析。
(2) Excel。

操作步骤

1. 数据收集

具体收集数据如下。

(1) 30天内公园入口和出口的实时视频数据,用于统计游客进出人数。
(2) Wi-Fi定位收集游客在公园内的实时位置信息和停留时间数据。
(3) 通过在线调查问卷收集的300份游客的年龄、性别、常住地等基本信息及满意度数据。

2. 日均客流量计算

得到数据如表7-12所示。

表7-12 客流量统计表

日期	进入人数	离开人数
2023-06-01	1500	1450
2023-06-02	1700	1650
…	…	…
2023-06-30	1300	1280

在Excel中,我们可以用公式=AVERAGE(进入人数列)计算30天内的日均客流量,结果为1500人。

3. 客流密度计算

公园有A、B、C三个区域,通过Wi-Fi定位数据,我们统计得到各区域的客流密度如表7-13所示。

表7-13 客流密度统计表

区域	面积/平方米	游客人数	客流密度/(人/平方米)
A	1000	500	0.5
B	2000	1000	0.5
C	3000	2000	0.67

4. 停留时间分析

通过Wi-Fi定位数据,我们计算得到游客在各区域的平均停留时间如表7-14所示。

表7-14 停留时间统计表

区域	平均停留时间/分
A	30
B	45
C	60

5. 游客来源地、年龄段、性别比例分析

通过问卷调查数据,统计得到以下数据:
(1) 游客来源地分布:本市占60%,邻省占30%,其他地区占10%。
(2) 年龄段分布:18~24岁占40%,25~34岁占30%,35~44岁占20%,45岁以上

占10%。

(3) 性别比例：男性占55%，女性占45%。

6. 游客满意度分析

通过问卷调查数据，得到游客对满意度指标的平均得分(满分10分)。

(1) 设施完善度：8分。

(2) 服务质量：7分。

(3) 环境卫生：8.5分。

(4) 交通便利度：6分。

(5) 性价比：7.5分。

7. 制定营销策略

针对上述统计、计算的指标，公园管理部门制定了以下营销策略。

(1) 根据客流量趋势，调整公园的开放时间和运营策略，合理安排人力资源和设施维护。

(2) 针对客流密度较高的区域，优化公园布局，增加座椅、遮阳设施等，提升游客休憩体验。

(3) 针对停留时间较长的区域，加大宣传力度，推出特色活动，吸引更多游客。

(4) 根据游客来源地、年龄段、性别比例特征，设计针对性的营销活动，如针对周边居民推出家庭优惠套餐，针对年轻人举办主题活动等。

(5) 依据游客满意度指标，对公园的服务质量、设施完善程度等方面进行改进，提升游客的整体满意度。

通过对客流的统计分析，公园可以更好地了解游客的行为特征和需求，制定有针对性的营销策略，提升了游客的旅游体验，增加了游客黏性，提高了市场竞争力。

实训任务十四
基于大数据的旅游市场趋势预测

实训预习

指数平滑法是一种时间序列预测方法，通过对历史数据进行加权平均来预测未来的趋势。指数平滑法的基本思想是随着时间的变化，数据的波动会逐渐减小，而且短期波动对预测结果的影响会比长期波动更大。因此，我们可以将历史数据分成若干个时间段，每个时间段内的数据进行指数平滑处理，然后再将各个时间段的平滑结果进行加权平均，得到最终的预测结果。

具体计算步骤如下。

(1)确定平滑常数 α,通常取值在 0 到 1 之间。
(2)对于第一个时间段 t,计算该时间段内的平均值 Y_t 和方差 S_t。
(3)对于第二个时间段 $t+1$,计算该时间段内的平均值 Y_t+1 和方差 S_t+1。
(4)更新平滑常数 α 和上一个时间段的平均值 Y_t-1。
(5)计算当前时间段的预测值 $S_t = \alpha(Y_t+1) + (1-\alpha)(Y_t-1)$。
(6)重复以上步骤直到预测结束。

实训目的

掌握时间序列模型中的指数平滑法,进行旅游市场未来趋势的预测。

实训要求

某旅游公司希望了解未来几个月的旅游市场趋势,以方便制定相应的营销策略。公司希望预测未来三个月每年的旅游人次,以方便为客户提供精准的旅游产品并合理分配旅游资源。

公司收集了过去三年每个月的旅游人数,以及相关的经济指标(如 GDP、游客信心指数等)、节假日、天气等因数数据。过去三年每月的旅游人数如表 7-15 所示。

表 7-15 过去三年每月旅游人数

月份	旅游人次
1	5000
2	4800
3	5500
⋮	⋮
36	6200

实训方法

(1)基于时间序列的指数平滑法模型。
(2)Excel 数据分析工具。

操作步骤

以下是利用 Excel 中的数据分析工具求解的过程。

1. 数据预测处理

与之前的步骤相一致,对收集的数据进行预测处理,包括处理缺失值、异常值,以及对数据输入行的调整。

2. 选择模型

采用指数平滑法进行分析。

3. 模型训练与参数估计

（1）在Excel中，点击"数据"选项卡，选择"数据分析"工具。
（2）在"数据分析"对话框中，选择"指数平滑法"并点击"确定"按钮。
（3）在"输入区域"中，选择已预测处理好的游客次数数据所在的数据区域范围。
（4）在"输入区域"中，选择一个空白元格，用来放出指数平滑法的结果。

4. 选择最佳平滑常数α

（1）在"平滑常数α"中，输入一个介于0和1之间的数值，如0.1。此常数用于调整预测值对历史数据的依赖度。
（2）点击"确定"按钮，Excel将计算指标平滑的结果。
（3）为找到最佳的平滑常数α，需要计算预测误差。可用均方差指标（MSE）作为误差指标，计算公式为：MSE ＝ Σ(真值 －预测值)^2 / n，其中n为数据点数。
（4）重复上面步骤，尝试不同的平滑常数α（如0.2、0.3、0.4等），并计算每个α对应的MSE值。
（5）选择MSE值最小的平滑常数α作为最佳参数。

不同平滑常数α的平均误差如表7-16所示。

表7-16 平滑常数α验证结果表

平滑常数α	均方差MSE
0.1	256000
0.2	230000
0.3	215000
0.4	223000
0.5	235000
⋮	⋮

根据表7-16结果，我们发现平均滑常数α＝0.3时，均方差MSE最小，因此选择α＝0.3作为最佳参数。

5. 预测结果

利用最佳平滑常数α，重新计算指数平滑法的结果，并进行未来三个月的旅游人次预测。

在计算出的指数平滑法结果的基础上，延展趋势线，预测未来三个月的旅游人数。预测结果如表7-17所示。

表7-17 未来三个月预测旅游人数

预测月份	旅游人次
1	6300
2	6400
3	6500

6. 基于预测结果的旅游营销策略

(1) 产品策略:根据预测结果,公司可以提前制定旅游产品策略,如调整产品组合、推出特色旅游线路等。对于预测人次多的月份,公司可以增加热门旅游产品供应;对于预测人次少的月份,公司可以推出优惠券或促进营销活动,以吸引更多游客。

(2) 价格策略:根据预测结果,公司可以合理设定旅游产品价格。在旅游高峰期,可以适当提高价格;在旅游淡季,可以降低价格以吸引客户。

(3) 资源配置策略:根据预测结果,公司可以合理分配资源,如调整酒店、景点、交通等资源的供应。在预测人次比较多的月份,公司可以提前与合作伙伴合作,确保资源供应;在预测人次比较少的月份,公司可以减少资金来源投入,降低成本。

(4) 营销推广策略:根据预测结果,公司可以制定相应的营销推广策略。在旅游高峰期,公司可以通过社交媒体、广告等宣传热门旅游产品;在旅游淡季,公司可以开展促销活动,提高游客的购买意愿。

通过这个案例,我们可以看到结合具体数据的预测过程和结果。在现实应用中,可以还可以尝试其他更复杂的模型,如 ARIMA 或机器学习模型,以提供高预测的准确性。

实训任务十五
基于大数据的旅游活动效果预测

实训预习

线性回归分析法是一种常用的统计分析方法,用于研究两个或多个变量之间的关系。它的基本思想是通过一条直线来描述两个变量之间的关系,其中直线的斜率表示自变量对因变量的影响程度,直线的截距表示因变量的平均值。

线性回归分析法可以预测旅游营销活动的效果。例如,可以使用线性回归模型来预测旅游广告投入对销售额的影响。具体步骤如下。

(1) 收集数据:收集与旅游营销活动相关的数据,例如广告投入、销售额等。

(2) 数据预处理:将数据分为训练集和测试集,并进行数据清洗和标准化处理,以提高模型的准确性。

(3) 建立模型:选择适当的线性回归模型并对其进行训练,以找到最佳拟合的直线。

(4) 模型评估:使用测试集评估模型的准确性和性能,以确定模型的可靠性。

(5) 使用模型:使用训练好的模型进行预测或进行决策,以解决实际问题。

实训目的

掌握线性回归模型的原理及求解步骤,并将其应用于旅游营销活动效果的预测当中。

实训要求

某旅游公司想通过营销活动提高客户数量。公司在过去的10个月里开展了各类营销活动,例如投放广告、举办活动、发放优惠券等。现在,公司想要评估这些营销活动的效果,并基于评估结果制定更有效的营销策略。相关活动数据如表7-18所示。

表7-18 公司营销活动数据

月份	营销投入/万元	旅游人次
1	5	800
2	8	1500
3	12	2300
4	15	2700
5	10	2000
6	6	1200
7	18	3000
8	20	3500
9	25	4000
10	10	2100

实训方法

(1) 线性回归模型。
(2) Excel数据分析工具。

操作步骤

使用线性回归分析方法对营销活动效果进行评估。这里,我们将"营销投入"作为自变量 X,"旅游人次"作为因变量 Y。具体求解过程如下。

(1) 打开Excel,输入数据。
(2) 点击"数据"选项卡,选择"数据分析"工具。
(3) 在"数据分析"对话框中,选择"回归"并点击"确定"按钮。
(4) 在"输入Y区域"中,选择旅游人次数据所在的单元格范围。
(5) 在"输入X区域"中,选择营销投入数据所在的单元格范围。
(6) 在"输出区域"中,选择一个空白单元格,用来放置线性回归分析的结果。
(7) 点击"确定"按钮,Excel将计算线性回归分析的结果。

所得回归分析结果如表7-19所示。

表 7-19　回归分析结果

	系数	标准误差	统计	P值
截距项	−334.98	396.84	−0.84	0.43
X_1	164.95	20.07	8.22	0.0001

这里得出的线下回归方程为 $Y = -334.98 + 164.95X$。

从回归分析结果中,我们可以看到 X_1(营销投入)的系数为 164.95,P−value 为 0.0001,远小于显性水平(如 0.05),说明营销投入对游客来说有显著影响。

根据回归分析方法,我们可以发现每增加 1 万元的营销投入,预计旅游人次将增加 164.95 人。这意味着公司可以通过加大营销投入来增加旅游人数。同时,结合公司的预测和目标,可以制定适合的营销策略。

例如,若公司希望在下个月增加 1000 人次的旅游人数,可以通过回归方程计算所需的营销投入:

$$1000 = 164.95 * X$$
$$X \approx 6.06(万元)$$

因此,公司需要在下个月投入约 6.06 万元的营销预测来实现目标。

在这个案例中,我们使用了线性回归分析方法对旅游公司的营销活动效果进行了评价。通过回归分析,我们发现营销投入对游客来说有显著影响。根据评价结果,公司可以制定更有效的营销策略,比如加大营销投入以提高旅游人数。同时,结合公司的整体预测和目标,可以进一步优化营销策略,实现更高的收益。

项目小结

本项目主要介绍了基于大数据的旅游营销的相关知识,包括大数据在旅游营销中的应用场景、数据分析方法选择及营销策略制定等内容。在旅游行业,大数据技术的应用可以帮助企业提高竞争力,实现更精准的营销活动。利用大数据,企业可以进行用户画像分析、旅游产品价格优化、营销效果评估和景点规划等多方面的数据挖掘工作,从而提高营销效果和客户满意度。

项目训练

一、知识训练

请扫描边栏二维码答题。

二、能力训练

某旅游公司希望通过数据分析评估其过去 6 个月的营销活动效果,以制定更有效的营销策略。请根据以下数据,使用合适的数据分析方法进行分析,并根据分析结果制定相应的营销策略。

某旅游公司6个月营销活动数据表

月份	营销投入/万元	旅游收入/万元	客户满意度
1	3	30	4.5
2	7	50	4.2
3	10	80	3.8
4	12	100	3.6
5	8	60	4.1
6	15	120	3.5

要求：

(1) 根据数据，选择合适的数据分析方法进行分析。

(2) 根据分析结果，评估该公司营销活动的效果。

(3) 分析客户满意度与营销投入、旅游收入之间的关系。

(4) 提出基于分析结果的营销策略建议。

参考文献

[1] 王国栋.旅游大数据及其应用[M].北京：旅游教育出版社，2022.

[2] 黄欣，张峰.旅游与酒店业大数据应用[M].北京：清华大学出版社，2022.

[3] 戴斌，唐晓云.旅游大数据理论、技术与应用[M].北京：中国教育出版传媒集团，高等教育出版社，2022.

[4] 黎巎，张俊刚，张璐，等.旅游大数据应用与实践[M].北京：中国旅游出版社，2020.

[5] 贾俊平.数据分析基础Python实现[M].北京：中国人民大学出版社，2022.

[6] 王尧艺.大数据背景下旅游营销创新模式研究[M].北京：中国纺织出版社，2018.

[7] 吴海燕.大数据环境下旅游营销研究[M].北京：中国出版集团，现代出版社，2018.

[8] 吴英鹰.大数据背景下旅游企业网络营销的创新——基于AISAS消费者行为分析[J].中国商论,2013(35),107-108.

[9] 陈凯军.基于大数据的海南旅游精准营销研究[J].中国市场，2019(3):128,138.

[10] 吴倩，邢希希.基于舆情大数据的贵州旅游创意营销路径研究——以黄果树瀑布景区为例[J].价格月刊,2019(10),75-82.

[11] 祝阳,李欣恬.大数据时代个人数据隐私安全保护的一个分析框架[J].情报杂志,2021,40(1):165-170.

[12] 员帅博.大数据技术负面影响的防范及其伦理审视[J].行政科学论坛,2024,11(2):27-31.

[13] 梅傲.积极伦理观下算法歧视治理模式的革新[J].政治与法律,2024(2):113-126.

[14] 胡静,江梓铭,刘海朦.在线旅游消费情境下隐私关注对顾客价值共创行为的影响——基于自我损耗的中介机制[J].华侨大学学报(哲学社会科学版),2021(5):57-69.

[15] 肖红军,张丽丽.中国企业数字科技伦理发展：演变历程、最新进展与未来进路[J].产业经济评论,2024(2):153-171.

[16] 唐洁琼,陈少峰.平台数据应用的伦理与治理[J].河南社会科学,2024,32(3):68-77.

[17] 蔡姝越,冯恋阁,肖潇.旅游旺季出行,"大数据杀熟"风险暗藏？[N].21世纪经济报道,2024-04-10(002).

[18] 刘亚斐,李辉.基于大数据的旅游企业智能化利益相关者关系管理[J].旅游学刊,2023,38(10):5-8.

[19] Gefenas E,Lekstutiene J,Lukaseviciene V,et al. Controversies between regulations of research ethics and protection of personal data: informed consent at a cross-road[J]. Medicine, health care and philosophy, 2021(25):23-30.

[20] Yallop A C, Gica O A, Moisescu O I, et al. The digital traveller: implications for data ethics and data governance in tourism and hospitality[J].Journal of Consumer Marketing, 2023, 40(2):155-170.

[21] 邓宁,牛宇.旅游大数据:理论与应用[M].北京：旅游教育出版社,2019.

[22] 黄昕,张峰.旅游与酒店业大数据应用[M].北京：清华大学出版社,2022.

[23] 邓宁,牛宇,段锐.旅游大数据[M].北京：旅游教育出版社,2022.

[24] 潘皓波,陈亮.旅游大数据的分析与应用[M].2版.上海：上海交通大学出版社,2016.

[25] 周景阳,叶鹏飞.Python数据分析和业务应用实战[M].北京：中国铁道出版社,2023.

[26] 叶鹏飞.亚马逊跨境电商运营实战[M].北京：中国铁道出版社,2019.

[27] 旅游大数据分析职业技能等级标准2.0版[S].上海:上海棕榈电脑系统有限公司,2021.

教学支持说明

为了改善教学效果,提高教材的使用效率,满足高校授课教师的教学需求,本套教材备有与纸质教材配套的教学课件和拓展资源(案例库、习题库等)。

为保证本教学课件及相关教学资料仅为教材使用者所得,我们将向使用本套教材的高校授课教师赠送教学课件或者相关教学资料,烦请授课教师通过加入旅游专家俱乐部QQ群或公众号等方式与我们联系,获取"电子资源申请表"文档并认真准确填写后发给我们,我们的联系方式如下:

地址:湖北省武汉市东湖新技术开发区华工科技园华工园六路

邮编:430223

旅游专家俱乐部QQ群号:758712998

旅游专家俱乐部QQ群二维码:

群名称:旅游专家俱乐部5群
群　号:758712998

扫码关注
柚书公众号

电子资源申请表

填表时间：_____年___月___日

1. 以下内容请教师按实际情况写，★为必填项。
2. 根据个人情况如实填写，相关内容可以酌情调整提交。

★姓名		★性别	□男 □女	出生年月		★职务	
						★职称	□教授 □副教授 □讲师 □助教

★学校		★院/系	
★教研室		★专业	
★办公电话		家庭电话		★移动电话	
★E-mail（请填写清晰）				★QQ号/微信号	
★联系地址				★邮编	

★现在主授课程情况	学生人数	教材所属出版社	教材满意度
课程一			□满意 □一般 □不满意
课程二			□满意 □一般 □不满意
课程三			□满意 □一般 □不满意
其他			□满意 □一般 □不满意

教材出版信息						
方向一		□准备写	□写作中	□已成稿	□已出版待修订	□有讲义
方向二		□准备写	□写作中	□已成稿	□已出版待修订	□有讲义
方向三		□准备写	□写作中	□已成稿	□已出版待修订	□有讲义

请教师认真填写表格下列内容，提供索取课件配套教材的相关信息，我社根据每位教师填表信息的完整性、授课情况与索取课件的相关性，以及教材使用的情况赠送教材的配套课件及相关教学资源。

ISBN（书号）	书名	作者	索取课件简要说明	学生人数（如选作教材）
			□教学 □参考	
			□教学 □参考	

★您对与课件配套的纸质教材的意见和建议，希望提供哪些配套教学资源：